Juden im Amt Ritzebüttel und der Stadt Cuxhaven

Gedruckt mit der finanziellen
Unterstützung des Fördervereins
Cuxhaven e.V.
Gesamtherstellung: Cux-Druck E. Vorrath
ISBN: 3-920709-28-4

Juden im Amt Ritzebüttel und der Stadt Cuxhaven

Gewidmet den Cuxhavener Juden

Danksagung

Vielen habe ich zu danken: Prof. Dr. Kai Detlev Sievers für die sorgfältige Betreuung der Arbeit; den Mitarbeitern des Staatsarchivs Hamburg, des Stadtarchivs Cuxhaven, des Niedersächsischen Staatsarchivs Stade, des Ordnungsamtes und Bauordnungsamtes Cuxhaven für ihre Hilfe bei der Quellenbeschaffung; den Freundinnen und Freunden und meiner Schwester Elke Fluker für moralische und tatkräftige Unterstützung; nicht zuletzt den jüdischen und nichtjüdischen Informanten für ihre Kooperation, ihre Geduld und ihr Vertrauen.

INHALTSVERZEICHNIS

1 Einleitung

1.1 Gegenstand und Quellen

Die vorliegende Arbeit beschäftigt sich mit der jüdischen Minderheit in einer kleinen Region Norddeutschlands, dem Amt Ritzebüttel und der Stadt Cuxhaven (ab 1907). Sie reiht sich ein in die Regionalstudien zur Geschichte der deutschen Juden, die seit etwa 1971/72 deutlich vermehrt erschienen sind[1] und das gestiegene Interesse an der Aufarbeitung dieses bis dahin vernachlässigten Themas widerspiegeln.

Im Unterschied zu der Mehrzahl dieser Studien, die aus historischer Sicht erstellt wurden, geht meine Arbeit von volkskundlichen Fragestellungen aus.[2] Der Alltag der jüdischen Minderheit, ihr Lebensstil und ihre Sachkultur sollen auf dem Hintergrund der wirtschaftlichen, sozialen und rechtlichen Bedingungen einer bestimmten Region so detailliert wie möglich dargestellt werden, um von daher zu typologischen Schlußfolgerungen kommen zu können.

Als Schwerpunkt bot sich aufgrund der Quellenlage das 19. Jahrhundert an. Dabei stütze ich mich auf Quellen, die bisher fast ausschließlich unveröffentlicht sind. Im wesentlichen handelt es sich um Akten des Amtsarchivs Ritzebüttel, darunter vor allem die elf Bände »Von den Verhältnissen der Judenschaft«.[3] Die andere bedeutende Quelle ist das Personenstandsregister der »Israelitischen Gemeinde zu Ritzebüttel«.[4] Als Ergänzung diente das alte Register des Einwohnermeldeamtes der Stadt Cuxhaven bis 1945.[5] Mit Hilfe dieser Quellen konnte ein fast vollständiger Überblick über die zur Gemeinde gehörenden Personen und ihre familiären, sozialen und wirtschaftlichen Verhältnisse bis etwa zu Beginn des 20. Jahrhunderts gewonnen werden.

Für die Zeit des Nationalsozialismus fehlen schriftliche Quellen fast völlig. Die Akten der für Cuxhaven zuständigen Staatspolizeistellen in Hamburg[6] und Wesermünde[7] sind nicht erhalten. So habe ich das Kapitel »Nationalsozialismus« weitgehend aus Interviews und Briefen nach der Methode der »oral history« erarbeitet. Dies kam meiner Intention entgegen, die Zeit der nationalsozialistischen Judenverfolgung und -vernichtung aus der Sicht der Opfer darzustellen.

Das Archiv der Gemeinde selbst ist verschollen. Noch 1938 war es vorhanden.[8] Wahrscheinlich nahm es der letzte Vorsteher Hermann Blumenthal mit, als er 1941 nach Hamburg zog. Im selben Jahr noch wurde Blumenthal deportiert. Bei der Gelegenheit könnte das Archiv von den Nationalsozialisten vernichtet worden sein. Es wäre aber auch denkbar, daß Blumenthal das Archiv der Geschäftsstelle des »Hamburger Jüdischen Religionsverbandes« übergab – sie wurde 1943 ausgebombt.[9]

Um so wertvoller sind die von jüdischer Seite verfaßten Dokumente, die im Amtsarchiv vorhanden sind. Dabei handelt es sich neben den erwähnten Personenstandsregistern vor

---

[1] Vgl. z. B. die laufende Bibliographie in: Yearbook Leo Baeck Institute. London [usw.]. 1. 1956 ff.
[2] Zur Vernachlässigung des Themas Judentum durch die Volkskunde siehe Kap. 7.2.
[3] AR I Abt. III Fach 2 Vol. A–L.
[4] Rep. 83 b Nr. 4, 1816 bis teilweise 1918, NsStA Stade. – Das zweite Exemplar befindet sich im Staatsarchiv Hamburg: AR I Abt. II Fach 12 Vol. A. Fasc. 5, 1816–1866, StA Hamburg.
[5] Einwohnermelderegister, Sta Cux.
[6] Auskunft des StA Hamburg.
[7] Döscher, Hans-Jürgen, Der Fall »Behrens« in Stade in: Stader Jahrbuch. 1976, S. 87, Anm. 4.
[8] Brief von Arthur Gotthelf, 24./28. 6. 1945, AR 4420/XXIV, LBI.
[9] Auskunft des StA Hamburg.

allem um die zahlreichen Briefe an den jeweiligen Amtmann in privaten oder Gemeindeangelegenheiten, die drei Jahrgänge des Kassenbuchs der Gemeinde (1798–1800) und die Gemeindestatuten, um nur das Wichtigste herauszugreifen. Bei der Auswertung habe ich diese Quellen bevorzugt berücksichtigt, da sie am ehesten Einblicke in das innerjüdische Leben, in Strukturen und Konflikte zulassen.

1.1.1 Methode

Zu Beginn des 19. Jahrhunderts lebten über 90 % der Juden in den deutschsprachigen Ländern Mitteleuropas auf dem Lande oder in kleinen Städten.[10] »It was the small rather than the large community which was characteristic of German Jewry«, wie Ottenheimer schreibt.[11] Zu diesen kleinen jüdischen Gemeinden gehörte die Judenschaft des Amtes Ritzebüttel, die sich vor allem in den Flecken Ritzebüttel und Cuxhaven (ab 1907 Stadt Cuxhaven) konzentrierte.

In vieler Hinsicht scheint die Ritzebütteler jüdische Gemeinde für den ländlichen und kleinstädtischen norddeutschen Raum typisch gewesen zu sein. Dieses Typische versuche ich, mit den Mitteln der historischen Volkskunde induktiv herauszuarbeiten. Die kritische Analyse und Interpretation der archivalischen Quellen, aber auch einiger »indirekter Quellen«[12] wie z. B. Redewendungen soll zu Aufschlüssen über jüdisches Alltagsleben führen. Die Frage nach dem Wahrheitsgehalt der Quellen erwies sich besonders dort als wichtig, wo es sich um subjektiv gefärbte Quellen handelte, also etwa um Bittbriefe und Anklagen einzelner Personen. Zur Ergänzung benutze ich Konzepte aus der Soziologie wie z. B. »soziales Netzwerk« und »totale Rolle«. Mit ihrer Hilfe sollen Fragen zu Umfang und Funktion sozialer Beziehungen innerhalb der Gruppe der Juden und zur Tradierung des negativen Fremdbildes »Jude« geklärt werden.

Ganz bewußt verzichte ich auf eine allgemeine Darstellung der Geschichte der deutschen Juden, sondern beschränke mich auf das Amt Ritzebüttel. Wo es möglich und nötig ist, ziehe ich andere norddeutsche Lokalstudien zum Vergleich heran.

Im Mittelpunkt des Forschungsinteresses standen bisher eher Dorfjuden und großstädtisches Judentum, während die Geschichte der Kleinstadtjuden weniger aufgearbeitet wurde. Indem ich Ansätze zu einer Typologie von norddeutschen Kleinstadtjuden sammle, möchte ich in der Richtung weiterarbeiten, die Cahnman 1974 eingeschlagen hat.[13] Cahnman untersuchte die Bedeutung der Religion und der Familie vor allem für süddeutsche Dorf- und Kleinstadtjuden und ihre wirtschaftliche Funktion für die Stadt und das Land. Sein Ziel war es, »ein Gesamtbild zu zeichnen, um das sich übereinstimmende und abweichende Einzelerscheinungen gruppieren können.«[14]

1.1.2 Aufbau

Zunächst stelle ich die Entstehung und Entwicklung der jüdischen Gemeinde in Ritzebüttel dar. Dabei gehe ich der Frage nach, warum gerade Anfang bis Mitte des 18. Jahrhunderts

---

[10] Cahnman, Werner, J., Der Dorf- und Kleinstadtjude als Typus in: Zeitschrift für Volkskunde, 70 (1974), S. 170.

[11] Ottenheimer, Hilde, The Disappearance of Jewish Communities in Germany, 1900–1938 in: Jewish Social Studies. 3 (1941), S. 192.

[12] Kramer, Karl-S., Zur Erforschung der historischen Volkskultur in: Rheinisches Jahrbuch für Volkskunde. 19 (1968), S. 15.

[13] Cahnman, a. a. O., besonders S. 179–193. – Siehe auch die erweiterte Fassung dieses Aufsatzes: Cahnman, Werner J., Village and Small-Town Jews in Germany in: Yearbook Leo Baeck Institute. 19 (1974). S. 107–130.

[14] Cahnman, a. a. O., S. 169.

Juden sich im norddeutschen ländlichen und kleinstädtischen Raum niederließen. Es geht hier also um Aspekte der jüdischen Binnenwanderung und ihrer Motive.

Die Kapitel über die wirtschaftliche und soziale Lage der Ritzebütteler Juden zwischen 1750 und 1819 und zwischen 1820 und der Zeit der Gleichstellung 1849 sollen die kleinen Anfänge und die Gründe für den allmählichen sozialen Aufstieg deutlich machen. Auf diesem Hintergrund gebe ich dann weitere Einblicke in das Alltagsleben der Minderheit, in die Wohnverhältnisse, das Familienleben und die Bedeutung der »Mischpoche« bis hin zum Heiratsverhalten.

Anschließend gehe ich auf das innerjüdische Gemeindeleben ein. Neben der Gemeindestruktur und -hierarchie, den kultischen Einrichtungen und der kultischen Versorgung wird hier die Bedeutung der Religion bis etwa zur Gleichstellung untersucht. Im Vordergrund steht dabei die Frage, ob eine sozial, ökonomisch und rechtlich unterdrückte und verachtete Minderheit wie die jüdische dennoch Raum zu einer Art von eigener Lebensgestaltung, einem »Lebensstil«, finden konnte.

Zum innergemeindlichen Leben gehört auch die Armenversorgung. Die Darstellung eines konkreten Falles (Regine Westphal) soll die Abhängigkeit der Armen von Familie, Gemeinde und Behörden auch nach der Gleichstellung 1849 beleuchten und auf den Wandel der Haltung der Judenschaft gegenüber Außenseitern der eigenen Gruppe aufmerksam machen. Nebenbei möchte ich auf diese Weise die Frauen, die in den Akten kaum in Erscheinung treten, ein Stück weit aus der Anonymität herausholen.

Nach diesem Einblick in das Binnenleben der Gemeinde werden Umfang und Qualität der Kontakte zur Umwelt in verschiedenen Bereichen wie z. B. Nachbarschaft, Beruf und Geschäft, Verein und Geselligkeit untersucht. Diese Kontakte, wie sie sich vor allem im 19. Jahrhundert bis hin zu Beginn der NS-Zeit entwickelten, präsentieren sich als komplexes und anfälliges Gebilde, dessen Hauptmerkmal eine Art Koexistenz von negativem Vorurteil und Tolerierung ist. Abschließend wird das Fremdbild dargestellt, das die Mehrheit von den Juden entwirft. Mit Hilfe des Konzeptes der »totalen Rolle« soll dabei die Art und Weise der Tradierung antijüdischer Vorurteile am Beispiel volkstümlicher sprachlicher Festschreibungen geklärt werden.

Das veränderte politische Klima im Vormärz machte es möglich, daß Juden sich zum ersten Mal aktiv für ihre Gleichstellung einsetzen konnten. Dieser Kampf einer kleinen Gemeinde, der an der ambivalenten Haltung der Vertreter des Hamburger Staates zu scheitern drohte, wird hier nachgezeichnet.

Im Anschluß daran werden die Folgen der Gleichstellung – einerseits verstärkte Integration und Assimilation der Juden, andererseits die Entstehung des modernen politischen Antisemitismus im Kaiserreich – an verschiedenen Bereichen des Alltagslebens untersucht.

Den Themenbereichen wirtschaftlicher und sozialer Aufstieg vor 1819, rechtliche Auseinandersetzung mit Nichtjuden und Assimilation und Integration nach der Gleichstellung sind drei Biographien zugeordnet, die paradigmatisch die für eine bestimmte historische Phase jeweils mögliche Ausformung der totalen Rolle »Jude« zeigen sollen.

Der letzte Themenkomplex beginnt mit einer Bestandsaufnahme der Situation der jüdischen Gemeinde am Vorabend des Nationalsozialismus in religiöser, beruflicher und sozialer Hinsicht. Es folgen die für die Cuxhavener Juden entscheidenden Etappen der Verfolgung und Vernichtung, konkretisiert an den einzelnen Schicksalen.

In der Schlußbetrachtung werden die wichtigsten Ergebnisse unter dem Aspekt einer Typik von norddeutschen Kleinstadtjuden dargestellt. Die Arbeit schließt mit einem kurzen Überblick über den Stand der Volkskundeforschung zum Thema Judentum.

1.2 Das Amt Ritzebüttel im 18. und 19. Jahrhundert

1394 kaufte Hamburg das Schloß Ritzebüttel mit einigen umliegenden Dörfern von den Rittern Lappe. Dieses Gebiet entwickelte sich zum »Hamburgischen Amt Ritzebüttel« mit den Flecken Ritzebüttel und Cuxhaven und den Dörfern Döse, Duhnen, Stickenbüttel, Sahlenburg, Süderwisch, Westerwisch, Holte, Spangen, Arensch, Berensch, Oxstedt, Gudendorf und der Insel Neuwerk.[15] Es entsprach in seiner Größe der späteren Stadt Cuxhaven bis 1972.[16] Damit besaß Hamburg einen strategisch günstig an der Elbmündung gelegenen Stützpunkt und Hafen.

Der Flecken Ritzebüttel entwickelte sich zum Mittelpunkt von Wirtschaft und Verwaltung. Verwaltet wurde das Amt von einem Hamburger Ratsherrn, der in der Regel für sechs Jahre zum Amtmann auf Schloß Ritzebüttel gewählt wurde.

> »Der Amtmann verwaltet die Landeshoheit in ihrem ganzen Umfange, und übt alle Regalien und Gerichtsbarkeit aus. Seit der Wiederherstellung Hamburgs [nach der Franzosenzeit] ist ihm auch das Loots- und Stack-Wesen untergeordnet, und hat er das Recht, bey Unbestimmtheit der Gesetze und der rechtlichen Gewohnheiten, durch zu erlassende Mandate die Gesetzgebung zu ergänzen, so daß diese in der Justiz und Polizey erlassenen Verordnungen Gesetzeskraft haben.«[17]

Diese recht souveräne Stellung des Amtmanns änderte sich erst mit der Trennung von Verwaltung und Rechtspflege 1864. Durch die Trennung wurde die Gewalt auf einen Landherrn an der Spitze, einen Amtsverwalter und einen Amtsrichter verteilt.[18]

1755, als die ersten Juden sich im Amt niedergelassen hatten, lebten dort 3465 Menschen, 1787 3609.[19] Im ganzen Amt gab es 1789 nur 528 Feuerstellen. In Ritzebüttel standen 175 Häuser, in Cuxhaven 41.[20]

Spätestens seit Beginn des 19. Jahrhunderts waren Ritzebüttel und Cuxhaven nur noch nach der »politischen Eintheilung« getrennte Ortschaften. 1818 schrieb Amtmann Abendroth:

> »Die Flecken Ritzebüttel und Cuxhaven [...] haben mehr städtisches Gewerbe, und sind deshalb als ein Ort anzusehen; auch würden beyde mit ihren mehr als zweytausend Einwohnern schon eine kleine Stadt ausmachen können.«[21]

Zu den städtischen Gewerben zählte Abendroth Schiffsbau, Fischerei, Schiffahrt, Frachtfahrt und Handel. Die überwiegende Zahl der Gewerbetreibenden in den beiden Flecken waren zu dieser Zeit Kaufleute (40) gefolgt von Schiffern (25), Lotsen (19) und Schenk- und Gastwirten (17).[22]

Von daher können die Ritzebütteler Juden, die sich fast ausschließlich in den Flecken Ritzebüttel und Cuxhaven niederließen, spätestens seit Beginn des 19. Jahrhunderts zu den Kleinstadtjuden gerechnet werden, auch wenn die beiden Flecken erst 1872 zur »Landgemeinde Cuxhaven« und 1907 zur »Stadt Cuxhaven« vereint wurden.

---

[15] Die Entstehung des Amtes wird ausführlich dargestellt bei Borrmann, Hermann, Bilder zur Geschichte des hamburgischen Amtes Ritzebüttel und der Stadt Cuxhaven. Cuxhaven, Teil 1, 1983. (Veröffentlichung des Archivs der Stadt Cuxhaven. 9.) S. 29–38.

[16] Borrmann, Hermann, Kurzgefaßte Geschichte des Hamburgischen Amtes Ritzebüttel und der Stadt Cuxhaven. Cuxhaven ²1980. (Veröffentlichung des Archivs der Stadt Cuxhaven. 6.) S. 1.

[17] Abendroth, Amandus Augustus, Ritzebüttel und das Seebad zu Cuxhaven, Repr. der Ausg. I von 1818 und des Teiles II von 1837. Cuxhaven, Teil 1, 1982, S. 42 f.

[18] Borrmann, Hermann, Daten zur Geschichte des Amtes Ritzebüttel und der Stadt Cuxhaven. Cuxhaven ³1982. (Veröffentlichung des Archivs der Stadt Cuxhaven. 5.) S. 78.

[19] AR I Abt. II Fach 11 Vol. C, 1755 und 1787.

[20] Aichholz, Hans, Badewesen, Garnison und Fischwirtschaft als Wirtschaftsgrundlage der Stadt Cuxhaven. Hamburg Diss. 1939, S. 27.

[21] Abendroth, a. a. O., S. 17.

[22] Abendroth, a. a. O., S. 32.

Die wirtschaftlichen Verhältnisse im Amt Mitte des 18. Jahrhunderts waren bescheiden. Noch 1790 fand Schultheiß Hudtwalcker das Amt in »höchst dürftigen Umständen« vor. [23] Gegen Ende des Jahrhunderts rückte Ritzebüttel für eine Zeit durch die besondere politische Lage in den Vordergrund. Wegen der französischen Besetzung der Niederlande wurde der ganze Post- und Passagierverkehr ab 1795 zwischen England und dem nordwesteuropäischen Kontinent statt über Helvoetsluys über Cuxhaven-Ritzebüttel abgewickelt:

> »Von den bourbonischen, oranischen und welfischen Prinzen und Prinzessinnen, von den Gesandten mit ihren Kurieren bis zu den ausgedienten Invaliden und den frisch angeworbenen Rekruten, der gesammte Personen- wie der Briefverkehr von und nach England ging über Cuxhaven, eröffnete reiche Einnahmequellen für die Bevölkerung und machte den Ort in ganz Europa bekannt [...].« [24]

In dieser Zeit wuchs die Bevölkerung der Flecken. Auch eine ganze Reihe von Ausländern ließ sich dort nieder, zunächst Engländer, in der französischen Besatzungszeit 1803–1813 dann Franzosen, so daß sich 1816 die von Abendroth erwähnten mehr als 2000 Einwohner dort drängten.

Nach der französischen Besatzungszeit ging es wirtschaftlich zunächst bergab. Es mußten »bedeutende Schulden« abgetragen werden. [25] Abendroth gab eine Fülle wirtschaftlicher und kultureller Anstöße[26] und förderte so die Verstädterung beider Flecken. Unter seiner Verwaltung wurde 1816 das Seebad gegründet. Er unterstützte neue Gewerbe, richtete weitere Schulen ein und ordnete das Armenwesen neu.

1836 gab es 67 Kaufleute und Krämer, 63 Schiffer vor allem in den Flecken und 124 Landwirtschaften im dörflichen Umland. [27]

1872 schlossen sich die Gemeinden Ritzebüttel und Cuxhaven zur »Landgemeinde Cuxhaven« zusammen. Die Namensgebung trug der deutlich gestiegenen wirtschaftlichen Bedeutung und dem Bevölkerungszuwachs des ehemaligen Fleckens Cuxhaven Rechnung. »Ritzebüttel« bezeichnete weiterhin das Amt und die Kirchengemeinde. [28]

Ihre eigentliche wirtschaftliche Bedeutung erhielt die Gemeinde und dann Stadt Cuxhaven erst seit Ende des 19. Jahrhunderts mit der Eröffnung der Eisenbahn nach Harburg 1881 und nach Bremerhaven 1896, mit dem Neubau der Seebadeanstalt 1882, der Gründung der Marinegarnison 1893, der Eröffnung des Seefischmarkts 1907 und der Entwicklung von Hochseefischerei und Fischindustrie, dem Bau des Fischereihafens 1892, der ab 1908 zum größten Deutschlands erweitert wurde, und dem Bau des »Neuen Hafens« für die Abfertigung der Schiffe der Hamburg-Amerika-Linie, der 1896 in Betrieb genommen wurde. [29] Zwischen 1875 und 1900 stieg die Bevölkerung um 128,6% auf 8929 Einwohner an und zwischen 1900 und 1910 noch einmal um 65,8% auf 14802 Einwohner (jeweils ohne die Dörfer). [30]

Doch von diesen Entwicklungen war um die Mitte des 18. Jahrhunderts noch nichts zu spüren. Der Barockdichter und Hamburger Senator, Barthold Hinrich Brockes, der 1735 bis 1741 Amtmann in Ritzebüttel war, schwärmte vom »Landleben in Ritzebüttel« und von der Abgelegenheit des Ortes, »entfernt vom städtischen Getümmel«. [31]

---

[23] AR I Abt. III Fach 3 Vol. D., 9. 4. 1802.
[24] Richter, Arwed, Das hamburgische Amt Ritzebüttel und die Elbmündung in den Jahren 1795–1814. Cuxhaven 1892. (Bericht über das I. Schuljahr 1891/92. Staatliche Höhere Bürgerschule zu Cuxhaven.) S. 4.
[25] Abendroth, A. A., Ritzebüttel, Teil 2, 1982, S. 46.
[26] Vgl. Kap. 2. 4.
[27] Abendroth, a. a. O., S. 21 f.
[28] Borrmann, H., Geschichte, ²1980, S. 6.
[29] Kühne, Karl B., Cuxhaven – Hafen am Meer. Norderstedt 1981, S. 9.
[30] Aichholz, H., Badewesen, 1939, S. 33.
[31] Brockes, Barthold Hinrich, Landleben in Ritzebüttel. (Irdisches Vergnügen in Gott. 7.) Hamburg 1748, S. 197.

2 Entstehung und Entwicklung der jüdischen Gemeinde im Amt Ritzebüttel

2.1 Herkunft 1750 bis 1850

Ab 1750 erhielten die ersten Juden im Amt Ritzebüttel Schutz und damit in Schutzbriefen verbürgtes Wohn- und Handelsrecht. Für die Zeit davor gibt es keine Belege für eine dauernde Anwesenheit von Juden. Zweifellos zogen Juden handelnd durch das Amtsgebiet – so der Vater des ersten Schutzjuden, der dazu die Erlaubnis des Amtmannes Pauli (Amtszeit 1729–1735) hatte.[1] Ohne Konzession und Schutzbrief durften sich Juden nicht länger als eine Nacht im Amt aufhalten.[2]

Im heutigen Cuxhavener Ortsteil Duhnen gibt es eine frühgeschichtliche Fundstätte[3], die den Flurnamen »Judenkirchhof« trägt. Auch im Land Hadeln findet man diese Flurbezeichnung, z. B. bei Nordleda und Steinau.[4] Als Beleg für eine frühe Niederlassung von Juden kann sie nicht dienen. Sie zeigt lediglich, daß man zwischen den zu allerlei Spekulationen Anlaß gebenden vor- und frühgeschichtlichen Grabstätten und anderen Fundstätten und den als fremd empfundenen Juden (auch Slaven, Zigeuner oder Franzosen)[5] eine Verbindung zog.

Die ersten Schutzjuden kamen aus den benachbarten nordwestlichen Ländern Westfalen, Oldenburg und Hannover, hier vor allem aus den ehemaligen Herzogtümern Bremen und Verden, nach Ritzebüttel. Geboren waren sie oder ihre Eltern zum größten Teil aber nicht im Norden, sondern in Franken, dem Rheinland, Westpreußen und Böhmen. Es handelte sich also hier um die erste und zweite Generation von Juden, die im 17. und vor allem 18. Jahrhundert in den ländlichen norddeutschen Raum aufbrachen.

Aus den Angaben über Geburts- und Aufenthaltsorte der Schutzjuden und ihrer Eltern in den Schutzgesuchen und im jüdischen Personenstandsregister ergeben sich Aufschlüsse über die Stationen des Wanderweges in den Norden.[6] Einige der 1816 angenommenen Familiennamen verweisen auf zeitlich z. T. noch weiter zurückliegende Ursprungsorte der Vorfahren (z. B. Derenburg und Stettiner).

Von den insgesamt zwischen 1750 und 1850 zugewanderten Schutzjuden und aktenkundigen unvergleiteten Juden (Juden ohne Schutzbrief)[7] stammte etwa ein Drittel aus den benachbarten Ländern, ein Drittel aus Süddeutschland und ein Drittel aus dem polnischen, böhmischen oder preußischen Osten.

---

[1] Grandauer hielt diesen »Isaac« aus dem »südlichen Deutschland« für den ersten Schutzjuden. Belege dafür fehlen. Grandauer, G., Gedenkbuch des Hamburgischen Amtes Ritzebüttel. Ritzebüttel 1852, S. 156.

[2] AR I Abt. III Fach 3 Vol. A. Fasc. 3, 1783. – In der Praxis hielt man sich nicht immer daran. Siehe die Juden ohne Schutzbrief in Tabelle 1.

[3] Nach Schuchhardt, Carl, Vorgeschichte von Deutschland. München ³1935, S. 170, handelt es sich um einen sächsischen Rundwall.

[4] Teut, Heinrich, Hadeler Wörterbuch. Neumünster, Bd. 2, 1959, S. 306.

[5] Mündliche Mitteilung von Dr. Ole Harck, Institut für Ur- und Frühgeschichte, Universität Kiel.

[6] Siehe Karte 1.

[7] Über die Herkunft der Frauen siehe Kap. 2.6.1.

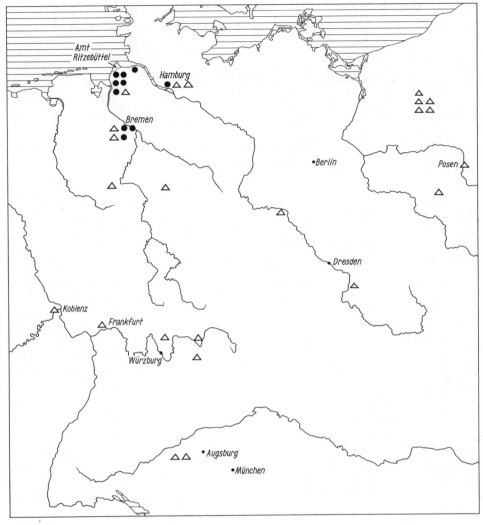

Karte 1: Herkunft 1750–1850

△ Geburtsort
● Aufenthaltsort vor Ritzebüttel

Innerhalb der letzteren Gruppe dominierte die Familie Friedländer aus Märkisch-Friedland (heute Miroslawiec, Polen).[8] Zu ihr gehörte wahrscheinlich noch eine Anzahl weiterer Personen mit dem Namen Friedländer, deren Geburtsorte in den Quellen nicht eindeutig nachzuweisen sind.[9] Damit würde sich die Zahl der Juden aus dem Osten auf Vierzehntel gegenüber je Dreizehntel aus dem Süden und Nordwesten erhöhen. Vergleichbares Material über die Herkunft der Juden fehlt z.T. aufgrund der Quellenlage in den meisten norddeutschen

---

[8] Märkisch-Friedland gehörte zu Westpreußen, das 1772 unter preußische Herrschaft kam. Als Folge wanderten zahlreiche Juden aus. Aschkewitz, Max, Zur Geschichte der Juden in Westpreußen. Marburg 1967, S. 27 f.

[9] In der Tabelle 1 mit ? versehen.

Tabelle 1: Zuwanderung in chronologischer Reihenfolge 1750–1850[a]

Name	Familienname	Geburtsort	Geburtsjahr	Letzter Aufenthalts- ort, soweit bekannt	Jahr der Zuwande- rung	Jahr des Schutz- briefes
1 David Isaac		»südliches Dt.« Franken?[b]	ca. 1719	Herzogtum Bremen	1750	1750
2 Nathan Abraham		Koblenz	ca. 1706	Delmenhorst u. Herzogtum Bremen	1751	1751
3 Joseph Ahrend		Frankfurt a. M.	ca. 1728		1751	unvergleitet
4 Joseph Levi	Heidemann	Delmenhorst		Delmenhorst	1751	1762
5 Salomon Levi	Heidemann	Delmenhorst	ca. 1730	Delmenhorst	vor 1755	1755
6 Marcus Ahrend (Aron)					ca. 1755	ca. 1757
7 Aron Moses					ca. 1784	1784
8 Abraham Lazarus				Lehe	vor 1796	vor 1796
9 Moses Levi					ca. 1790	ca. 1790
10 Philipp Joel	Westphal	Herford	1767		1791	vor 1796
11 Samuel Abraham	Friedländer	Märkisch- Friedland	1762	Lehe	1796	ca. 1796
12 Hersch (Hirsch) Moses	Friedmann	Burgkunstadt	1773		ca. 1799	vor 1804
13 Heymann Marx	Schwabe	Ichenhausen	1763	Frankreich	1798	ca. 1800
14 Moses Marx	Schwabe	Ichenhausen			1798	unvergleitet
15 Gottschalk Michel	Leman				ca. 1799	ca. 1799
16 Lebesch (Leewisch)					ca. 1799	ca. 1799
17 Bermann					ca. 1799	
18 Hersch Salomon					ca. 1799	
19 Isakkohn					ca. 1799	
20 Joseph Juda					ca. 1799	
21 Moses Juda					ca. 1799	
22 Samuel Gumpel (Gumprich)					ca. 1799	
23 Samuel Moses					ca. 1799	
24 Philipp Nathan	Freudenburg	Lissa	1761	Neuhaus	ca. 1799	ca. 1799
25 Abraham	Jacobsen	Hamburg			ca. 1800	1810
26 Levy David	Hildesheimer	Hildesheim	1762		ca. 1800	1802

Regionalstudien.[10] Gemessen an Verhältnissen in den Kleinstädten im Münsterland etwa erscheint die Anzahl der Ostjuden in Ritzebüttel hoch.[11]

Der Grund für eine solch rege Einwanderung aus derselben Gegend oder demselben Ort ist in einem typischen Merkmal der jüdischen Binnenwanderung zu suchen: bis ins 19. Jahrhundert hinein war sie stark landsmannschaftlich und familienorientiert. Auch die relativ große Anzahl von Juden, die unmittelbar aus Lehe nach Ritzebüttel zuwanderte, erklärt sich

---

[10] Ausnahmen z. B. Schieckel, Harald, Die Einwanderung fränkischer Juden im Lande Oldenburg im 18. und 19. Jahrhundert in: Genealogisches Jahrbuch. 20 (1980), S. 189–197. – Ders., Die Juden im Oldenburger Münsterland in: Jahrbuch für das Oldenburger Münsterland, II, 1975, S. 62 f. – Rexhausen, Anton, Die rechtliche und wirtschaftliche Lage der Juden im Hochstift Hildesheim. Hildesheim 1914, S. 152 ff. – Beide Autoren unterscheiden leider nicht zwischen Geburtsort und letztem Aufenthaltsort.

[11] Vgl. Schieckel, H., Oldenburger Münsterland, II, 1975, S. 63.

Tabelle 1: Zuwanderung in chronologischer Reihenfolge 1750–1850[a]

Name	Familienname	Geburtsort	Geburtsjahr	Letzter Aufenthaltsort, soweit bekannt	Jahr der Zuwanderung	Jahr des Schutzbriefes
27 Isaac Moses	Friedländer	Märkisch-Friedland	ca. 1792		1802	»geduldet« ohne Schutz
28 Hirsch Moses	Friedländer	Märkisch-Friedland?			ca. 1804	ca. 1814
29 Isaac Abraham	Brady	Böhmisch Leipa(ch)	1772	Lehe	1806	ca. 1806
30 Jacob Moses	Franck	Rödelsee	1784	Lehe	1806	1815
31 Elias Meyer	Friedländer	Märkisch-Friedland			als Kind	1809
32 Samuel	Jacobsen (Derenburg)[c]	Hamburg	1783	Hamburg		ca. 1816
33 Abraham Moses	Friedländer	Märkisch-Friedland?			ca. 1814	unvergleitet
34 Raphael Alexander	Friedländer	Märkisch-Friedland?			ca. 1814	ca. 1814
35 Philipp Alexander	Friedländer	Märkisch-Friedland	1774			ca. 1816
36 Leser	Friedländer	Märkisch-Friedland?			ca. 1818	unvergleitet
37 Simon Joseph	Stettiner	Rödelsee	1782			ca. 1819
38 Hirsch Meyer	Friedländer	Märkisch-Friedland	1794		ca. 1820	unvergleitet
39 Hirsch Moses	Kalisky	Posen	ca. 1800	Lehe	1820	1839 (unentgeltlich)
40 Jacob Itzig	Wörlitzer	Wörlitz	ca. 1772		1820	ca. 1820
41 Joel Lion (Levy)	Samson	Lehe	1775		ca. 1823	ca. 1823
42 David	Goldschmidt	Harpstedt	1815	Harpstedt	1839	1839

[a] Ohne die in Ritzebüttel geborenen Juden. – AR I Abt. III Fach 2 Vol. A und I.
[b] Seine Nachfahren nannten sich Fränkel. Vgl. zu diesem Namen als Verweis auf die Herkunft aus Franken Kaganoff, Benzion C., A Dictionary of Jewish Names and their History. London 1977, S. 152.
[c] Ab 1817 nannte er sich nur noch Samuel Jacobsen.

aus der Sogwirkung des jüdischen »Netzwerkes«[12] familiärer, landsmannschaftlicher, geschäftlicher und religiöser Beziehungen. Besonders ungünstige soziale und wirtschaftliche Bedingungen am jeweiligen Herkunftsort spielten als allgemeiner Beweggrund für eine Abwanderung eine Rolle, können aber nicht die Konzentration der Zuwanderung an einem Ort erklären, in dem die Lage der Juden keineswegs eindeutig besser war.[13]

Ein weiteres typisches Merkmal für die Wanderung in den ländlichen Norden war die etappenweise Annäherung über Zwischenstationen – das Amt Ritzebüttel war zu klein und zu unbedeutend, um über das benachbarte Gebiet hinaus bekannt zu sein. So lag der Aufent-

---

[12] Siehe dazu Tabelle 2. – Der Begriff »Netzwerk« stammt aus der Soziologie. Er wird angewandt für die Darstellung und Analyse der Quantität und Qualität sozialer Beziehungen. Dabei sind nicht nur die Kontakte einer Ausgangsperson zu ihren Kontaktpersonen gemeint, sondern auch die der Kontaktpersonen untereinander. Clausen, Lars, Jugendsoziologie. Stuttgart [usw.] 1976, S. 69 f. – Zu einzelnen konzeptionellen Aspekten siehe Social Networks in Urban Situations. Ed. by H. Clyde Mitchell. Manchester² 1975, besonders. S. 1–50.
[13] So argumentiert aber Schieckel, H., Einwanderung Oldenburg, 1980, S. 189.

Tabelle 2: Bekanntschaft und Verwandtschaft unter den zugewanderten Juden

	1	2	3	4	5	6	7	8	9	10	11	12	13	14	
1	G			G											2 G
2	G		G	V/G											3 G 1 V
3	G				V?										1 G 1 V?
4	V/G		V		V?										1 G 2-3 V
5	G	V/G	V		V?										2 G 2-3 V
6		V?													1 V?
7								V							1 V
8								V							1 V
9			V?	V?											2 V?
10						V		V							2 V
11					V	V		V							3 V
12															
13								G			V				1 G 1 V
14								G			V				1 G 1 V

11 G
14–19 V

Die Zahlen bezeichnen die ersten 14 zugewanderten Juden, siehe Tabelle 1.

G   Geschäftliche Beziehungen oder Arbeitsverhältnis
V   Verwandtschaftliche Beziehungen
?   Quellenmäßig nicht eindeutig belegt, Bekanntschaft und Verwandtschaft aber aufgrund verschiedener Anzeichen möglich

Tabelle 2 zeigt am Beispiel der ersten 14 zugewanderten Juden (ein Drittel der zwischen 1750 und 1850 zugewanderten) den relativ hohen Grad der »Vernetzung« durch verwandtschaftliche und geschäftliche Beziehungen, wie sie vor der Zuwanderung schon bestanden. Im Laufe der Zeit wurde das Beziehungsgeflecht immer dichter.

haltsort vor dem Zuzug nach Ritzebüttel im allgemeinen in den angrenzenden Ländern.[14] Wanderte einmal jemand direkt von weiter her ein, wie mit Sicherheit von einigen Mitgliedern der Familie Friedländer anzunehmen ist, so folgte er den Spuren von Verwandten oder Bekannten, die den kleinen Ort »entdeckt« hatten.[15]

Nur wenig Juden kamen aus einer großen Stadt wie Hamburg oder Frankfurt a.M., denn diese bot, wenn nicht Schutz, so doch eher Unterschlupf[16] und mehr wirtschaftliche Möglichkeiten als kleine Städte. Die beschränkten Aufenthaltsgenehmigungen und die wirtschaftliche Konkurrenzsituation veranlaßten hingegen die Abwanderung aus kleinen Städten mit großen jüdischen Gemeinden, z. B. Märkisch-Friedland, Burgkunstadt, Ichenhausen, Lissa und Posen.

Auffallend an der Wanderung nach Ritzebüttel, soweit sie sich aus den Geburts- und Aufenthaltsorten rekonstruieren läßt, ist schließlich noch die Tatsache, daß kein Jude aus Schleswig-Holstein kam.[17] Die Elbe machte sich hier offenbar als Wandergrenze bemerkbar. Daß keine Juden aus Altona zuwanderten, erklärt sich aus ihrer vergleichsweise vorteilhaften Lage, die sie einer liberalen Judengesetzgebung verdankten.[18]

Der Anteil der Juden im Amt Ritzebüttel an der Gesamtbevölkerung blieb wie im übrigen Norddeutschland gering, wenn er auch höher lag als in den angrenzenden Dörfern und Flekken des Regierungsbezirks Stade.[19] Die Hauptzuwanderung erfolgte mit der wirtschaftlichen Belebung Ritzebüttels seit 1795.[20]

1816 gab es 16 Schutzjuden, die zusammen mit Angehörigen, Gehilfen, Knechten und Mägden und dem Lehrer etwa 100 Personen ausmachten. Daß diese Zahl in Zukunft nicht überschritten wurde, lag im Interesse der Juden wie der Nichtjuden. Mit der bürgerlichen Gleichstellung 1849 setzte dann die Abwanderung ein.

---

[14] Vgl. Schieckel, H., Oldenburger Münsterland, II, 1975, S. 62. – Ders., Einwanderung Oldenburg, 1980, S. 189.
[15] Dies galt besonders für unselbständige, unvergleitete Personen.
[16] Kopečný, Angelika, Fahrende und Vagabunden. Berlin 1980. S. 90.
[17] Dagegen kamen je drei Bräute aus Moisling und Altona.
[18] Vgl. Die Privilegien der Juden in Altona. Hrsg. u. eingel. von Günter Marwedel. Hamburg 1976. (Hamburger Beiträge zur Geschichte der deutschen Juden. 5.)
[19] Genauere Zahlen für Ritzebüttel siehe Kap. 5.4. – Bohmbach, Jürgen, Die Juden im alten Regierungsbezirk Stade in: Stader Jahrbuch N. F. 67 (1977), S. 31–75.
[20] Siehe Kap. 1.2.

2.2 Gründe für die Niederlassung im Amt Ritzebüttel

Die Wanderung nach Ritzebüttel ist auf dem Hintergrund der allgemeinen jüdischen Binnenwanderung zu sehen, die etwa ab 1700 vermehrt auch in den ländlichen norddeutschen Raum führte. Hauptgründe für die Wanderung lagen zum einen in dem starken Anwachsen der jüdischen Bevölkerung,[21] dem in den meisten Territorien ein beschränktes Niederlassungsrecht gegenüberstand, das die Weitergabe des Schutzes nur an einen Sohn erlaubte.[22] Die sich teils durch Bettelei, teils durch Hausierhandel und Gelegenheitsarbeiten ernährenden jüdischen Wanderer wurden im 17. und 18. Jahrhundert zur »Landplage«.[23] Wie in Ritzebüttel durften sie sich fast überall nur eine Nacht aufhalten. Lebten Juden am Ort, so erhielten sie von ihnen Zehr- und Schlafgeld.

Zum anderen vermehrten Austreibungen und Pogrome immer wieder die Zahl der Wanderer. Aus dem Osten kamen im 17. Jahrhundert die Juden, die vor den Chmielnicki-Pogromen flohen.[24] Daneben spielten politische Akte eine Rolle. Ein jüdischer Zeitgenosse berichtete z. B., die vorgesehene Einführung der Militärpflicht für Juden – als Folge des Toleranzpatents Kaiser Joseph II. von 1782 – habe bewirkt, daß Juden »bei Hunderten« aus dem habsburgischen Herrschaftsbereich fortzogen.[25] Auch die französischen Revolutionskriege[26] und der Beginn der »napoleonischen Kriege«[27] mögen Ähnliches ausgelöst haben.

Daß es Juden dabei auch in den Norden verschlug, hing z. T. mit dem wirtschaftlichen Aufschwung dieser Region zusammen. In Süddeutschland kursierten Gerüchte wie: in Hannover liege das Geld auf der Straße, die manch einen bewogen, in den Norden zu ziehen.[28] Aufnahme fanden Juden vor allem im Landgebiet und in kleinen Städten, denn die größeren Städte nahmen entweder gar keine Juden auf – so Bremen und Lübeck[29] – oder nur solche, die einen erlaubten Beruf ausübten, der sie ernähren konnte – so Hamburg.[30]

Im 19. Jahrhundert zog schließlich die gewünschte Auswanderung nach Amerika oder England Juden in Küstennähe, besonders nach Hamburg, wo sie sich das Geld für eine Passage zu verdienen hofften.[31]

Für die Niederlassung in Ritzebüttel sind darüber hinaus folgende Gründe in Betracht zu ziehen:

- Zunächst einmal war Martin H. Schele (Amtszeit 1745 und 1747 bis 1751) der erste Amtmann, der bereit war, Juden Schutz zu geben. Er erkannte, daß das Schutzgeld eine willkommene Einnahme für den Amtmann war. Die Juden mußten

---

[21] Glanz, Rudolf, Geschichte des niederen jüdischen Volkes in Deutschland. New York 1968, S. 129 und 316, Anm. 2.

[22] Vgl. Toury, Jacob, Eintritt der Juden ins deutsche Bürgertum. Tel Aviv 1972. (Veröffentlichungen des Diaspora Research Institute. 2.) S. 151 – Ausnahmen waren selten und zeitlich begrenzt, z. B. in Harburg im 17. Jahrhundert. Homann, Horst, Die Harburger Schutzjuden 1610–1848 in: Harburger Jahrbuch. 7 (1957), S. 47 f.

[23] Cahnman, W. J., Kleinstadtjude, 1974, S. 174.

[24] Cahnman, a. a. O.

[25] Lehmann, Ascher (Lämle ben Aron Weldtsberg), Urgroßvaters Tagebuch. Gerwisch b. Magdeburg 1936, o. Pag.

[26] Jüdisches Leben in Deutschland. Selbstzeugnisse zur Sozialgeschichte. Hrsg. u. eingel. von Monika Richarz. Stuttgart, Bd. 1, 1976, S. 105 und 114, Anm. 3. – Auch der in Ichenhausen geborene Ritzebütteler Jude Heymann Marx Schwabe war in diese Kriege verwickelt worden. AR I Abt. III Fach 2 Vol. A, Aug. 1800.

[27] Toury, a. a. O., S. 152.

[28] So auch der Verfasser des Tagebuchs Ascher Lehmann. Lehmann, a. a. O.

[29] Vgl. Markreich, Max, Die Beziehungen der Juden zur Freien Hansestadt Bremen von 1065 bis 1848. Frankfurt a. M. 1928. (Schriften der Gesellschaft zur Förderung der Wissenschaft des Judentums. 32.) – Winter, David Alexander, Geschichte der jüdischen Gemeinde in Moisling/Lübeck. Lübeck 1968. Ausnahme: während der Franzosenzeit.

[30] Krohn, Helga, Die Juden in Hamburg 1800–1850. Frankfurt a. M. 1967. (Hamburger Studien zur neueren Geschichte. 9.) S. 11.

[31] Toury, a. a. O., S. 187.

bei ihrer Aufnahme eine einmalige »Recognition« von 12 Louisdor und für die jährliche Erneuerung des Schutzes eine »Gratification« von 10 Reichstalern zahlen.[32]

- Die geographische Lage an Elbe und Nordsee, vor allem aber die Verbindung mit Hamburg versprach Möglichkeiten in den den Juden erlaubten Bereichen des Handels und Geldgeschäfts.
- Im Amt Ritzebüttel gab es keine Zünfte, Gilden oder Ämter, so daß eine gewisse Handelsfreiheit im Rahmen der für Juden geltenden Einschränkungen zu erwarten war.

In den Schutzgesuchen sind diese Gründe nicht zu finden. Man hütete sich davor, zu sehr auf den eigenen wirtschaftlichen Vorteil bedacht zu erscheinen. Die Gründe, sofern sie angegeben sind, spiegeln vielmehr in erster Linie den Wunsch wider, den nichtseßhaften Zustand zu überwinden. Sich »eines festen und gewißen Aufenthalts« versichern zu können, »zeitlebens« an einem Ort bleiben zu dürfen[33], war die erste Bedingung für eine Sicherung der Existenz.

Es bedeutete, daß man nicht mehr zu den »fremden« Juden gehörte, mit denen der »Gemeine Mann« »notorischer Weise nicht zu glimpflich verfährt«[34], wie es ein Jude 1761 ausdrückte. Der Fremde, zumal als Angehöriger einer Minderheit, lebte gefährlich. Er war Verdächtigung und Verfolgung ausgesetzt, nicht nur von seiten des »gemeinen Mannes«, sondern auch von seiten der Behörden.

Alle fremden, nichtseßhaften Juden galten ihnen als »Betteljuden« und damit als kriminelle Elemente.[35] Kein Fremder mehr zu sein, sich von »denen herumstreifenden schlechten Juden unterscheiden« und sich vor jedermann »legitimiren« zu können[36], bedeutete den Schritt in die »Legalisierung«[37] der Existenz. Sein »Stückgen Brod ehrlich suchen zu verdienen«[38] – diese Wendung taucht in den Schutzgesuchen immer wieder auf.

Die Niederlassung in Ritzebüttel als Schutzjude war mit dem Wunsch verbunden, sich beruflich auf eigene Füße zu stellen und eine Familie zu gründen. Die Antragsteller hatten im allgemeinen 20 oder mehr Arbeitsjahre als Schlachter- oder Handelsgehilfen hinter sich, waren zwischen 30 und 40 Jahre alt und wünschten nun wie jeder »zur Freyheit gebohrener Mensch« von dem Joch des »langjährigen Sclavischen Knechtsdienstes« befreit zu werden.[39]

Gelang es nicht, einen Schutzbrief zu erhalten, so drohte den unvergleiteten Juden immer wieder die Ausweisung – z. B. als Folge einer häufig erlassenen Verfügung, die den Schutzjuden nur noch einen Knecht erlaubte[40] – und damit die (z. T. erneute) Einreihung in die unterste Schicht der Gesellschaft. Von daher erscheint es nicht übertrieben, wenn von der Gewährung des Schutzbriefes – in der Sprache der Zeit – das »Glück des ganzen Lebens«[41] erwartet wurde.

Nur wenige Antragsteller nannten konkrete, auf ihren Fall bezogene und nur für sie gültige Gründe für eine Niederlassung in Ritzebüttel. Im glücklichsten Fall wartete dort eine Braut, ein Geschäftskompagnon oder ein Verwandter, bei dem man als Knecht unterkommen konnte. 1796 kam Samuel Abraham Friedländer aus Lehe, wo er einen Teil seines Besitzes

---

[32] Handbuch für die Amtsführung des Amtmannes von Ritzebüttel. Pag. 171. AR I Fach II Vol. A, 1 und 2, Sta Cux.
[33] AR I Abt. III Fach 2 Vol. A, 2. 3. 1761.
[34] AR I Abt. III Fach 2 Vol. A, a. a. O.
[35] Vgl. Glanz, R., Geschichte, 1968, S. 10, und Toury, J., Eintritt, 1972, S. 167.
[36] AR I Abt. III Fach 2 Vol. A, a. a. O.
[37] Toury, a. a. O., S. 180.
[38] AR I Abt. III Fach 2 Vol. A, a. a. O.
[39] AR I Abt. III Fach 2 Vol. A, a. a. O.
[40] Z. B. 1763 im Fürstentum Münster. Schieckel, Harald, Die Juden im Oldenburger Münsterland in: Jahrbuch für das Oldenburger Münsterland. I, 1974. S. 165.
[41] AR I Abt. III Fach 2 Vol. A, a. a. O.

durch einen Brand verloren hatte. Da er daraufhin »daselbst nun schlechterdings kein Unterkommen finden«[42] konnte und außerdem die Tochter eines Ritzebütteler Schutzjuden heiraten wollte, bewarb er sich um Schutz.

Zum Teil waren antijüdische Maßnahmen der Nachbarländer die Ursache für eine Schutzsuche in Ritzebüttel. So erhielt ein Jude mit seiner Familie die Niederlassungserlaubnis, nachdem er von der Vertreibungsaktion Bremens nach dem Ende der französischen Besatzung betroffen war.[43]

2.3 Wirtschaftliche und soziale Lage bis 1819

Die ersten Schutzjuden in Ritzebüttel waren Hausierer, Kleinhändler, Trödler und Lumpenhändler. Sie befaßten sich mit der »Er- und Verhandlung allerhand Wahren«[44], und wenn sich dabei die Gelegenheit ergab, »ein Stück Vieh zu kaufen«[45], so wurde es geschlachtet und die »trefen« Fleischteile[46] billig verkauft. Diese Praxis war unter Juden weit verbreitet[47] und führte stets zu Konflikten mit den nichtjüdischen Schlachtern, die sich durch eine »branchenfremde« Konkurrenz unterboten sahen.[48]

Der rechtliche Rahmen wurde durch zwei Verordnungen gesteckt. Zum einen war es das Hamburger Judenreglement von 1710, das den Juden unzünftige »Hand-Arbeit« oder eine kleine »Handelung« erlaubte.[49] Zum anderen gestattete der Schutzbrief des jeweiligen Ritzebütteler Amtmanns den Handel mit »unverbotenen und guten unverfälschten Waren«, ohne sie im einzelnen zu nennen.[50] In Hamburg handelte es sich um Waren, die nicht unter die Privilegien der Ämter fielen, z. B. Textilien. Obwohl es in Ritzebüttel weder Zünfte noch Ämter gab, hielt man sich im wesentlichen ebenfalls an diese Warenarten. Jedoch wurde nie eindeutig geklärt, welche Waren den Ritzebütteler Juden erlaubt waren.

So blieb ein diffuser Rechtsraum übrig, der im Streit mit den nichtjüdischen Handelsleuten immer wieder neu abgeklärt werden mußte.[51] Zwar versicherten die Juden, daß die meisten von ihnen »mit Waaren handeln, welche die hiesigen christlichen Kaufleute gar nicht führen, und womit wir ihnen also keinen Schaden thun können«[52], doch in der Praxis überschnitt sich das Warenangebot vielfach. Erst im 19. Jahrhundert entwickelte sich in Ritzebüttel »aus der allgemeinen Krämerei das Fachgeschäft«.[53]

Neben dem Altwarenhandel konzentrierten sich die Ritzebütteler Juden von Anfang an auf Textilien, die nicht unter die Zunftprivilegien fielen.[54] Mit Leinentüchern bezogen sie die

---

[42] AR I Abt. III Fach 2 Vol. A, 7.4.1796. Näheres zu seiner Person siehe Kap. 2.3.1.

[43] AR I Abt. III Fach 2 Vol. A, Juni 1820 und Okt. 1822.

[44] AR I Abt. III Fach 2 Vol. E, 22.3.1752.

[45] AR I Abt. III Fach 2 Vol. E, a.a.O.

[46] Nicht koscher: nicht alle Teile der Säugetiere entsprechen den jüdischen Speisegesetzen. Vgl. De Vries, S. Ph., Jüdische Riten und Symbole. Wiesbaden ²1982, S. 156ff.

[47] Vgl. z.B. Trepp, Leo, Die Oldenburger Judenschaft. Oldenburg 1973, S. 156ff.

[48] Vgl. AR I Abt. III Fach 2 Vol. E, a.a.O.

[49] Sammlung der hamburgischen Gesetze und Verfassungen in bürgerlichen, auch Cammer-, Handlungs- und übrigen Policey-Angelegenheiten und Geschäften samt historischen Einleitungen. [Hrsg. von Johann Klefeker.] Hamburg, Teil 2, 1766, S. 391.

[50] AR I Abt. III Fach 2 Vol. A, 25.4.1750.

[51] Die unklare Lage wird noch um 1814 in der Marginale eines Schultheißen (? – auf einer Liste der jüdischen Einwohner, die ohne Unterschrift ist -) sichtbar: »haben die Juden in ihrem Schutz Brief bestimmte Artikels & Waaren, womit Ihnen zu handeln erlaubt wird oder nicht?« AR I Abt. III Fach 2 Vol. A, undat.

[52] AR I Abt. III Fach 2 Vol. A, 6.4.1803.

[53] Bohner, Theodor, Der offene Laden. Frankfurt a.M. [um 1958], S. 16.

[54] Allgemein waren Juden daher im Textilhandel stark vertreten. Vgl. z.B. Krohn, H., Hamburg 1800–1850, 1967, S. 11. – Jüdisches Leben, Bd. 1, 1976, S. 36.

Krammärkte[55], und mit Ellen- und Schnittwaren gingen sie im Amtsgebiet und im benachbarten Hadeln und Wursten hausieren.[56] 1783 klagten drei christliche Handelsleute beim Amtmann Poppe darüber, daß die Juden den Nesseltuch-, Leinwand- und Bandhandel völlig an sich gezogen hätten. Sogar »Todten- oder Sterbekleider«[57] würden bei den Juden gekauft.

Schon 1752 und 1757 sollten daher alle Ritzebütteler Juden auf Betreiben mehrerer christlicher Handelsleute und Schlachter und mit Unterstützung der beiden Amtmänner Langermann und Kentzler ausgewiesen werden. Der Hamburger Senat, den die Juden um Hilfe baten, verhinderte dies jedoch. Eine Begründung ist nicht überliefert.[58]

Die Konflikte zwischen Juden und Nichtjuden im wirtschaftlichen Bereich folgten einem Muster, das bis in einzelne Redewendungen hinein in ganz Deutschland zu finden war – ein Hinweis auf die Kontinuität christlicher Vorurteile, die zum Teil auf einem Mißverständnis oder einem Unverständnis ökonomischer Wandlungsprozesse beruhten.

Die Vorwürfe der christlichen Handelsleute richteten sich nämlich vor allem gegen

– die zu große Zahl der Juden, die sich am Orte »eingenistet«[59] oder »eingeschlichen«[60] habe;

– die weitgehende oder völlige Vereinnahmung des Handels durch die Juden;

– die niedrigen Preise als Beweis für schlechte Qualität der Waren;

– das »unchristliche« Handelsgebaren wie z. B.: das Anbieten der Waren von Haus zu Haus, das Ausrufen und »aufdringliche« Ansprechen potentieller Kunden, das »Aufdrängen« von Waren, Tauschhandel;

– das kriminelle Verhalten der Juden: »Betrug ist ihr eigentliches Wahrzeichen.«[61]

Die Angst, die sich in diesen Vorwürfen artikulierte, war durchaus verständlich. Ausgeschlossen aus der ständisch-zünftigen Wirtschaft, hatten die Juden ähnlich den Mennoniten[62] um des Überlebens willen innovative Geschäftsmethoden entwickeln müssen wie Werbung (Anpreisung duch Ausruf z. B.), vielfältiges Warenangebot, Verkauf der ersten Massenprodukte (Textilien)[63], Massenumsatz[64] bei niedrigen Preisen, Wahrnehmen von Gelegenheitsgeschäften, also Methoden, die auf Wettbewerb und Konkurrenzkampf bauten und damit den tradierten Geschäftsidealen des christlichen Kaufmanns völlig widersprachen.[65] Diese Ideale waren durch den aufkommenden Merkantilismus schon ins Wan-

---

[55] AR I Abt. III Fach 3 Vol. D, z. B. 1751 und 1752. – Leinenverkauf war sonst eigentlich die Spezialität westfälischer Wanderhändler. Vgl. Schmitz, Edith, Leinengewerbe und Leinenhandel in Nordwestdeutschland (1650–1850). Köln 1967. (Schriften zur rheinisch-westfälischen Wirtschaftsgeschichte. 15.) S. 69. – Suhr, Christoffer, Der Ausruf in Hamburg. Nachdruck [von] 1808. Hamburg 1979, S. 8.

[56] AR I Abt. III Fach 2 Vol. H, Febr. 1799. – Siehe auch Abb. 1–3.

[57] AR I Abt. III Fach 3 Vol. A Fasc. 3, 26. 6. 1783.

[58] Senat Cl. III Lit. A–E No. 7b Vol. 2, 20. 6. 1757. – AR I Abt. III Fach 2 Vol. E, 1752. – AR I Abt. III Fach 2 Vol. A, 1757.

[59] Vgl. AR I Abt. III Fach 5 Vol. A, 29. 7. 1828. – Immer wieder findet sich »eingenistet« und »eingeschlichen« im Zusammenhang mit Juden. Ein Beispiel für viele in Asaria, Zvi, Die Juden in Niedersachsen. Leer 1979, S. 102.

[60] AR I Abt. III Fach 3 Vol. A Fasc. 3, a. a. O. – Zu den Vorwürfen vgl. auch Krohn, H., Hamburg 1800–1850, 1967, S. 12 f. und Rexhausen, F., Hildesheim, 1914, S. 119 f.

[61] So verkündete es das größte deutsche Universallexikon des 18. Jahrhunderts: Zedler, Johann Heinrich, Grosses vollständiges Universal Lexicon. Leipzig und Halle, Bd. 14, 1735, Sp. 1499.

[62] Vgl. Schepansky, Ernst W., Mennoniten in Hamburg und Altona zur Zeit des Merkantilismus in: Hamburger Jahrbuch für Wirtschafts- und Gesellschaftspolitik. 24(1979), S. 230 ff.

[63] Sombart, Werner, Die Juden und das Wirtschaftsleben. Nürnberg 1928, S. 28.

[64] Jüdisches Leben, Bd. 2, 1979, S. 29.

[65] Vgl. Sombart, a. a. O., S. 145. – Sombarts These von der angeblichen rassischen und religiösen Eignung der Juden für die kapitalistische Wirtschaftsordnung ist im übrigen vielfach widerlegt worden. Vgl. dazu Kellenbenz, Hermann, Sephardim an der unteren Elbe. Wiesbaden 1958. (Vierteljahrschrift für Sozial- und Wirtschaftsgeschichte, Beih. 40.) S. 2 mit weiteren Literaturhinweisen.

Abb. 1: Jüdischer Hausierer mit Seidenbändern und Webkanten, um 1800[a]

ken geraten. Außenseiter wie Juden oder Mennoniten trugen, zum Teil mit kräftiger obrigkeitlicher Unterstützung (Beispiel Preußen), nun zur Ablösung der alten Wirtschaftsordnung und zur Vorbereitung der Gewerbefreiheit bei. [66]

Im Bewußtsein der nichtjüdischen Kaufleute – weniger dagegen in dem der Amtmänner[67] – überdauerten die alten Normen als Ideologie bis ins 19.Jahrhundert hinein und mit ihnen das Vorurteil von den betrügerischen Juden. Dabei »sind wir ja auch Menschen, die gerne

[a]   Abb. 1–3 sind entnommen aus Suhr, Ch., Ausruf, 1979.
[66]   Vgl. Schepansky, E. W., Mennoniten, 1979, S. 232. – Rexhausen, F., Hildesheim, 1914, S. 127.
[67]   Bis auf die zwei oben erwähnten Beispiele gingen die Amtmänner im allgemeinen nicht auf die pauschale Aburteilung der Juden ein. Vgl. z. B. Kap. 2.4.

Abb. 2: Jüdischer Hausierer um 1800

sich ehrlich und redlich ernähren wollen«[68], schrieben die Ritzebütteler Juden 1803. Ihr Wunsch wurde durch die Definition dessen, was ein »rechtlicher« oder »reeller«[69] Kaufmann zu tun und zu lassen habe, von seiten der christlichen Kaufleute weiterhin erschwert.

Der wirtschaftliche Aufschwung gegen Ende des 18. Jahrhunderts machte Ritzebüttel zusammen mit der relativen Handelsfreiheit, die durch das Fehlen der Ämter und Zünfte herrschte, zeitweilig zum Tummelplatz fremder Handelsleute und »Speculanten«.[70] Diese Bedrohung bei gleichzeitiger Teuerung und endgültigem Hausierverbot für Ritzebütteler in

[68] AR I Abt. III Fach 2 Vol. A, 6. 4. 1803.
[69] AR I Abt. III Fach 3 Vol. A Fasc. 3, 26. 6. 1783.
[70] AR I Abt. III Fach 3 Vol. A Fasc. 3, 30. 11. 1805.

Hadeln und Wursten[71] führte 1799 zu einer kurzfristigen Solidarisierung christlicher und jüdischer Handelsleute.[72] Daß der Jude Philipp Joel Westphal als Bevollmächtigter gegenüber dem Amtmann gewählt wurde, geschah sicherlich eher aus taktischen Überlegungen als aus einer plötzlichen Umbewertung der Juden. Hätte der Amtmann sich nicht auf die Klagen eingelassen, wäre der Jude Westphal der Sündenbock für das Scheitern der Verhandlungen gewesen. Aber dieses gemeinsame Vorgehen zeigt doch deutlich, daß die Konkurrenten partiell durch gemeinsame Interessen miteinander verbunden waren.

Die sich allgemein durchsetzenden Hausierverbote für Fremde im Laufe des 18. Jahrhunderts – in Ritzebüttel ein Mandat vom Mai 1799 als Reaktion auf die vereinte Klage von Juden und Christen[73] – verschärften auch die Konkurrenz der Juden untereinander und setzten eine denkbare religiös fundierte Solidarität innerhalb ihrer Minderheit außer Kraft.[74] Ritzebütteler Juden denunzierten nun jüdische Hausierer aus Hamburg oder Hannover, die im Amtsgebiet zu handeln versuchten. Otterndorfer Juden denunzierten ihrerseits die Ritzebütteler.[75] In Hildesheim griffen einheimische Juden sogar zu handfester Selbsthilfe gegen fremde.[76]

Als die Franzosen 1803 das Amt Ritzebüttel besetzten, fanden sie unter den Juden nicht nur Hausierer, sondern auch schon Kaufleute mit guten Beziehungen vor, denen die Armeelieferungen übertragen werden konnten. Der Generalvertrag über diese Lieferungen wurde zwischen »Friedländer & Comp.« und der französischen Regierung geschlossen.[77] Dank des funktionierenden jüdischen Netzwerks[78] beschafften Samuel Abraham Friedländer, Heymann Marx (Marks) Schwabe und Isaac Abraham Brady mit Hilfe jüdischer (und weniger christlicher) Unterhändler in Ritzebüttel, Bremervörde, Lehe und Hameln die benötigten Mengen an Lebensmitteln, Heu, Stroh, Feuerung und Licht für den Kanton Ritzebüttel, zeitweilig auch für die Kantone Otterndorf und Neuhaus und das Arrondissement Bremerlehe. Sogar die Belieferung der Franzosen in Harburg war im Gespräch, wurde jedoch durch den Abzug der Truppen hinfällig.

Diese Geschäfte brachten Geld, aber auch Ärger. Als die Franzosen 1813 aus Ritzebüttel abzogen, war nur ein Teil der Furagekosten bezahlt. Während Friedländer in Paris langwierige Verhandlungen darüber mit der französischen Regierung führte, wurde Brady als Hauptlieferant von seinen Unterhändlern auf Bezahlung ihrer Kosten verklagt.[79] Schließlich einigten sich die ehemaligen Kantone auf gemeinsame Begleichung des Hauptanteils der Kosten. Wie groß die Gewinne der Juden als Armeelieferanten waren, ist schwer abzuschätzen. Alles in allem mögen sie nicht sehr bedeutend gewesen sein. Zumindest ist auffallend, daß die Juden von den christlichen Kaufleuten in den folgenden Jahren nie als »Kriegsgewinnler« beschuldigt wurden.

---

71 AR I Abt. III Fach 2 Vol. H, 1799–1800. Die Hausierverbote in Hannover vom Dezember 1771 wurden 1781 erneuert.

72 AR I Abt. II Fach 3 Vol. A Fasc. 3, 6. 3. 1799. – Ähnliches geschah in Hildesheim, vgl. Rexhausen, F., Hildesheim, 1914, S. 126.

73 AR I Abt. III Fach 3 Vol. A Fasc. 3, 25. 5. 1799. – Vgl. z. B. auch Rixen, Carl, Geschichte und Organisation der Juden im ehemaligen Stift Münster. Münster Diss. 1906, S. 54. – Rexhausen, F., Hildesheim, 1914, S. 126. – Guenter, Michael, Die Juden in Lippe von 1648 bis zur Emanzipation. Detmold 1973. (Sonderveröffentlichungen des Naturwissenschaftlichen und Historischen Vereins für das Land Lippe. 20.) S. 58 und 60.

74 Vgl. Trepp, L., Oldenburger Judenschaft, 1973, S. 24. – Dagegen findet sich eine gewisse Überbewertung der Möglichkeiten jüdischer Solidarität bei Küther, Carl, Räuber und Gauner in Deutschland im 18. und frühen 19. Jahrhundert. Göttingen 1976. (Kritische Studien zur Geschichtswissenschaft. 20.) S. 26.

75 Vgl. Dettmer, Frauke, Jüdische Hausierer im Amt Ritzebüttel in: Heimat und Kultur zwischen Elbe und Weser. 2 (1984), S. 8 f.

76 Rexhausen, a. a. O.

77 Der Vertrag liegt nicht bei den betreffenden Akten, wird aber dort erwähnt.

78 Vgl. auch Jüdisches Leben, Bd. 1, 1976. S. 41.

79 AR I Abt. VII Fach 12 Vol. E Fasc. 1, Juli 1814 ff. – AR I Abt. XI Fach 6 M1, Nov. 1814 ff. – AR I Abt. XI Fach 6 S2, Nov. 1815 ff.

Die Zeit der französischen Besatzung machte einen Teil der Mobilität deutlich, über die selbst Kleinstadtjuden schon um 1800 verfügten.[80] Sie wirft auch ein Licht auf die »hohe Flexibilität ihrer Geschäfte«[81], auf die zwangsläufig erlernte Fähigkeit und Risikobereitschaft, das Warenangebot der Nachfrage anzupassen (z. B. Lebensmittel statt Textilien), Gelegenheitsgeschäfte wahrzunehmen, die Tätigkeit nach Umständen zu wechseln.[82] Diese Mobilität und Flexibilität mußte dem überkommenen christlichen Kaufmannsdenken, das sich an den Abgrenzungen und Einteilungen durch Zünfte und Ämter orientierte, suspekt erscheinen.[83]

Die hauptsächliche wirtschaftliche Tätigkeit der Juden spielte sich auch nach der Besatzung im Handel ab. Das einzige Handwerk übte – neben den Schlachtern[84] – der Lichtzieher und Händler Joel Lion Samson aus. Geldgeschäfte spielten bis zum Ende des 19. Jahrhunderts kaum eine Rolle. Als Kreditgeber tauchten Juden nicht häufiger auf als andere Ritzebütteler auch.[85] Das Warenangebot der jüdischen Handelsleute umfaßte um 1819 vor allem alte Kleider, Textilien aller Art, Bänder, Kurz- und Galanteriewaren, Lumpen, Fleisch, Tierhäute, Öl, Gewürze, Kerzen, Holz, Möbel und Tapezierzubehör. Die meisten Handlungen waren »Detailhandlungen«. Großhandlungen kamen mit wachsendem Wohlstand und Betriebskapital hinzu.

Schon früh taten die Juden sich mit einem »Compagnon« zusammen. Das erleichterte das Überleben und die Mobilität. Verluste wurden geteilt, Gewinne gemeinsam investiert. Man konnte die Märkte besuchen und gleichzeitig zu Hause das Geschäft weiterführen. Aus ähnlichen Gründen kämpften die Juden für die Beibehaltung ihrer Handelsknechte, die z. T. eher Kompagnons waren.[86]

Ihre Haltung in diesem Punkt änderte sich erst in der wirtschaftlich schwierigen Situation in Folge der französischen Besatzung. Verschärft wurde die Krise dadurch, daß das Geschäft mit den englischen Paketbooten wegfiel[87], denn die neuen Dampfschiffe liefen nun direkt Hamburg an. Dies alles bewirkte zusammen mit dem immer strenger durchgeführten Hausierverbot in den hannoverschen Nachbargebieten, daß die 1818 vom Hausierhandel lebenden Juden sich kaum noch ernähren konnten.[88] Daraufhin drängte die Judenschaft selbst auf Abschaffung der Hausierknechte, denn sie fürchtete einerseits die Konkurrenz, andererseits eine unerträgliche Belastung ihrer Armenkasse[89] durch mögliche neue »Sozialfälle«. In dieser Situation griff Abendroth 1819 mit einer Verordnung gegen »das hausiren und allen Handel verderbende Verschleudern der Waaren«[90] ein, die den Hausierhandel für Einheimische und Fremde einschränken sollte. Dieser Eingriff konnte zu keinem vollen Erfolg führen – die nicht abbrechenden Klagen über den Hausierhandel zeigen es. Denn solange die ländliche Bevölkerung im Amt Ritzebüttel relativ arm und immobil blieb und solange einem Teil der Juden (und Christen) das Kapital für einen festen Laden fehlte, wurde diese Handlungsform der Armen[91] allen Verordnungen zum Trotz weiterhin betrieben.

---

[80] Siehe auch Kap. 2. 3. 1.
[81] Jüdisches Leben, Bd. 1, 1976, S. 41.
[82] Vgl. auch Krohn, H., Hamburg 1800 – 1850, 1967, S. 13.
[83] Vgl. Rexhausen, F., Hildesheim, 1914, S. 119.
[84] Ihre Einordnung war unterschiedlich. In Oldenburg galten sie als Händler: Schieckel, Harald, Die oldenburgischen Juden in Wirtschaft und Gesellschaft im 19. Jahrhundert in: Niedersächsisches Jahrbuch für Landesgeschichte. 44 (1972), S. 281. – In Altona dagegen galten sie als Handwerker: Privilegien, 1976, S. 97.
[85] Siehe z. B. in den Konkursverfahren AR I Abt. XI Fach 5 Konvolut 1.
[86] Z. B. 1803: AR I Abt. III Fach 2 Vol. A. – Vgl. auch Rexhausen, a. a. O., S. 118.
[87] Aichholz, H., Badewesen, 1939, S. 49. – Abendroth schätzte den so entstandenen Verlust für Ritzebüttel und Cuxhaven auf 150000 Mark pro Jahr. Abendroth, A. A., Ritzebüttel, Teil 2, 1982, S. 60.
[88] AR I Abt. III Fach 3 Vol. A Fasc. 3, 1. 5. 1818.
[89] AR I Abt. III Fach 3 Vol. A Fasc. 3, a. a. O.
[90] AR I Abt. III Fach 3 Vol. A Fasc. 3, 6. 10. 1819 und AR I Abt. III Fach 2 Vol. B, 6. 10. 1819.
[91] Vgl. Guenter, M., Lippe, 1973, S. 60 f.

Abb. 3: Jüdischer Hausierer mit Haushaltsgeräten, um 1800

Um 1816 lebte etwas weniger als ein Drittel der Ritzebütteler Juden vom Hausierhandel. Die übrigen Juden betrieben einen Buden- oder Ladenhandel von unterschiedlichem Umfang und Umsatz. Eine gemeindeinterne »Vermögenssteuer«[92], die seit 1816 erhoben wurde, um die Kosten der neuen Synagoge in der Westerreihe abzutragen, enthält die ersten konkreten Hinweise auf die Vermögensverhältnisse der Gemeindemitglieder. Aus dieser Steuer ergibt sich eine Einteilung der Schutzjuden in zwei soziale »Schichten«. Ein Drittel

---

[92] AR I Abt. III Fach 2 Vol. C, 17. 4. 1816. Der Prozentsatz, nach dem die Steuer berechnet wurde, ist nicht angegeben. Sie lag zwischen 40 Mark (Brady) und drei Mark.

lebte in guten bis sehr guten Verhältnissen, etwa dem nichtjüdischen Mittelstand entsprechend, die übrigen zwei Drittel waren arm. Zwei Juden hatten gerade Konkurs gemacht.[93] Sechs waren so arm, daß sie das jährliche Schutzgeld von zwei Louisdor nicht aufbringen konnten.[94]

Über die Lage des »jüdischen Proletariats«[95], die unvergleiteten Knechte, Mägde und Handlungsdiener, schweigen die Quellen. Ihre Situation verbesserte sich allgemein erst mit dem wachsenden sozialen Aufstieg der Schutzjuden und deren größerem Bedarf an Personal.[96]

2.3.1 Samuel Abraham Friedländer – Kaufmann, Agent und Kommerzienrat

In der Zeit vor und nach der Gleichstellung gab es in der jüdischen Gemeinde drei herausragende Persönlichkeiten, deren unterschiedliche Verhaltensweisen paradigmatisch auf bestimmte Rollen verweisen, die innerhalb der jüdischen Sonderexistenz dieser Zeit möglich waren. Der Norm entsprachen sie allerdings nicht. So bereitete Isaac Abraham Brady mit seiner geschickten und soliden Vermögenspolitik seinen Söhnen Ahron und vor allem Bernhard den Weg zu einem reibungslosen Übergang in den allseits anerkannten Status des »deutschen Staatsbürgers jüdischen Glaubens.«[97] Joel Philipp Westphal verkörperte dagegen die Rolle des »Querulanten« innerhalb und außerhalb der Gemeinde.[98]

Samuel Abraham Friedländer schließlich hatte die Position des »Privilegierten«, vergleichbar – wenn auch aufgrund der geringen wirtschaftlichen und politischen Bedeutung des Amtes Ritzebüttel mit erheblichen Abstrichen – am ehesten mit der von Hofjuden oder »Adelsbürgern«.[99]

Friedländer spielte in den 30 Jahren seines Aufenthaltes in Ritzebüttel bis zu seinem Tode 1826 in der Gemeinde eine zentrale Rolle, obwohl oder gerade weil er sich an den Machtkämpfen, die zu dieser Zeit die Gemeinde zu spalten drohten, nicht weiter beteiligte. 1762 in Märkisch-Friedland als Sohn eines Buchbinders geboren, kam er über Lehe 1796 nach Ritzebüttel. Zunächst betrieb er einen Kompaniehandel mit Philipp Joel Westphal, wahrscheinlich mit Ellenwaren und Mobilien. Seine Knechte hausierten mit Leinen im Landgebiet. Es ist anzunehmen, daß er auch an der Ausstattung und Verproviantierung der englischen Post- und Paketboote bis zur Kontinentalsperre teilnahm und hierbei erste Kontakte mit England knüpfte.[100]

1803 wurde er zum »Commissar« oder »Agenten« der preußischen Gesandtschaft in Ritzebüttel ernannt.[101] Wie Friedländer zu diesem für einen Juden außergewöhnlichen diplomatischen Amt[102] kam, darüber spekulierte der Hamburger Rat so: »Wie es erscheint, hat er sich diesen Titel nur in der Absicht kommen laßen, sich dadurch des dortigen [Ritzebütteler] ferneren Schutzes um so mehr zu versichern«.[103] Diese Vermutung dürfte der Wahrheit

---

[93] Senat Cl. VII Lit. Hd No. 6 Vol. 4a, 30. 4. 1816.

[94] Handbuch Amtsführung, Pag. 172.

[95] Homann, H., Schutzjuden, 1957, S. 44.

[96] Vgl. Toury, J., Eintritt, 1972, S. 186f.

[97] So nannten sich die Mitglieder des 1893 gegründeten »Centralvereins« – politische Heimat der assimilierten jüdischen Mittelschicht. – Zu Bernhard Isaac Brady siehe Kap. 5.2.1.

[98] Siehe Kap. 4.3.1.

[99] So nennt sie Toury, a. a. O., S. 13, weil sie ähnliche Rechte wie Stadtbürger und z. T. wie Adlige von den jeweiligen Fürsten und Königen erhielten, denen sie finanziell und wirtschaftlich nützlich waren. – Vgl. auch Schnee, Heinrich, Die Hoffinanz und der moderne Staat. Bd. 1–3. Berlin 1955.

[100] Das Kruzifix der Martinskirche in: Die Martinskirche zu Ritzebüttel. Cuxhaven 1969, S. 32.

[101] AR I Abt. I Fach 7 Vol. C, 12. 3. 1805.

[102] Nach Grunwald, Max, Hamburgs deutsche Juden bis zur Auflösung der Dreigemeinden 1811. Hamburg 1904, S. 1, waren allenfalls Hamburger portugiesische Juden als diplomatische Vertreter für Länder wie Polen, Schweden, Dänemark u. a. tätig.

[103] AR I Abt. I Fach 7 Vol. C, 6. 7. 1803.

nahe kommen. Möglicherweise bediente sich Friedländer der Beziehungen vermögender und einflußreicher jüdischer Landsleute, die seit 1772 in großer Zahl von Märkisch-Friedland nach Berlin gezogen waren.[104] Der Hamburger Rat reagierte mißtrauisch. Seine nicht unbegründete Sorge war, ob »dieser Friedländer« sich trotz des »angeblichen Titels«[105] weiterhin der Jurisdiktion des Amtsmannes unterwerfen würde. Amtmann Jänisch konnte Mißtrauen und Besorgnis ausräumen:

> »Das von Seiner Königlichen Majestät Höchst eigenhändig volzogene Patent ist mir vorgezeigt. [...] Die Anerkennung des Herrn Agenten wird keinem Zweifel unterworfen sein.«[106]

Juristisch wurde das Problem dadurch gelöst, daß die Ernennung durch Friedrich Wilhelm III. ausdrücklich Friedländers »anderweitige bürgerliche Verhältniße« nicht berührte.[107] So blieb Friedländer Schutzjude und vertrat zugleich preußische Belange im Amt Ritzebüttel.

1805 wurde er zum Kommerzienrat ernannt. Er übernahm unter der Firma Marks und Friedländer (auch: Friedländer & Comp.) die Lieferungen an die französische Armee. Dabei lag vor allem die Organisation der Zusammenarbeit jüdischer Kaufleute in Ritzebüttel, Lehe, Hameln usw. in seinen Händen.[108] Nach dem Wiener Kongreß hielt er sich wiederholt in Paris auf, um für die Ritzebütteler Armeelieferanten mit der französischen Regierung über die teilweise nicht bezahlten Kosten der Besatzungszeit zu verhandeln.[109]

Inzwischen hatte Friedländer sich Grundbesitz (s. Kapitel 2.5) und Vermögen erworben. Am 19.5.1810, rund 40 Jahre vor der Gleichstellung der Juden in Hamburg, erhielt er das Bürgerrecht[110] – ein Akt, der die »sehr variable deutsche Stellungnahme«[111] der Regierungen gegenüber den Juden zeigt. Trotzdem zahlte Friedländer weiterhin Schutzgeld und blieb Schutzjude.[112]

Friedländers Privilegien waren eher sozialer Art. So gehörte er als einziger Jude zu den Gründungsmitgliedern des 1809 von Amtmann Amandus Abendroth initiierten Herrenklubs »Harmonie« zusammen mit dem Amts- und Gerichtsaktuar Johann Eybe, dem Kaiserlich-Französischen Vizekonsul Alexandre de Sart (auch Desart), dem Arzt Dr. E.G. Neumeister und anderen Honoratioren, eingesessenen und französischen.[113] Die Exklusivität dieses Privilegs wird durch zwei Aspekte betont. Einerseits waren andere vermögende jüdische Kaufleute wie Isaac Abraham Brady und Hirsch Moses Friedmann offensichtlich nicht zur »Harmonie« zugelassen; andererseits hatten noch vier Jahre zuvor Mitglieder des Klubs gegen die »verhältnißmäßige starke Anzahl der hiesigen Juden« beim Amtmann polemisiert.[114]

1819 bediente sich Amtmann Abendroth des »weitgereisten« Kaufmanns Friedländer mit Geschäftsbeziehungen »über Frankfurt bis nach Paris und London«[115], um ein Kruzifix für die neu erbaute Ritzebütteler Martinskirche zu besorgen. Friedländer ließ das Kreuz in Paris anfertigen und schenkte der Kirche 160 Mark Courant für Arbeitslohn, Zoll- und Trans-

---

[104] Vgl. Aschkewitz, M., Westpreußen, 1967, S. 27.
[105] AR I Abt. I Fach 7 Vol. C, 6.7.1803.
[106] AR I Abt. I Fach 7 Vol. C, 1803.
[107] AR I Abt. I Fach 7 Vol. C, a. a. O.
[108] Siehe Kap. 2.3.
[109] AR I Abt. XI Fach 6 S1, z. B. 3.4.1815.
[110] AR I Abt. II Fach 13 Vol. A6. – Weitere frühe Bürgerrechtsverleihungen an Juden in Hamburg sind denkbar, in der Literatur aber bisher nicht genannt.
[111] Toury, J., Eintritt, 1972, S. IX.
[112] Ähnliche Fälle bei Toury, Jacob, Types of Jewish Municipal Rights in German Townships in: Yearbook Leo Baeck Institute. 22(1977), S. 69 ff. Die treibenden Kräfte dahinter waren nicht in jedem Fall zu klären.
[113] AR I Abt. III Fach 7 Vol. H, 1809.
[114] AR I Abt. III Fach 3 Vol. A Fasc. 3, 30.11.1805.
[115] Kruzifix, 1969, S. 32.

portkosten, die von der vom Hamburger Senat bewilligten Summe von 600 Mark Courant nicht gedeckt wurden.[116]

An der Subskription für die Errichtung dieser neuen Kirche beteiligten sich mit wenigen Ausnahmen alle Schutzjudenfamilien[117] – ein ungewöhnlicher Akt, der wohl auf Friedländers Einfluß zurückzuführen ist. Darüber hinaus lieh Friedländer der Kirche 1000 Louisdor.[118]

Trotz dieser in dem damaligen Handlungsrahmen von Kleinstadtjuden als äußerst unkonventionell zu bezeichnenden Aktivitäten zugunsten der protestantischen Kirche kann an Friedländers Verankerung in der jüdischen Religion nicht gezweifelt werden. 1806 verfaßte er z. B. die Liturgie zur Einweihung der Synagoge auf dem Grundstück Philipp Joel Westphals.[119] Daß seine Stellung innerhalb der Gemeinde unverändert fest blieb, zeigt sich auch daran, daß ihm von 1818 bis zu seinem Tode das ehrenvolle Amt[120] des Beschneiders (Mohel) übertragen wurde.

Er verkörperte die erste Generation von Kleinstadtjuden, die aus dem geistigen und sozialen jüdischen »Getto« heraustrat[121], um aktiv an der finanziellen und kulturellen Förderung ihrer nichtjüdischen Umwelt teilzunehmen. Die Voraussetzungen dafür hatte er: Vermögen und ein kulturelles Aspirationsniveau. So war er ebenso unter den Aktionären des geplanten Seebades 1816[122] zu finden wie unter denen des (nie gebauten) Theaters 1823.[123] Auch schlug er den Platz hinter seinem Haus als Baugrund für das Theater vor.

1820 richtete Friedländer für seinen Neffen Isaac Moses Friedländer eine Seifensiederei hinter seinem Haus in der Norderteinstraße ein. In demselben Jahr ließ er für seinen Adoptivsohn Elias Meyer Friedländer von Schiffszimmermeister Joachim Eggers einen »Paketever« bauen. Beide Männer scheiterten mit ihren Unternehmungen, so daß Samuel Abraham Friedländer erhebliche finanzielle Verluste erlitt, die er offensichtlich nicht verkraften konnte. Denn die wirtschaftliche Stabilität des jüdischen Mittelstandes war im allgemeinen bis ins 19. Jahrhundert hinein nicht größer als die des nichtjüdischen Kleinbürgertums.[124] Bei seinem Tode hinterließ Friedländer einen »insolventen Nachlaß«[125], der versteigert werden mußte.

2.4 Wirtschaftliche und soziale Lage 1819 – 1850

Mit Amandus Augustus Abendroth[126] kam ein aufgeklärter und liberaler Amtmann nach Ritzebüttel, der insgesamt für die Entwicklung des Amtes wie auch für die jüdische Minderheit eine große Rolle spielte. Zunächst blieb er zwei Jahre von 1809 bis 1811, ging dann als

---

[116] Die Kirchen des Hamburgischen Landgebietes. Hrsg. vom Verein Hamburger Landprediger. Hamburg 1929, S. 239.

[117] AR I Abt. VI Fach 6 Vol. A, 19. 2. 1816.

[118] AR I Abt. VI Fach 6 Vol. B, 1829.

[119] Siehe Abb. 4.

[120] Vgl. Trepp, Leo, Das Judentum. Reinbek 1970, S. 225 und De Vries, S. Ph., Riten, 1982, S. 180.

[121] Ein Prozeß, der in der Großstadt Berlin eine Generation früher begonnen hatte. Vgl. Toury, J., Eintritt, 1972, S. 1.

[122] AR I Abt. XI Fach 5 Konvolut 1, 30. 6. 1827.

[123] AR I Abt. III Fach 7 Vol. J, 1823.

[124] Vgl. Toury, J., a. a. O., S. 145.

[125] AR I Abt. XI Fach 5 Konvolut 1, undat.

[126] Abendroth, 1767–1842, Sohn des Niedergerichtsprokurators Abraham Augustus Abendroth aus Eisenberg (Kursachsen), studierte Jura, promovierte und arbeitete in Hamburg als Advokat. Seit 1800 gehörte er dem Senat an. 1831 wurde er zum Bürgermeister in Hamburg gewählt. Allgemeine Deutsche Biographie, Leipzig, Bd. 1, 1875, S. 19. – Toury vermutete in Abendroth einen getauften Juden: Toury, Jacob, Die politischen Orientierungen der Juden in Deutschland, Tübingen 1966. (Schriftenreihe wissenschaftlicher Abhandlungen des Leo Baeck Instituts. 15.) S. 3, Anm. 11. Anhaltspunkte dafür gibt es jedoch nicht.

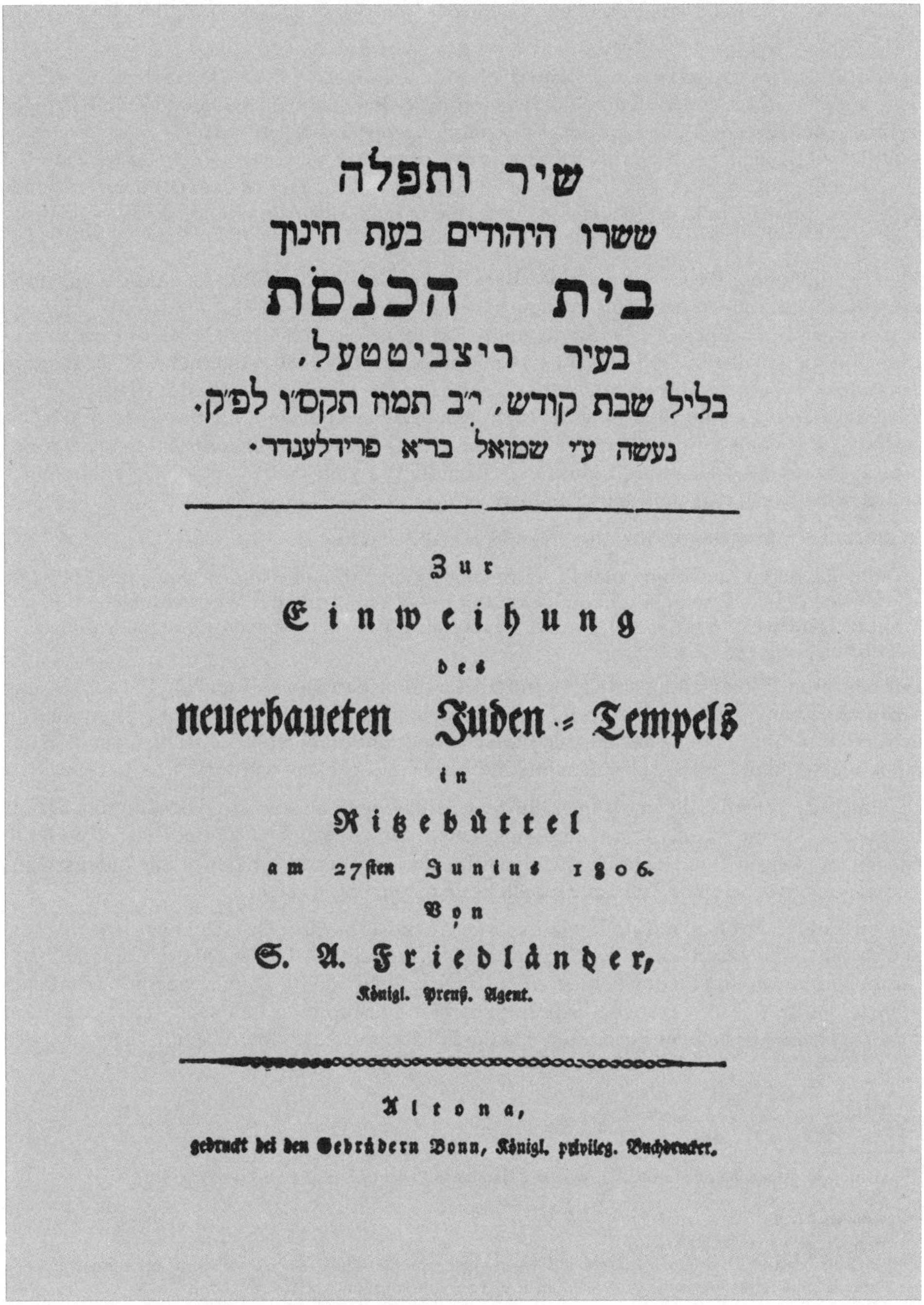

שיר ותפלה

ששרו היהודים בעת חינוך

בית הכנסת

בעיר ריצביטטעל,

בליל שבת קודש, י״ב תמה תקס״ו לפ״ק.

נעשה ע״י שמואל ברא פרידלענדר ·

Zur

Einweihung

des

neuerbaueten Juden = Tempels

in

Ritzebüttel

am 27sten Junius 1806.

Von

S. A. Friedländer,

Königl. Preuß. Agent.

Altona,

gedruckt bei den Gebrüdern Bonn, Königl. privileg. Buchdrucker.

Abb. 4: Deckblatt der Liturgie zur Einweihung der Synagoge 1806[a]

---

[a] AR I Abt. III Fach 2 Vol. C.

»Maire« nach Hamburg und kehrte nach Ende der französischen Besatzung 1814 für sieben Jahre nach Ritzebüttel zurück.

Abendroth hatte einige seiner reformerischen Ideen 1814 in einer Denkschrift niedergelegt, in der er unter anderem eine »Verbesserung in der Repräsentation und Zulassung der fremden Religionspartheien zu den Versammlungen der Bürgerschaft«[127] forderte. Hinsichtlich der Juden machte er allerdings noch Vorbehalte wegen der »nicht zu leugnenden Uncultur der unteren Classen«[128]. Die Beseitigung dieser »Uncultur« war denn auch Abendroths Programm für die Ritzebütteler Juden, die er im übrigen als »mündige Menschen« betrachtete.[129]

Abendroth brachte die Grundsätze der Berufs- und Erziehungspolitik der Aufklärung nach Ritzebüttel, wie sie in den meisten deutschen Staaten etwa seit Beginn des 19. Jahrhunderts eingeführt wurden.[130] Es war der späte Reflex auf ein Bündel von Forderungen, die zuerst Christian Wilhelm Dohm 1781 in seiner Schrift »Über die bürgerliche Verbesserung der Juden«[131] aufgestellt hatte. Voraussetzung für eine »Verbesserung« der Juden, d. h. für ihre Angleichung an die Nichtjuden in Bildung und Beruf und damit für eine spätere Gleichstellung, war nach Dohm einerseits eine »deutsche« Erziehung, andererseits eine Berufsumschichtung weg vom »unproduktiven« Handel hin zum bisher verschlossenen »nützlichen« Handwerk und zur Landwirtschaft.

In diesem Sinne verfügte Abendroth am 6. 10. 1819, daß

> »die jüdischen Einwohner dieses Amtes nur ferner Erlaubniß haben, eines ihrer Kinder beim Handel zu gebrauchen, die andern aber bei Strafe der Wegweisung sich einem Handwerk oder Landbau und sonstigen nützlichen Beschäftigungen widmen müßen [...]«.[132]

Zur besseren Vorbereitung auf diese »nützlichen Beschäftigungen« und als Voraussetzung für die Erwerbung eines Schutzbriefes sollten die jüdischen Kinder ab sofort verpflichtet sein, vom siebten Lebensjahr an eine jüdische oder christliche Schule zu besuchen, in der sie »in deutschem Lesen, Schreiben und Rechnen« unterrichtet wurden.[133]

In derselben Verordnung wurde die Zahl der Schutzjudenfamilien auf 16 beschränkt. Damit entsprach Abendroth nicht nur den Wünschen der christlichen Krämer und Kaufleute (denen im übrigen auch 16 noch zuviel erschienen), sondern auch denen der Judenschaft: Niemandem war an einer Zunahme möglicher Konkurrenten gelegen.[134]

Neben aufklärerischen Vorstellungen war es Abendroths aktuelles Ziel, »mit väterlichem Wohlwollen den gesunkenen Wohlstand« des Amtes »aufzuhelfen suchen«[135] und die Konkurrenzsituation im Handelssektor zu entzerren. Dabei fehlte es ihm weder an Einfällen noch an Tatkraft. Der Versuch, die berufliche Monostruktur der Judenschaft zu verändern, gehörte ebenso zu seinem Programm wie die Förderung neuer Gewerbe, die Gründung des

---

[127] Abendroth, Amandus Augustus, Wünsche bey Hamburgs Wiedergeburt. Kiel o. J. [1814], S. 21.
[128] Abendroth, a. a. O., S. 26.
[129] Siehe Kap. 3. 2.
[130] Toury, J., Eintritt, 1972, S. 163.
[131] Teil 2 erschien 1783. Dohm, preußischer Kriegsrat und Archivar, schrieb seine Denkschrift auf Anregung seines Freundes Moses Mendelssohn. Vgl. Cahnman, W. J., Small-Town Jews, 1974, S. 110.
[132] AR I Abt. III Fach 2 Vol. B.
[133] AR I Abt. III Fach 2 Vol. B – Siehe auch Kap. 3. 2.
[134] Ab 1828 ist belegt, daß die jüdische Gemeinde vor der Aufnahme neuer Schutzjuden angehört und ihre Meinung berücksichtigt wurde. AR I Abt. III Fach 2 Vol. A. – Die Beschränkung auf 16 Familien wurde nicht genau eingehalten. Schon 1820 gab es z. B. 18 Familien.
[135] Abendroth, a. a. O., S. 65.

schon 1793 von Lichtenberg angeregten Seebades in Cuxhaven[136], die Einrichtung weiterer Schulen und einer Armenanstalt, um nur einiges zu nennen.[137]

Die Berufsumschichtung für die jüdische Bevölkerung kam allerdings nicht nur im Amt Ritzebüttel, sondern auch im übrigen Deutschland zu spät. Die Angleichung an die nichtjüdische Berufsstruktur erwies sich »angesichts des sich durchsetzenden Wirtschaftsliberalismus« und der fortschreitenden Industrialisierung im 19.Jahrhundert als »ebenso altmodisch wie unrealistisch«[138]. Beide Entwicklungen verdrängten Handwerk und Agrarberufe mehr und mehr zugunsten von Handel und Industrie. So machten denn auch die Juden in Deutschland von dieser verspäteten Öffnung ihres Berufsfeldes zumeist nur geringen Gebrauch und blieben im Handel, auch wenn sie ihre Söhne vorsichtshalber ein Handwerk erlernen ließen, um den Verordnungen Genüge zu tun.[139]

In Ritzebüttel erlernte nur ein Jude das Schusterhandwerk, machte 1834 seinen Meister und führte – bei 25 Konkurrenten[140] – eine äußerst kümmerliche Existenz. Bei dem schon traditionellen jüdischen Handwerk des Schlachters blieben die Söhne der Familien Hildesheimer, Brady und Rosenthal.[141] So wurde die Toleranz christlicher Lehrherren gegenüber jüdischen Lehrlingen nicht auf die Probe gestellt. Letztere mußten sich der »unfreundlichen Zurückweisung blos der Religion wegen« nicht aussetzen, wie sie Abendroth sicher mit Recht befürchtet hatte.[142] Mit seiner Mahnung an die Ritzebütteler Nichtjuden, sich tolerant und kooperativ zu verhalten und jüdische Lehrlinge, Dienstboten und Gehilfen aufzunehmen, zeigte sich Abendroth unberührt von den antijüdischen Strömungen, die sich gerade zu dieser Zeit (Juli bis Oktober 1819) in den »Hep-Hep«–Krawallen[143] in Deutschland, so auch in Hamburg, äußerten.

In der Folgezeit wanderte der größte Teil der jüdischen Söhne aus Ritzebüttel ab, um sich woanders als Kaufleute niederzulassen. Trotz des Scheiterns der Berufsumschichtung brachte Abendroth Bewegung in die jüdische Berufswahl. Seine Verordnung bewirkte, daß die Juden über die Erprobung neuer Gewerbe nachdachten, und sein Einsatz für die wirtschaftliche Entwicklung des Amtes schuf die Voraussetzung für die Realisierung solcher Gewerbe. Vor allem mit dem für die damalige Zeit als »faschionabel« und »komfortabel«[144] geltenden Seebad, das nicht zuletzt durch eine Spielbank große Anziehungskraft ausübte, sorgte Abendroth für Aufschwung und Entfaltung der Flecken Cuxhaven und Ritzebüttel.

Neue Gewerbe, die von jüdischer Seite vorgeschlagen wurden, unterstützte Abendroth im allgemeinen ebenso wie seine Nachfolger im Amt, oft gegen den Widerstand nichtjüdischer Geschäftsleute. So erhielt Hirsch Meyer Friedländer 1820 die Konzession für eine »Seifenfabrik«[145]. 1828 richtete Hirsch Moses Friedmann eine Lohgerberei ein. Joel Lion Samson etablierte sich 1835 als »Schirmfabrikant«. Philipp Alexander Friedländer betrieb seit

---

[136] Lichtenberg, Georg Christoph, Warum hat Deutschland noch kein großes öffentliches Seebad? in: Göttinger Taschen Calender. 1793, S.92–109.

[137] Vgl.Borrmann, H., Bilder, Teil 1, 1983, S.119.

[138] Jüdisches Leben, Bd. 1, 1976, S.31.

[139] Jüdisches Leben, a. a. O., S.33 – Vgl. auch Genschel, Helmut, Die Verdrängung der Juden aus der Wirtschaft im Dritten Reich. Göttingen 1966, s. 17–19.

[140] Vgl. AR I Abt.III Fach 6 Vol.B Fasc.2, 10.12.1836.

[141] Von ihnen ist nur Ahron Isaac Brady (geb. 1809) in der Meisterrolle eingetragen. Vgl. Höpcke, Walter, Verzeichnis der Meister in Cuxhaven-Ritzebüttel 1825–1884. 1945. Hs. Sta Cux.

[142] AR I Abt.III Fach 2 Vol.B, Verfügung vom 6.10.1819.

[143] Eine Analyse der ideologischen und ökonomischen Ursachen dieser Krawalle gibt Sterling, Eleonore, The Hep-Hep Riots in Germany in 1819: A Displacement of Social Protest in: Historia Judaica. 12 (1950), S. 105–142.

[144] Aichholz, H., Badewesen, 1939, S.72.

[145] »Fabrik« bedeutet hier Werkstätte, Gewerbebetrieb. Wie groß diese Betriebe waren, ist nicht überliefert. Diese und alle folgenden Einzelheiten über Konzessionen finden sich in AR I Abt.III Fach 6 Vol.B. Fasc.2.

1826 eine Gast- und Schenkwirtschaft in Cuxhaven, zeitweilig im »Großherzog von Oldenburg« auf der Ostseite.[146] Ab 1820 fuhr der Paketever »Courier« für Elias Meyer Friedländer. Als Kapitän hatte er den nichtjüdischen Schiffer J. Peter Wendt angeheuert.

Abendroth schlug nur zweimal die Erteilung einer Konzession ab. In einem Fall ging es um die Einrichtung eines Lombards mit Pfandleihe (1820), im andern Fall um eine Lohgerberei (1818). Für letzteren Fall ist die Begründung Abendroths überliefert. Er verweigerte die Konzession, weil die Gerberei mitten im Flecken Ritzebüttel an der Wettern betrieben werden sollte und somit die einzige Trinkwasserquelle hätte verschmutzen können.

All diese Gewerbe wurden allerdings im allgemeinen nur nebenbei betrieben. Im Hauptberuf blieb man Händler und Kaufmann, und zwar nach wie vor zumeist in der Textilbranche. Aber man handelte jetzt nicht mehr so sehr mit Ellen- und Schnittwaren, alten Kleidern u. ä., sondern immer mehr mit »Manufacturwaren«, vor allem aus England. Jüdische Kaufleute aus Hamburg waren schon seit 1815 am Handel mit englischen Manufakturwaren beteiligt. Viele von ihnen besaßen Geschäfte in Manchester und anderen englischen Manufakturzentren – Auswirkung der liberalen englischen Judengesetzgebung.[147]

Auch Joseph Levy Ziltzer lebte seit etwa 1838 als Kaufmann in Manchester, von wo aus er das Geschäft seiner Eltern, später seines Schwagers mit englischen Manufakturwaren und Stoffen belieferte.[148]

Mit England bestanden noch andere Geschäftsbeziehungen. Schon Samuel Abraham Friedländer hatte London zu Beginn des 19.Jahrhunderts geschäftlich besucht.[149] »Schwabe & Sanftleben« verkauften 1838 englisches Eisen[150], und Abraham Hirsch Friedländer handelte in den 1840er Jahren jeweils drei Monate pro Jahr in England mit Blutegeln, ein Geschäft, das zu dieser Zeit seinen Höhepunkt erlebte.[151] Friedländers Verdienst war so gut, daß er für den Rest des Jahres versorgt war und nur noch nebenbei ein wenig durch den Verkauf von Manufaktur- und Galanteriewaren in Ritzebüttel hinzuverdiente.[152] Wahrscheinlich waren noch mehr Juden beruflich mit England verbunden, denn allgemein hatte das Amt Ritzebüttel zu dieser Zeit rege Geschäftsbeziehungen dorthin.[153]

Seit der Errichtung des Seebades gewann der Flecken Cuxhaven immer mehr an wirtschaftlicher Bedeutung. Dies bewog auch einige Juden, ihre Geschäfte dorthin zu verlegen. Außer dem oben erwähnten Friedländer mit seiner Gastwirtschaft, ab 1855 von seinem Schwiegersohn Nathan Philipp Freudenburg weitergeführt, etablierte sich dort Jacob Jacobsen 1838 mit einem Manufakturgeschäft.

Zwischen 1816 und 1836 stieg die Zahl der Wohnhäuser in Cuxhaven von 67 auf 129, die der Einwohner von 478 auf 1060.[154] Das Straßennetz wurde von den Grundeigentümern laufend erweitert. Ab 1838 war Marx Heymann Schwabe hier als Makler tätig. In der Nähe von Hafen und Badeeinrichtungen kaufte er Grundstücke, parzellierte sie und verkaufte sie mit Gewinn weiter. 1843 erwarb Schwabe das stattliche »Hôtel Charleston« auf dem west-

---

146 Vgl. z. B. Anzeige in Zeitung für das Amt Ritzebüttel, dessen Hafen und Umgebung (im folgenden ZAR) vom 7.3.1838.
147 Krohn, H., Hamburg 1800–1850, 1967, S.52.
148 Vgl. z. B. Anzeige in ZAR vom 16.4.1853.
149 Siehe Kap. 2.3.1.
150 Anzeige in ZAR vom 19.8.1838. Es handelte sich hierbei um eine wohl kurzfristige Kompanie zwischen Marx Heymann Schwabe und dem nichtjüdischen Schmied Johann Wilhelm Sanftleben.
151 Richert, Harald, Hamburgs Blutegelhandel zwischen den Vierlanden und Rußland in: Zeitschrift des Vereins für Hamburgische Geschichte. 65(1979), S.58.
152 AR I Abt. III Fach 2 Vol. L, 10.10.1846.
153 Abendroth, A. A., Ritzebüttel, Teil 2, 1982, S. 19 f.
154 Aichholz, H., Badewesen, 1939, S.28.

lichen Außendeich für 17000 Mark Courant Neue Zwei Drittel.[155] Auf dem Hotel lagen 10000 Mark Schulden. Mit dem Kauf dieses Objektes hatte sich Schwabe offenbar übernommen. Er mußte in Hamburg und Bremen Wechsel aufnehmen und schließlich im Januar 1845 Konkurs anmelden.[156]

Ob Schwabes Konkurs mit der europäischen Wirtschaftskrise, die vor allem 1846 und 1847 Deutschland berührte, in Zusammenhang stand, kann nicht eindeutig beurteilt werden. Weitere Konkurse jüdischer Kaufleute fanden nicht in diesen Jahren statt, sondern z. B. 1835 (Schlachter Heymann Levin Hildesheimer[157]), 1842 (Krämer Samson Abraham Rosenthal), 1853 (Johanna Schwabe, Witwe des Maklers, Manufakturwaren) und 1858 (Salomon Samson Rosenthal, Manufaktur- und Kolonialwaren). Wahrscheinlich waren für diese Konkurse einerseits individuelle Gründe verantwortlich, wie z. B. Überschätzung der eigenen finanziellen Potenz im Falle Schwabes, oder geringer Umsatz durch ungünstige Lage des Geschäftes im Fall von Vater und Sohn Rosenthal.[158] Andererseits spielten strukturelle Gründe eine Rolle wie die Häufung von Konkurrenzunternehmen im Bereich Schlachtereien[159] und Manufakturgeschäfte.

Abendroths Anordnung von 1819 bewirkte, daß die Juden im Flecken Ritzebüttel und dann auch in Cuxhaven wirtschaftlich präsenter wurden – zum Leidwesen der nichtjüdischen Geschäftsleute. Das gleichzeitige Verbot des Hausierhandels veranlaßte die jüdischen Handelsleute, vermehrt feste Läden einzurichten, und die Anstöße in Richtung Berufsumschichtung brachten sie in den Besitz von neuen »Fabriek-Geschäften«.

Die Läden ermöglichten eine Vergrößerung und Erweiterung, z. T. auch Verfeinerung des Warenlagers, sofern genügend Kapital (oder Kredit) vorhanden war. Zwischen 1820 und 1850 handelte die Ritzebüttler Judenschaft vor allem mit Konfektionskleidung, Tuchen und Stoffen, Leder, Kohle, Seife, Kolonialwaren und Fleisch. Mit Heimtextilien wie Gardinen, Vorhängen, Tischdecken, Bettwäsche und mit Wohnzubehör des gehobenen Bedarfs wie Rouleaus, Tapeten und Bodenbelägen eroberten sie sich einen neuen Kundenkreis. In den 1840er Jahren richtete Jacob Jacobsen einen Journalzirkel ein und kam damit dem wachsenden Unterhaltungs- und Bildungsbedürfnis der »besseren Kreise« entgegen.[160]

Anders als in der Zeit vor 1820 war die Mehrzahl der jüdischen Kaufleute jetzt auf dem Wege der Spezialisierung ihres Warenangebots. Ihre Läden entwickelten sich in der Folgezeit zu Fachgeschäften in den Sparten Textilien, Wohnbedarf und Möbel. Gelegenheitsgeschäfte wie vor 1820 noch die Regel wurden kaum mehr getätigt. Die jüdischen Kaufleute erweiterten und konzentrierten ihre Geschäftätigkeit in den vertrauten Bereichen, in denen sie über Erfahrung und ein Netzwerk an Zulieferfirmen und Kunden verfügten.[161] Vom Schlachtereigeschäft und dem Verkauf von Tierhäuten war nur ein kurzer Weg zu Gerberei und Lederverkauf. Von den anderen Abfallprodukten der Schlachterei, Talg und Knochen, kamen Juden zur Kerzen- und Seifenherstellung. Beides waren zunftfreie Gewerbe, denn die Juden mieden im allgemeinen die traditionellen zünftigen Handwerke und Gewerbe auch

---

[155] Sieben Courantmark Neue Zwei Drittel entsprachen einem Louisdor oder fünf Talern. AR I Abt. XI Fach 5 Konvolut 1, 26. 9. 1848.
[156] AR I Abt. XI Fach 5 Konvolut 1 enthält Näheres über diesen und die im folgenden erwähnten Konkurse.
[157] Bekanntmachung im Neptunus. Wöchentlicher gemeinnütziger Anzeiger von und für Ritzebüttel, Cuxhaven und Umgegend vom 7. 6. 1835. – Hildesheimer floh nach Amerika und hinterließ 4000 Mark Schulden. Mitteilung von Hans Reye vom 2. 6. 1983 aus dem Tagebuch von Georg Wilhelm Reye, Ritzebütteler Kaufmann (1799–1850). Siehe auch Kap. 5.4.
[158] Ihr Haus mit Laden lag abseits an der Altenwalder Chaussee.
[159] Vgl. AR I Abt. III Fach 6 Vol. B Fasc. 2, Supplik der Schlachter 1840.
[160] Die Angaben über Geschäfte und Waren stammen aus den Anzeigen der ZAR und aus dem Hamburgischen Adreßbuch. Hamburg 1820–1850.
[161] Vgl. auch Jüdisches Leben, Bd. 1, 1976, S. 32.

noch, nachdem die Berufsumschichtung ihnen dorthin Wege geebnet hatte.[162] Die meisten Juden blieben aber dem Handel treu[163], in Ritzebüttel wie oben ausgeführt vor allem dem Textilhandel.[164] 1846 gab es dort 13 jüdische Kaufleute, von denen elf mit Manufakturwaren bzw. Textilien handelten.[165] Dabei waren sie im allgemeinen – bis auf die oben genannten Konkurse – erfolgreich, denn der Bedarf der Bevölkerung an Textilien aller Art war erheblich gestiegen, seitdem mit wachsendem Wohlstand immer häufiger Konfektions- und Schneiderkleidung der Eigenanfertigung vorgezogen wurde.[166]

So erwies sich die Erprobung neuer Gewerbe zuletzt nur als kurzes Zwischenspiel, dem eine noch stärkere Konzentration auf eine Handelsbranche folgte. In den 40er Jahren des 19. Jahrhunderts betrieb nur noch Isaac Abraham Brady eine »Fabrik« – 1836 hatte er die Lohgerberei von den Erben Hirsch Moses Friedmanns erworben. Brady war der einzige jüdische Kaufmann, der sich in den 30er Jahren nicht spezialisierte, sondern eine Vielfalt von Waren beibehielt und sogar in immer mehr Branchen einstieg. Sein Vermögen erlaubte ihm eine derartige Expansion. So betrieb er neben seiner Schlachterei einen Handel mit Mobilien vielerlei Art, z. B. als einziger Ritzebütteler Jude mit Landprodukten wie Korn und Rapssaat. Er verkaufte Leder aus seiner Lohgerberei und führte zusammen mit seinem Nachbarn, dem nichtjüdischen Hutmacher Johann Friedrich Glocke, einen Knochen-, Eisen-, Lumpen- und Kohlenhandel.[167] Die Leder- und Kohlenhandlung wurde von der Familie Brady noch bis 1907 betrieben[168]. Außerdem wickelte Brady Kommissionsgeschäfte mit dem Hamburger Kaufmann Marcus David Cohn ab.[169] Daß ein Hamburger Bradys Kommissionär war, wirft ein deutliches Licht auf den Umfang seiner Geschäfte, denn sonst betätigten sich die Ritzebütteler Juden umgekehrt als Kommissionäre für Hamburger Kaufleute.[170] Brady repräsentierte die Richtung innerhalb der jüdischen wirtschaftlichen Aktivitäten, die vor der Jahrhundertwende zur Gründung der Warenhäuser führte.[171] Um 1900 besaß Bradys Sohn Bernhard Isaac das erste Warenhaus (mit Schwerpunkt Textilien) am Ort.[172]

Ein beträchtlicher Teil der Ritzebütteler Bürger stand der wachsenden geschäftlichen Repräsentanz der Juden und ihrem sozialen Aufstieg äußerst negativ gegenüber. Besonders deutlich wurde dies bei der Auseinandersetzung um Friedmanns Lohgerberei im Jahre 1828. 37 Bürger des Fleckens Ritzebüttel, vor allem Kaufleute, legten bei Amtmann Hartung gegen die von ihm erteilte Konzession an Friedmann Einspruch ein.[173] Ihre Argumentation gegen die geplante Gerberei bestand aus einem sachlichen Einwand (wiederum Gefahr der Verschmutzung der Wettern), ansonsten aber aus den bekannten antijüdischen Vorurteilen wie etwa, daß es

---

162 An vielen Orten befaßten sich Juden um diese Zeit mit Seifen-, Licht- und Lederherstellung. Vgl. Homann, H., Harburger Schutzjuden, 1957, S. 83, 86. – Guenter, M., Lippe, 1973, S. 68. – Kremin, –, Die Stellung der Juden in Lehe, Geestendorf, Geestemünde und Wulsdorf während der hannoverschen Zeit (1719–1866). o. J., S. 10, 12, 13. Ms. Sta Bremerhaven.

163 Vgl. z. B. die Berufsstatistik für Juden 1861 in Preußen: 54,1 % waren im Handel tätig. Jüdisches Leben, Bd. 1, 1976, S. 43. Zur allgemeinen Entwicklung siehe S. 37.

164 Ganz allgemein spielten Juden vor der Reichsgründung eine besonders wichtige Rolle in Textilindustrie und -handel. Jüdisches Leben, a. a. O., S. 36 und Jüdisches Leben, Bd. 2, 1979, S. 31.

165 AR I Abt. III Fach 2 Vol. L, 10. 10. 1846.

166 Vgl. Steinhausen, Georg, Häusliches und gesellschaftliches Leben im 19. Jahrhundert. Berlin 1898, S. 84.

167 AR I Abt. XI Fach 7 a Vol. L Nr. 238.

168 Cuxhavener Adreßbuch. Cuxhaven 1907.

199 Vgl. AR I Abt. XII Fach 14 Vol. B 1, 15. 4. 1829.

170 Z. B. hatte Marcus Heymann Schwabe in den 30er Jahren ein Kommissionslager für die Firma Baagoe & Comp. aus Hamburg (Wachstuch-Kupferstich-Tischdecken). ZAR vom 24. 6. 1838.

171 Vgl. Jüdisches Leben, Bd. 2, 1979, S. 28 f.

172 Siehe Kap. 5.2.1.

173 Alle folgenden Einzelheiten finden sich in AR I Abt. III Fach 6 Vol. B Fasc. 2.

»dieser Menschenrace eigen, ja sogar jüdisch verdienstvoll ist, den Goi zu bevortheilen, ihm alles anzuschwatzen, Wucher zu treiben, und überhaupt alles anzuwenden, um sich auf Kosten der Christen, unter dem Motto: der Zweck heilige die Mittel, zu bereichern«.[174]

Hartung beurteilte diese und ähnliche Äußerungen in dem 20seitigen Brief als »Judenhaß oder Neid«[175] und gab der Forderung nach Verweigerung der Konzession nicht nach. Daraufhin beschritten die 37 Fleckenbürger den Weg der Klage gegen den Amtmann beim Hamburger Senat. Der entschied jedoch zugunsten des Amtmanns und damit Friedmanns mit der Auflage, die Lohgruben mehr als 80 Fuß von der Wettern anzulegen.

Zweifellos war die Klage der Bürger eine Reaktion darauf, daß die Ritzebütteler Juden seit etwa 1820 mehr und mehr aus ihrer sozialen und wirtschaftlichen Randstellung heraustraten. Besonders breiten Raum gaben sie denn auch in ihrem Brief der angeblich in naher Zukunft drohenden Überfremdung Ritzebüttels durch die Juden. Nicht zufällig fiel in diesem Kontext zum ersten Mal neben dem bisher üblichen Begriff der »jüdischen Nation« der der »Race«. Dieser Begriff markiert eine Wende in der Geschichte des Judenhasses. Nachdem die Juden jahrhundertelang aus religiösen und wirtschaftlichen Motiven diskreditiert worden waren, trat zu Beginn des 19. Jahrhunderts das rassistische Motiv hinzu und verband sich mit dem ökonomischen Antijudaismus.

Deutsches Nationalgefühl nach den Befreiungskriegen und die Definition des Staates als eines »christlich-germanischen« waren der Hintergrund, auf dem sich die neuen Rassentheorien entwickeln konnten, die gegen die Juden als eine den Germanen unterlegene Rasse hetzten und ihnen zugleich die Schuld an wirtschaftlichen und politischen Krisen zuschoben.[176] Ihren ersten Ausdruck fand diese Verbindung von Rassismus und Wirtschaftsneid in den oben erwähnten »Hep-Hep«-Krawallen, die der »Pöbel«, d. h. die am stärksten von den wirtschaftlichen Krisen nach den Befreiungskriegen betroffenen unteren Schichten 1819, 1830 und 1835 in Würzburg, Frankfurt, Hamburg und an anderen Orten inszenierte.[177] In Ritzebüttel blieb es ruhig. Dennoch, die neue Spielart des Judenhasses war ansatzweise auch hier eingedrungen.

Der Konsens der Ritzebütteler Bürger mit dem Amtmann wurde durch den Prozeß gegen Hartung und die unterschiedliche Haltung gegenüber den Juden nicht getrübt. Man traf sich nach wie vor abends beim Amtmann auf dem Schloß zu geselligem Beisammensein.[178] Die Juden waren noch immer Außenseiter in der Gesellschaft des Amtes Ritzebüttel und die Judenfrage nicht mehr als eine Randfrage.

Den ersten konkreten Hinweis auf die soziale Struktur der Ritzebütteler Juden nach 1816 gibt eine Aufstellung über die Beiträge der Gemeindemitglieder zur »Unterhaltung der Kirche und Schul Lehrer« von 1835/1836.[179] Den größten Beitrag leistete Isaac Abraham Brady mit 59 Mark und einer achtwöchigen Speisung des Lehrers, den niedrigsten Levy

---

[174] Die klagenden Ritzebütteler Bürger schrieben Friedmann ein Vermögen von mindestens 80 000 Mark zu. Ob das den Tatsachen entsprach, war nicht festzustellen. Zweifellos gehörte er zu den wohlhabendsten Juden in Ritzebüttel.

[175] Handbuch Amtsführung, Pag. 172.

[176] Einen Überblick über die Wegbereiter der »christlich-germanischen« und rassistischen Ideologien geben Elbogen, Ismar/Sterling, Eleonore, Die Geschichte der Juden in Deutschland. Frankfurt a.M. 1966. (Bibliotheca Judaica.) S. 187-193.

[177] Siehe oben. – Nach einer anderen Untersuchung waren die eigentlichen Urheber der Krawalle dagegen junge Bürger, die damit auf den beginnenden sozialen Aufstieg der Juden reagierten. Jacob Katz, The Hep-Hep Riots of 1819: The Historical Background in: Zion. 38(1973), hebräisch, zitiert bei Wassermann, Henry, The Fliegende Blätter as a Source for the Social History of German Jewry in: Yearbook Leo Baeck Institute. 28(1983), S. 109, Anm. 35.

[178] Reye, Hans, Zwischen Schloß und Kaufmannshaus. Cuxhaven 1983, S. 35.

[179] AR I Abt. III Fach 2 Vol. C.

Joseph Ziltzer mit 19 Mark und einer 18tägigen Speisung. Acht der Schutzjuden waren zu arm, um zu den Ausgaben beizutragen. Sie fehlen in der Aufstellung.

In der Gemeindeversammlung vom April 1836 schlug der Vorsteher Heymann Marcus Schwabe vor, daß von jetzt an jeder beitragsfähige Jude 26 Mark zahlen sollte – die acht armen Juden ausgenommen. Dies kann als Hinweis darauf gelten, daß die Judenschaft die soziale Lage der Mehrheit ihrer Mitglieder für so gesichert hielt, daß sie allen den gleichen Betrag zumuten zu können glaubte. Allerdings wehrten sich drei Mitglieder, die sich selbst als »Mittelstand« bezeichneten, gegen diese Gleichstellung mit den »Reichen«, ob mit Erfolg, darüber geben die Akten keine Auskunft.

Nach der Aufstellung von 1835/1836 gehörten vier der 18 Schutzjuden zur oberen Einkommensgruppe, sechs zur mittleren (»Mittelstand«) und acht zur unbemittelten unteren Gruppe. Gegenüber der sozialen Lage von 1816 deutete sich hier schon ein Strukturwandel an. Neben der Schicht der Wohlhabenden und der Armen hatte sich als dritte Schicht die des »Mittelstandes« herausgebildet. Diese soziale Differenzierung mit unübersehbaren Anzeichen eines sozialen Aufstiegs der Judenschaft zeigte sich zehn Jahre später noch deutlicher.

1846, drei Jahre vor der Gleichstellung der Juden im Hamburger Staat, wurde von Steuereinnehmer Wächter eine Vermögensaufstellung der nunmehr 21 Schutzjuden vorgenommen. Daraus ergab sich folgendes Bild: vier Personen zahlten zwischen 48 und 100 Courantmark Steuern bei einem Vermögen von 14000 bis 40000 Mark; vier zahlten 20 bis 47 Mark Steuern bei einem Vermögen von 10000 bis 12000 Mark; sieben zahlten sechs bis 19 Mark Steuern bei einem Vermögen von 3000 bis 6000 Mark, und sechs waren vermögenslos und wurden daher nur wenig (zwei bis drei Mark) oder gar nicht besteuert.[180]

Zum ersten Mal war die Schicht der in gesicherten bis sehr guten Verhältnissen lebenden Juden mit 2/3 deutlich größer als die der armen Juden (weniger als 1/3). Diese Veränderung der Sozialstruktur hatte sich im wesentlichen innerhalb einer Generation zwischen 1820 und etwa 1850 vollzogen. In Hamburg war um die Mitte des 19. Jahrhunderts der Wohlstand der Juden im Vergleich zur nichtjüdischen Bevölkerung sogar relativ groß. Der Grund für die allgemeine Verbesserung der sozialen Lage der Juden ist in ihrer einseitigen Berufsstruktur zu suchen, die sie in großer Zahl am Aufschwung des Handels partizipieren ließ.[181]

Gegen Ende der 30er Jahre begann sich in Ritzebüttel die Haltung der Nichtjuden gegenüber den jüdischen Einwohnern zu wandeln. Der bürgerlich-liberale Zeitgeist, der schließlich zur Revolution von 1848 führte, wurde auch von den Ritzebüttelern aufgenommen. Er äußerte sich zunächst im ökonomischen Bereich. Wirtschaftliche Interessen wurden von jetzt an gegenüber dem Amtmann stets gemeinsam verfochten. Antijüdische Klagebriefe tauchen in den Akten nicht mehr auf. Es gab christlich-jüdische Handelskompanien wie die oben erwähnten zwischen Glocke und Brady, Schwabe und Sanftleben. Christliche Gesellen arbeiteten bei jüdischen Schlachtern.[182] 1848 fand die gewandelte Haltung gegenüber den Juden schließlich auch im politischen Bereich ihren Ausdruck. Der neu gegründete Bürgerverein verfolgte unter seinen reformerischen Zielen unter anderem die Emanzipation der Ritzebütteler Juden.[183]

---

[180] AR I Abt. III Fach 2 Vol. H., Okt. 1846. – Vergleichbare Zahlen von 1832 für jüdische Steuerzahler in Hamburg zeigen, daß die Lebenshaltungskosten in Ritzebüttel offenbar wesentlich niedriger waren als in der Mutterstadt. Bei einem Vermögen von weniger als 3600 Mark wurde man in Hamburg von der Steuer befreit, während man in Ritzebüttel dafür etwa 9 bis 12 Mark zahlte. Der niedrigste Steuersatz betrug in Hamburg 18, in Ritzebüttel 2 Mark. Hamburger Zahlen siehe Krohn, H., Hamburg 1800–1850, 1967, S. 50.

[181] Krohn, H., Hamburg 1800–1850, 1967, S. 51.

[182] Vgl. AR I Abt. III Fach 6 Vol. B Fasc. 2, 15. 10. 1840.

[183] Siehe Kap. 5. 1.

2.5 Wohnen

Abgeschlossene Gettos wie etwa im 17. Jahrhundert noch in Frankfurt am Main gab es in Nordwestdeutschland nicht. In manchen Orten, z. B. in Hamburg[184], war das Wohnrecht auf bestimmte Straßen in teilweise besonders übler Lage[185] beschränkt. Die »Jodenstraten« in kleinen Orten[186] sind dagegen teilweise auf freiwilliges Zusammenwohnen zurückzuführen. An manchen Orten blieb den Juden allerdings keine andere Wahl, als ebenfalls dorthin zu ziehen, weil ihnen das Zusammenleben mit Christen unter einem Dach verboten war.[187]

Auch die Ritzebütteler Juden wählten sich mit wenigen Ausnahmen ihre Wohnungen nahe beieinander im Flecken Ritzebüttel – bis ins 19. Jahrhundert hinein Wirtschafts-[188] und Verwaltungszentrum des Amtsgebietes. Sie mieteten sich bei Handwerkern, Schiffern, Fuhrleuten, Tagelöhnern oder deren Witwen, seltener dagegen bei Handelsleuten, ihren unmittelbaren Konkurrenten, in den Straßen rund um das Schloß Ritzebüttel ein. Berührungsängste scheint es zwischen Vermietern und Mietern nicht gegeben zu haben. Durch die Anwesenheit der Juden entstanden weder den Schiffern noch den Handwerkern oder Tagelöhnern wirtschaftliche Nachteile.

Unter den Straßen wurde die »lange Straße«, später »Nordersteinstraße« bevorzugt, die die Verbindung zwischen dem Schloß und der Ritzebütteler Schleuse mit dem Löschplatz, lange Zeit der Marktplatz des Fleckens, darstellte.[189] Im Laufe des 19. Jahrhunderts entwickelte sich diese Straße nicht zuletzt durch die Anwesenheit der jüdischen Händler und Kaufleute zum Zentrum der Einzelhandelsgeschäfte.

Auch bei einem Wohnungswechsel blieben die Juden im Siedlungszentrum des Fleckens. Einige von ihnen, darunter zwei Gastwirte, ein Handwerker und mehrere Händler und Kaufleute, zogen nach Cuxhaven, als dieser Flecken sich seit Errichtung des Seebades 1816 mehr und mehr zum neuen Wirtschaftszentrum entwickelte. Aber die Mehrheit der Juden blieb ihrer überwiegenden beruflichen Ausrichtung auf den Handel mit Gütern des alltäglichen Bedarfs gemäß in Ritzebüttel.

Mit der beruflichen Umschichtung, die sich bei den Juden im Amt Ritzebüttel erst im 20. Jahrhundert bemerkbar machte, fiel die Bevorzugung Ritzebüttels als Wohnort fort. 1933 wohnten nur noch fünf jüdische Kauf- oder Bankleute dort, deren Geschäfts- und Privaträume bezeichnenderweise unter einem Dach lagen, während die übrigen 38 sich auf die ehemaligen Flecken Cuxhaven und Döse, entfernt von ihrem Arbeitsplatz, verteilten.[190]

Gegen Ende des 18. Jahrhunderts wurde es schwieriger, Wohnungen oder Häuser für die wachsenden jüdischen Familien zu mieten. So reichte 1786 Joseph Levi als erster ein Gesuch beim Amtmann ein, ein Haus kaufen zu dürfen. Zwar verbot das Hamburger Judenreglement von 1710 Juden den Erwerb von Grund und Boden auf ihren Namen[191], doch dank seines Entscheidungsspielraumes entschied Amtmann Vincent Matsen das Gesuch positiv:

---

[184] Krohn, H., Hamburg 1800–1850, 1967, S. 10.
[185] Pollack, Herman, Jewish Folkways in Germanic Lands (1648–1806). Cambridge, Mass; London 1971, S. 1: die portugiesischen Juden in Hamburg mußten beim »Dreckwall« wohnen, die Juden in Frankfurt a. M. beim Stadtgraben, der zum Müllabladen benutzt wurde.
[186] Bohmbach, J., Stade, 1977, S. 32. – Trepp, L., Oldenburger Judenschaft, 1973, S. 18.
[187] Schieckel, H., Oldenburger Münsterland, I, 1974, S. 172. – Lemmermann, Holger, Geschichte der Juden im alten Amt Meppen bis zur Emanzipation (1848). Meppen 1975. S. 2.
[188] Vgl. Aichholz, H., Badewesen, 1939, S. 27.
[189] Siehe Karte 2.
[190] Jüdische Einwohner von Cuxhaven am 1. 1. 1933. Liste Sta Cux.
[191] Erst der »Rath- und Bürgerschluß« am 1. 12. 1842 brachte den Juden in Hamburg Freizügigkeit des Wohnens und die Erlaubnis, Grundeigentum erwerben zu können. AR I Abt. III Fach 2 Vol. L.

Karte 2: Grundstücke jüdischer Einwohner 1820 bis etwa 1840ᵃ im Flecken Ritzebüttel.

Grundriß von dem Flecken RITZEBÜTTEL

Aufgenommen im Jahr 1788 von Herrn Director Woltman Revidirt nachgemeßen und ergänzt im Jahr 1821. von J.A.Hühn.

ᵃ Die Karte stammt aus dem Stadtarchiv Cuxhaven.

»Ich hatte vorher die Sache mit dem Döser Schultheis Schleyer überlegt, da der Gro-
dener Schultheis sehr krank war, und ihm aufgetragen, sich unter der Hand bey den
Eingeseßenen zu erkundigen, ob auch diese etwas dagegen haben möchti. Auf des-
sen mir am 12. Jan. 1787 gegebenen Antwort, quod non, hatte ich also gar kein
Bedenken, dem Juden Joseph Levin sich ein Haus zu kaufen, und dieses auf seinen
Namen schreiben zu laßen zu erlauben.«[192]

Matsens Entscheidung spricht dafür, daß es auf nachbarschaftlicher Ebene zwischen Christen und Juden keine Konflikte gab und daß er auch in Zukunft keine erwartete.

Ebenso befürwortete sein Nachfolger Johann Arnold Heise 1796 das Gesuch Philipp Joel
Westphals, der in dem von Fremden überfüllten Ort – Folge der durch die politische Lage
entstandenen regen Post- und Passagierverbindung mit Harwich – keine Mietwohnung
finden konnte.[193]

Damit waren Präzedenzfälle geschaffen, an denen sich auch die folgenden Amtmänner
orientierten. Sie trugen so in diesem wie auch anderen Bereichen zum Abbau der sozialen
und wirtschaftlichen Außenseiterposition der Juden nicht unerheblich bei.[194] Der Hausbesitz war ein wichtiger Schritt auf dem Wege zur »Verbürgerlichung« der Juden[195], versah er
sie doch auf dieser Ebene mit den gleichen Rechten und Pflichten wie die »anderen Bürger«.[196] Nur der Anspruch auf zum Haus gehörende Kirchenstellen und Begräbnisplätze
war davon ausgenommen. Auf der untersten Ebene des Gemeinwesens, der Ebene der
»Hausväter«, wurde so de facto eine erste teilweise Gleichstellung vollzogen, lange bevor
im Hamburger Senat das Orts- und Staatsbürgerrecht für Juden realisiert wurde.

Der Hausbesitz im Zentrum Ritzebüttels erleichterte den Übergang vom Status des »Fremden« zu dem des »Hiesigen«. 1799 wurden zum ersten Mal die Juden öffentlich als »Hiesige«
apostrophiert, als sie gemeinsam mit den christlichen Kaufleuten – sonst ihre ärgsten
Widersacher – mit einem jüdischen Bevollmächtigten an der Spitze gegen fremde Hausierer
und Händler beim Amtmann intervenierten.[197]

Der Besitz von Häusern, Grund und Boden brachte den Juden schließlich die erste rechtliche Funktion außerhalb ihrer Korporation ein. Mindestens ab 1827 fungierten sie als
»selbst schuldige Bürgen« für Käufer von Konkursmassen.[198]

1820 lebten von den 19 Schutzjudenfamilien mindestens fünf im eigenen Haus, die übrigen
in Mietwohnungen. Die Größe der Grundstücke war z. T. erheblich. Sie lag zwischen sieben
Morgen (Simon Joseph Stettiner) und 81 Morgen (Samuel Abraham Friedländer).[199] 1846,
kurz vor der Gleichstellung, gab es unter den 21 Schutzjuden zehn Grundeigentümer, einige
von ihnen im Besitz von zwei Grundstücken und weiteren Ländereien.[200] Diese Entwicklung war ein Teil der sozialen Normalisierung, die die Juden im Laufe des 19. Jahrhunderts
erfuhren, wobei der Hausbesitz als Indiz für eine erfolgreiche Eingliederung gelten darf.
Hier wird aber auch deutlich, daß die Judenschaft schon längst »eine Klassengesellschaft
im kleinen« gebildet hatte.[201] Von den sieben Juden, die nach einer Vermögensauflistung

[192] AR I Abt. III Fach 2 Vol. F, 15. 12. 1786.
[193] AR I Abt. III Fach 2 Vol. F, 3. 2. 1796. – Vgl. zur politischen Lage Kap. 1.2.
[194] Vgl. auch Kap. 2.4.
[195] Toury, J., Eintritt, 1972, S. 17.
[196] AR I Abt. III Fach 2 Vol. F, 15. 12. 1786.
[197] AR I Abt. III Fach 3 Vol. A Fasc. 3, 6. 3. 1799.
[198] AR I Abt. XI Fach 5 Konvolut 1.
[199] AR I Abt. II Fach 1 Vol. C Bd. 1, Jan. 1821.
[200] AR I Abt. III Fach 2 Vol. L, 15. 10. 1846. – Vgl. auch AR I Abt. II Fach 11 Vol. N, 1840–1885.
[201] Brandt, Hartwig, Stufen der Judenemanzipation im 18. und 19. Jahrhundert in: Mitteilungen. Gymnasium Abendrothstraße Cuxhaven 1981, S. 76.

Abb. 5 Haus Nordersteinstraße 14 (am rechten Bildrand), 80er Jahre des 19. Jahrhunderts. 1786 kaufte es Joseph Levi und richtete darin die zweite Betstube ein.

Abb. 6: Nordersteinstr. 49 (am linken Bildrand), um 1908. 1835 von Heymann Levin Hildesheimer gebaut[a], ab 1836 bewohnt von Levin Joseph Ziltzer, ab 1841 von Hirsch Moses Kalisky. In dem Haus, das vor 1835 dort stand, wohnte Philipp Joel Westphal ab 1796.

---

[a] Siehe Kap. 5.4.

Abb. 7: Nordersteinstraße 38 und 39, um 1900. Wohnhaus und Schlachterei von Isaac Abraham Brady, ab ca. 1840 von Ahron Isaac, seinem Sohn.

von 1846[202] nie Grundbesitzer gewesen waren, lebten zwei in guten, die übrigen in äußerst »kümmerlichen« Verhältnissen, mit einem Fuß entweder im Armenhaus oder im Gefängnis.[203]

Die Wohnverhältnisse waren zunächst durchweg bescheiden. Bei den Häusern handelte es sich um einfache schmucklose Giebelhäuser[204], wie sie bis heute im Ortsteil Ritzebüttel in einigen Straßen zu sehen sind. Die Dächer waren um 1820 noch überwiegend mit Stroh gedeckt[205], das aber mehr und mehr durch Ziegel ersetzt wurde. Zu den Grundstücken führten ein Gang oder eine Auffahrt. Hinter dem Haus befand sich im allgemeinen ein Hof mit Pumpe, Abtritt und »Miststädte«[206], oft auch eine Scheune. Kohlhof oder Garten dienten der im 19. Jahrhundert noch vielfach praktizierten Eigenversorgung der Haushalte.[207] Auf sie verzichteten auch die jüdischen Hausfrauen nach Möglichkeit nicht. Gehörte kein Garten zum Haus, so wurde von den vermögenderen Familien ein Garten am »Schloßgraben« dazugekauft.

Nach den Volkszählungen Ende des 18. Jahrhunderts[208] hielten sich die jüdischen Fleckenbewohner im Gegensatz zu den meisten nichtjüdischen kein Hausvieh für den eigenen Be-

---

202 AR I Abt. III Fach 2 Vol. L, 15. 10. 1846.
203 Einer von ihnen starb im Armenhaus, ein anderer saß mehrmals im Gefängnis. Vgl. z. B. AR I Abt. XII Fach 14 Vol. B1, 11. 5. 1829.
204 Vgl. auch Pessler, Willi, Der volkstümliche Wohnbau an der Niederelbe vornehmlich im Hamburgischen Amt Ritzebüttel. Hamburg 1909. (Mitteilungen aus den Museen für Hamburgische Geschichte. 1. – Jahrbuch der Hamburgischen Wissenschaftlichen Anstalten. Beih. 5.) – Siehe Abb. 5–7.
205 AR I Abt. II Fach 1 Vol. C Bd. 1, Jan. 1821.
206 AR I Abt. XI Fach 6 J1, 12. 9. 1811.
207 Steinhausen, G., Leben, 1898, S. 39.
208 AR I Abt. II Fach 11 Vol. C, 1785 und 1789.

darf. Ob der Besitz von Wiesen und Weiden im 19. Jahrhundert auf eine Änderung hinweist, ist nicht sicher. Der größere Teil dieser Grundstücke wurde zweifellos gewerblich für die Haltung von Schlachtvieh genutzt, z. B. von den Familien Brady, Friedländer und Friedmann. Die im 19. Jahrhundert noch weit verbreiteten Hausschlachtungen[209] entfielen offenbar bei Juden aufgrund der jüdischen Speisevorschriften, die die Schlachtung durch einen Schächter vorschreiben.

Über die Inneneinrichtung der Wohnungen und Häuser geben die Quellen nur spärlich Auskunft. Die Einrichtung der Diele, Küche, Wohnstube und der Schlafkammern wird zunächst einfach gewesen sein. Kleidung wurde in einer Kiste aufbewahrt[210], Bodenraum oder Scheune dienten als Warenlager der jüdischen Händler. Für die Beleuchtung sorgten Öllampen oder Talglichter, zu besonderen Anlässen vielleicht die teureren Wachslichter.[211] In einfachen Haushalten gab es bis ins 19. Jahrhundert hinein Geschirr und Besteck aus Zinn.[212] Im Haushalt des wohlhabenden Schlachters und Kaufmanns Isaac Abraham Brady dagegen aß man mit Silberbesteck.[213] Bett- und Tischwäsche bestand aus Leinen[214], einem der Haupthandelsartikel der Ritzebütteler Juden im 18. Jahrhundert. Oft waren die Betten die wertvollsten Gegenstände im Haus.[215] Ein besonders teures Bett bestand aus einem mit »Federn aus Duhnen« gestopften Oberbett, 21 Ellen »eigen gemachtes Schlagtuch zu den Unterbetten und dem Pfuhl«, dazu eine »feine Bremer Decke« und vier Kissen »von derselben Güte«.[216]

Den Aufstieg in den bürgerlichen »Mittelstand« veranschaulicht eine Wohnungseinrichtung, wie sie uns aus einer Konkursakte von 1844 überliefert ist[217]: in der »guten Stube« Mahagonimöbel, ein Spiegel und eine bronzene Tischlampe; in der Wohnstube »zuckerkistene« Möbel, zum Teil »mahagoniefurniert«, Rohrstühle und eine »Tafeluhr«; in der Schlafstube Federbetten, »föhrene gemalte Bettstellen«, »zuckerkistene« Kommode und Tisch; in der Diele ein Gesindebett; »zwei Treppen hoch« in der Kammer Kinderbetten mit Seegrasmatratzen, zwei große Betten und ein »zuckerkistener« Kleiderschrank. Am wertvollsten waren auch hier, neben einem Mahagonisekretär für 60 Mark und einem Kleiderschrank für 50 Mark, die Betten für je 40 bis 50 Mark. Kücheneinrichtung, Geschirr, Bestecke u. ä. fehlen, vielleicht weil diese Gegenstände zu wertlos waren, andererseits aber von ihrem Besitzer noch gebraucht werden konnten. Insgesamt brachte die Einrichtung 641 Courantmark. Zum Vergleich: 1848 brauchte eine fünfköpfige Familie zur Deckung der notwendigen Bedürfnisse pro Jahr 500 Mark.[218]

Zu Hause wurden die Waren für den zunächst überwiegend betriebenen ambulanten Handel gelagert, Geschäftsbücher und die Kasse aufbewahrt.[219] Eigene Lagerräume abseits des privaten Wohnbereichs hatten zuerst nur wohlhabende Kaufleute wie Isaac Abraham Brady, dem ein Magazin hinter dem Haus des Hutmachers Glocke und ein Kohlenhaus am Hafen gehörten.[220]

---

[209] Steinhausen, G., Leben, 1898, S. 39.
[210] AR I Abt. III Fach 2 Vol. A, 25. 8. 1800.
[211] Vgl. Steinhausen, a. a. O., S. 31 ff. – »Lichtzieher« war der Ritzebütteler Jude Joel Lion Samson. Adreßbuch 1818 ff.
[212] Steinhausen, a.a.O., S. 26.
[213] AR I Abt. XI Fach 7 a Vol. L Fasc. 1 Nr. 238.
[214] Vgl. Schmitz, E., Leinengewerbe, 1967, S. 16.
[215] Vgl. Elsass, B., Der Haushalt eines Rabbiners im 18. Jahrhundert in: Mitteilungen der Gesellschaft für jüdische Volkskunde. 16 (1905), S. 101.
[216] AR I Abt. IV Fach 11 Vol. G, undat., ca. 1800.
[217] AR I Abt. XI Fach 5 Konvolut 1.
[218] Kraus, Antje, Die Unterschichten Hamburgs in der ersten Hälfte des 19. Jahrhunderts. Stuttgart 1965. (Sozialwissenschaftliche Studien. 9.) S. 64.
[219] AR I Abt. III Fach 2 Vol. A, 26. 9. 1800.
[220] AR I Abt. XI Fach 7 a Vol. L Fasc. 1 Nr. 238.

Auch die »Buden« – Vorgängerinnen der späteren Ladengeschäfte – wurden direkt vor dem Hause aufgeschlagen. Um 1800 betrieb Joel Philipp Westphal in der Nordersteinstraße einen solchen »Budenhandel«.[221] Im 19.Jahrhundert verlagerte sich der Verkauf ganz ins Innere des Hauses: ein Teil des Erdgeschosses wurde zu einem Laden mit Schaufenster eingerichtet.[222] Den Ärmeren unter den Juden mußten die Wohnungen zudem als Werkstatt dienen, so z. B. dem Schuster Moses Hirsch Friedländer oder dem Lichtzieher und zeitweiligen Schirmmacher Joel Lion Samson, während Hirsch Moses Friedmann und Samuel Abraham Friedländer seit den 20er Jahren des 19.Jahrhunderts über ein eigenes »Fabrikgebäude« für die Lohgerberei bzw. Seifenherstellung verfügten.

Von ihrem privaten Wohnraum zweigten schließlich die beiden ersten jüdischen Hausbesitzer jeweils ein Zimmer als Bet- und Schulstube ab und stellten außerdem Raum für ein Reinigungsbad zur Verfügung – zeitweilig in konkurrierendem Gegeneinander.[223]

2.6 Familie

Wilhelm Heinrich Riehl, der sich als einer der ersten in Deutschland intensiv mit der Familie befaßte[224], sah in ihr den »Schwer- und Angelpunkt unseres sozial-politischen, weil unseres nationalen Lebens«.[225] Später wurde diese Auffassung der Familie mit dem Schlagwort von der »Keimzelle der Gesellschaft« umrissen. Bis zur Gleichstellung konnte die jüdische Familie »Keimzelle der Gesellschaft« nicht sein, bzw. nur in dem geringen Maße, wie ihre Mitglieder zu Bereichen des »sozial-politischen« und »nationalen« Lebens zugelassen waren. Dabei war die jüdische der christlichen Familie, zumindest im 18. und 19.Jahrhundert, in Struktur und Funktionen so ähnlich, daß sie gut »Keimzelle« hätte sein können, wenn man von einigen religiösen Vorstellungen und Praktiken im engeren Sinne einmal absieht. Beide Familientypen waren patriarchalisch und autoritär strukturiert. Die Rollen zwischen Männern und Frauen waren in gleicher Weise verteilt. Beide Typen nahmen die Funktionen der Sozialisation, des »politischen«[226] Schutzes und der wirtschaftlichen Versorgung wahr und boten Raum für religiöses und geselliges Leben.

Der Hauptunterschied lag in der oben angesprochenen sozialen Randstellung der Juden. Die Familie, die »Mischpoche«, bedeutete für sie der zentrale, zum größten Teil sogar einzige Rückzugsraum gegenüber einer feindlichen oder zumindest abweisenden und verschlossenen Umwelt. Von daher erhielten auch die familiären Funktionen ihr besonderes Gewicht. Ein Jude konnte weder von der Nachbarschaft, noch von Gilden, Zünften oder sonstigen genossenschaftlichen Berufsorganisationen Schutz oder wirtschaftlichen Beistand erwarten. Obrigkeitlicher Schutz und rechtliche Hilfe wurden zwar dem Inhaber eines Schutzbriefes zugesichert, doch das nur solange, wie es der Obrigkeit gefiel.[227] Weitere Ansprüche an die jeweilige Obrigkeit, etwa an ihre Armenkasse, zu der die Juden beitrugen, bestanden nicht.

---

[221] AR I Abt. III Fach 2 Vol. A, 9.9.1800.
[222] Vgl. Bohner, T., Laden, 1958, S.34.
[223] Siehe Kap. 3.2.
[224] Riehl, Wilhelm Heinrich, Die Familie, 1854. Im folgenden wird nach der 13. Aufl. zitiert: Riehl, Wilhelm Heinrich, Die Familie. Stuttgart ¹³1925. (Riehl: Die Naturgeschichte des Volkes als Grundlage einer deutschen Sozialpolitik. 3.)
[225] Riehl, a.a.O., S. XIII.
[226] Vgl. Clausen, L., Jugendsoziologie, 1976, S.53ff.: Schutz bei Verfolgung und Vertreibung.
[227] Im Ritzebütteler Schutzbrief hieß es: »[...] so lange es mir gefallen wird [...]«. AR I Abt. III Fach 2 Vol. A.

Ansonsten gab es neben der Familie nur noch die jüdische Gemeinde (hebräisch Kehilla) als mögliche Schutz- und Hilfseinrichtung.[228]

Unvergleitete Juden versuchten, als Knechte oder Kinderlehrer bei verwandten Schutzjudenfamilien unterzukommen, denn der Schutzbrief schloß automatisch Familie und Gesinde des Schutzjuden mit ein. So schlüpften zahlreiche Neffen bei dem kinderlosen Samuel Abraham Friedländer unter. Einigen gelang von dort der Schritt in die vergleichsweise selbständige Existenz eines Schutzjuden mit eigenem Geschäft. Vor allem aber war die Familie Versorgungsinstitution für unverheiratete oder verwitwete Frauen und für die Alten und Kranken beiderlei Geschlechts.[229]

Daß es in diesen größeren »Haushaltsfamilien«[230] nicht immer so gemütlich und friedvoll zuging, wie Riehl es für diesen Typ des von ihm so benannten »ganzen Hauses«[231] behauptete, zeigt ein Blick in die überlieferten jüdischen Memoiren.[232] Die aufgezwungene Monopolstellung der Familie schuf eine Dunkelzone der Ausbeutung von Arbeitskraft.[233] Für Unterkunft, Essen und Schutz hielt man still. Der Arbeitslohn war gering oder fiel ganz fort. In Ritzebüttel, so behaupteten christliche Kaufleute 1805, mußten Handelsknechte für das Privileg, im Namen ihrer Verwandten hausieren gehen zu dürfen, noch Geld »opfern«.[234]

Dieses System der Familienunterstützung war krisenanfällig und besonders im Konfliktfall mit der jüdischen Gemeinde schnell überfordert. Dem »Querulanten« Philipp Joel Westphal[235], der sich von der Gemeinde und seinen Verwandten im Streit losgesagt hatte und mit seiner Familie allein im Landgebiet in Gudendorf wohnte, blieb schließlich in einer Notlage nichts anderes übrig, als sich an den ehemaligen Amtmann Abendroth zu wenden. Westphal hatte 12 Kinder »bey nicht bedeutendem Verdienst«, davon mehrere »gar sehr kränklich«.[236] Er hoffte, durch Abendroths Vermittlung seinen kranken ältesten Sohn »in einer ordentlichen [jüdischen] Kranken-Anstalt« in Hamburg unterbringen zu können. Westphal hatte Glück: der liberale Abendroth erfüllte ihm die Bitte.

Das Familienleben wurde durch die religiösen Gebote, Zeremonien und Praktiken geprägt. Dort, wo den Juden die öffentliche Religionsausübung verboten war (z. B. in Lüneburg bis ins 18. Jahrhundert[237], in Celle bis 1819[238]), wurde die Familie zum religiösen Zentrum. Morgen- und Abendgebete, eventuell das Studium der Tora strukturierten den Tag, der Sabbat die Woche. Die religiöse »Einheitskultur«[239], die das jüdische Leben in Deutschland bis etwa zur Gleichstellung bestimmte, herrschte allerdings auch in den Kleinstadtgemeinden nicht mehr überall ungebrochen. In Ritzebüttel begannen Juden, sich für das deutsche Theater zu interessieren.[240] Ab 1838 besuchten ihre Töchter die christliche »Töchterschule«.[241]

Dennoch blieb die gesellschaftliche Absonderung der Juden im wesentlichen bestehen, einerseits aufgrund der Sondergesetze, andererseits aufgrund der sozialen Kontrolle, der in der Kleinstadt Juden und Christen unterlagen. Sie sorgte u. a. dafür, daß sich zwischen den

---

[228] Siehe Kap. 3.5.
[229] Siehe z. B. die Liste der jüdischen Einwohner vom Nov. 1821 in AR I Abt. III Fach 2 Vol. C.
[230] Weber-Kellermann, Ingeborg, Die deutsche Familie. Frankfurt a.M. 1982, S. 78.
[231] Riehl, W. H., Familie, [13]1925, S. 164 und 171 z. B.
[232] Jüdisches Leben, Bd. 1, 1976, enthält ausgewählte Memoiren von 1780–1871.
[233] Vgl. z. B. Jüdisches Leben, a.a.O., S. 101 und 103.
[234] AR I Abt. III Fach 3 Vol. A Fasc. 3, 30. 11. 1805.
[235] Siehe Kap. 4.3.1.
[236] JG 287, 17. 3. 1822.
[237] Asaria, Z., Niedersachsen, 1979, S. 109.
[238] Asaria, a.a.O., S. 159.
[239] Jüdisches Leben, a. a. O., S. 45.
[240] Siehe Kap. 2.3.1.
[241] Siehe Kap. 3.2.

christlichen und jüdischen Familien fast kein geselliger Verkehr entwickelte, geschweige denn Ehepartner der jeweils anderen Konfession gewählt wurden. Noch 1850 konnte Amtmann Sthamer im Zusammenhang mit der geplanten Aufhebung des Verbots der Mischehe im Hamburger Staat über die jüdische Gemeinde Ritzebüttels bemerken, sie sei »nur sehr wenig gesellig«[242], ein Urteil, das allerdings das Verhalten der nichtjüdischen Seite aussparte.

Bis zum Ende des 19. Jahrhunderts beschränkte sich der gesellige Verkehr zwischen Juden und Christen in Ritzebüttel und Cuxhaven weitgehend auf Männer- und Kinderkontakte sowie auf nachbarschaftliche und geschäftliche Beziehungen.[243]

Die Rolle der jüdischen Frau war hauptsächlich auf den Binnenraum Familie und Haus bezogen, wenn auch noch nicht so ausschließlich wie etwa in der bürgerlichen Kernfamilie des ausgehenden 18. und des 19. Jahrhunderts.[244] Immerhin vertrat die Frau ihren Ehemann im Geschäft während seiner Abwesenheit und führte es nach seinem Tod nicht selten weiter. Außerhalb des Hauses spielte die Frau keine Rolle, weder in Kultus noch Verwaltung der jüdischen Gemeinde war ihre aktive Teilnahme vorgesehen. In den vorliegenden Ritzebütteler Archivalien kommt sie dementsprechend fast nirgends vor.

Ihr Bildungsstand dürfte noch zu Beginn des 19. Jahrhunderts gering gewesen sein.[245] Reichel, die erste Frau des Hirsch Moses Friedmann, neben Brady und Friedländer der wohlhabendste Mann der Gemeinde, unterzeichnete 1810 ihr Testament nur mit einem Kreuz.[246] Dagegen konnten alle männlichen Gemeindemitglieder, bis auf eine Ausnahme, Hebräisch oder Lateinisch schreiben – zumindest ihren Namen.[247] Die jüdische Frau wurde ebenso unmündig gehalten wie ihre nichtjüdische Geschlechtsgenossin. Bis ins 19. Jahrhundert hinein stand sie unter der Geschlechtsvormundschaft des Mannes. »Frausein hieß fortdauernde Kindheit, lebenslange materielle Abhängigkeit und Stellung unter männlicher Vormundschaft.«[248] Selbst der jüdische Mann galt als Schutzjude in dieser Hinsicht rechtlich mehr als die nichtjüdische Frau: er konnte als ihr »Curator sexus« bei vermögensrechtlichen Angelegenheiten fungieren.[249]

Um 1820 betrug die Kinderzahl 3,5 pro jüdische Familie in Ritzebüttel.[250] Eine Korrelation zwischen Kinderzahl und sozialem Status ist zu dieser Zeit noch nicht zu verzeichnen, da die Möglichkeiten für eine effektive Geburtenkontrolle fehlten.[251] Der wohlhabende Isaac Abraham Brady gehörte mit 8 Kindern ebenso zu den Kinderreichen wie der weniger bemittelte Philipp Joel Westphal mit 12 und Simon Joseph Stettiner mit 13 Kindern. Die Haltung gegenüber Kindern dürfte ambivalent gewesen sein. Einerseits wurden sie – noch – gebraucht. Sie arbeiteten mindestens von ihrem 13. Lebensjahr ab in der familiären Produktionsgemeinschaft mit: im Haushalt und im Geschäft, beim Hausieren, Ausrufen und Austragen der Waren in die Häuser.[252] Auch wurde von ihnen später die Versorgung der Alten erwartet. Zudem sicherten sie den Fortbestand der Gemeinde. Andererseits bedeutete je-

---

[242] AR I Abt. II Fach 14 Vol. M, 29. 5. 1850.

[243] Siehe dazu Kap. 4.

[244] Vgl. Rosenbaum, Heidi, Formen der Familie, Frankfurt a. M. 1982, S. 289 f. und 339 ff.

[245] Die jüdische Autorin Fanny Lewald (1811–1889) schämte sich als Kind ihrer ungebildeten Mutter, obwohl die »Mehrzahl der Frauen«, die Lewald kannte, damals »nicht viel unterrichteter waren«. Lewald, Fanny, Meine Lebensgeschichte. Frankfurt a. M. 1980. (Die Frau in der Gesellschaft. Lebensgeschichten.) S. 60 f.

[246] AR I Abt. XI Fach 7 a Vol. L Fasc. 1 Nr. 178.

[247] Siehe z. B. AR I Abt. III Fach 2 Vol. D, 31. 12. 1816.

[248] Brinker-Gabler, Gisela, Fanny Lewald in: Frauen. Hrsg. von H. J. Schultz. Stuttgart, Berlin 1981, S. 74.

[249] Dies tat z. B. Marx Heymann Schwabe 1840 für Phoebe Payne beim Verkauf ihres Hauses. AR I Abt. XI Fach 5 Konvolut 1, 2. 10. 1840.

[250] AR I Abt. III Fach 2 Vol. C, Nov. 1821. – Die geringe Anzahl jüdischer Familien im Amt Ritzebüttel läßt einen Vergleich mit der Kinderzahl der nichtjüdischen Familien etwa nicht zu.

[251] Rosenbaum, a. a. O., S. 240.

[252] Vgl. z. B. AR I Abt. III Fach 6 Vol. B Fasc. 2, undat., um 1821 und 19. 6. 1842 ff.

des weitere Kind für die ärmeren Familien eine große finanzielle Belastung. (Siehe oben das Beispiel Westphal.)

Während die Mädchen, wie wir oben sahen, auch als Frauen nie erwachsen im Sinne von »mündig« wurden, ja werden durften, erhielten die Knaben mit vollendetem 13. Lebensjahr immerhin die religiöse und gesetzliche Mündigkeit als »Bar Mizwa«, »Sohn des Gesetzes«[253], innerhalb der Gemeinde. Außerhalb der Gemeinde dagegen dauerte die »Jugend«[254] der männlichen Juden so lange, bis sie sich als Schutzjuden selbständig machen konnten.[255] Das Phänomen der langen Jugend in der jüdischen Minderheit verschwand erst mit der Gleichstellung.

Die jüdische Händler- und Kaufmannsfamilie in der Kleinstadt trug, wie oben schon angesprochen, zweifellos bis zur Gleichstellung etwa Züge der Lebensform des »ganzen Hauses«:

- Wohnung und Laden befanden sich unter einem Dach
- Familienangehörige arbeiteten weitgehend ohne Entlohnung mit
- Mägde und Knechte lebten mit der Familie zusammen
- der Hausvater hatte die Herrschaft im Haus.[256]

Der Wandel von Struktur und Funktion der jüdischen Familie dieses Typs vollzog sich erst mit der Gleichstellung der Juden und der damit verbundenen Teilhabe an den allgemeinen gesellschaftlichen Veränderungen. Vermutlich fand dieser Wandel zur bürgerlichen Kernfamilie später statt als für vergleichbare nichtjüdische Familien.[257] Dafür sprechen vor allem zwei Gründe. Zum einen mußten die jüdischen Familien, wie gesagt, die Masse der unmündigen, unselbständigen Juden aufnehmen. Zum anderen blieben die Dorf- und Kleinstadtjuden von der Industrialisierung und ihren Folgen zunächst weitgehend unberührt. In Ritzebüttel, wo fast alle Juden trotz versuchter Berufsumschichtung weiterhin im Handel tätig waren, befanden sich Wohnung und Geschäft auch in der Folge unter einem Dach.

Die starke Bezogenheit auf die Familie als Institution, die der Minderheit in kritischen Zeiten Schutz und religiöses Zentrum gewesen war, zeichnete auch das jüdische Bürgertum nach der Gleichstellung aus.[258] Riehls Behauptung über die »modernisierten Juden [...], denen mit der Nationalität zugleich das Familienbewußtsein [...] entschwunden ist«[259], entsprach dagegen seiner antijüdischen Ideologie.[260]

Das familiäre Netzwerk wurde, soweit die Obrigkeit es zuließ[261], durch Heirat erweitert. Bis zur Mitte des 19. Jahrhunderts war der größte Teil der jüdischen Familien miteinander verschwägert, so daß Verwandtschaft und Gemeinde fast identisch waren. Auch Paten-

---

253 D. h. sie wurden selbstverantwortliche Gemeindemitglieder. Soetendorp, Jacob, Symbolik der jüdischen Religion. Gütersloh 1963, S. 26. – Zur Einführung einer entsprechenden Feier der »Bat Mizwa«, »Tochter des Gesetzes«, siehe Kap. 3.4.
254 Zu diesem Begriff von Jugend, abhängig nicht von der Altersklasse, sondern von der Möglichkeit des mündigen Erwachsenenhandelns, siehe Clausen, L., Jugendsoziologie, 1976, 36 f.
255 Vgl. auch das späte Heiratsalter, Kap. 2.6.1.
256 Die Kriterien für das »ganze Haus« wurden aufgestellt von Riehl, W. H., Familie, [13]1925, S. 164 ff. und Brunner, Otto, Neue Wege der Verfassungs- und Sozialgeschichte. Göttingen [2]1968, S. 103 ff.
257 Eine Verifizierung dieser Vermutung konnte mit dem vorliegenden Material nicht geleistet werden.
258 Kaplan, Marion A., For Love or Money. The Marriage Strategies of Jews in Imperial Germany in: Yearbook Leo Baeck Institute. 28(1983), S. 263–300.
259 Riehl, a. a. O., S. 160.
260 Siehe auch Riehl, Wilhelm Heinrich, Die bürgerliche Gesellschaft. Stuttgart, Berlin [11]1930. (Riehl: Die Naturgeschichte des Volkes als Grundlage einer deutschen Sozialpolitik. 2.) Z. B. S. 336 ff.
261 Die Heiratserlaubnis hing vom Niederlassungsrecht ab – beides war von der Obrigkeit zu gewähren. – Über Heiratsbeschränkungen für andere Bevölkerungsgruppen siehe Bolte, Karl Martin/Kappe, Dieter, Struktur und Entwicklung der Bevölkerung. Opladen 1964. (Struktur und Wandel der Gesellschaft. Reihe B. 2.) S. 25 f.

schaften dienten der »künstlichen«[262] Erweiterung der Verwandtschaft. Der Gevatter oder die Gevatterin hielt den Jungen bei der Beschneidung, das Mädchen bei der Einsegnung in der Synagoge und wurde so zum Paten.[263] Auf diese Weise konnte auch eine sonst nicht mit den Ritzebütteler Juden verschwägerte Familie wie z. B. die Jacobsens völlig in das verwandtschaftliche Netzwerk integriert werden. Das Fehlen von Patenschaftsangeboten für den »Querulanten« Joel Philipp Westphal und für den »Kriminellen« Joel Lion Samson machte dagegen deren soziale Isolierung deutlich.

2.6.1 Heirat und Heiratskreise

Hatte man keine Familie am Ort, so wurde sie gegründet, wenn Eltern, Obrigkeit und jüdische Gemeinde ihre Erlaubnis dazu gegeben hatten. Heirat war für Männer und Frauen erstrebenswert. Zum einen bedeutete die Ehe noch im 19. Jahrhundert im allgemeinen eine Verbesserung der Lebensqualität und vor allem im Alter und bei Krankheit Überlebenshilfe. Alleinstehende ohne das »soziale Netz« von Familie und Ehepartner gerieten leicht ins Abseits. Die wenigen unverheirateten Ritzebütteler Juden lebten und starben als Außenseiter der Gemeinde arm und krank (z. B. Hirsch Meyer Friedländer 1851 im Armenhaus[264], Regina Westphal 1867 im Hamburger Werk- und Armenhaus[265], Süsse Rosenthal starb 1866 in so großer Armut, daß für sie keine Begräbnisgebühr erhoben wurde[266]). Als Indiz für die soziale Bedeutung der Ehe kann z. B. die Eile gelten, mit der sich Witwer und Witwen wieder verheirateten, in der Regel unmittelbar nach Ablauf des Trauerjahres.

Zum anderen brachte die Ehe im religiösen Bereich Vorteile. Männer erlangten erst durch ihre Verehelichung die vollwertige Mitgliedschaft in der Gemeinde im kultischen und rechtlichen Sinne.[267] Die Frau hatte nur als Ehefrau die Möglichkeit, eine aktive Rolle im religiösen Leben der Familie zu spielen, z. B. am Sabbatabend: »Sie begrüßt den eintretenden Sabbat mit dem Entzünden der beiden Sabbatkerzen, über denen sie den Segen spricht.«[268]

Zwischen 1750 und 1849, dem Jahr der Gleichstellung, verheirateten sich nachweislich 47 Ritzebütteler Juden und Jüdinnen.[269] 22 Männer fanden ihre Bräute außerhalb Ritzebüttels. Fast ebenso viele Mädchen, nämlich 20, heirateten auswärtige Männer. Zwischen Ortsansässigen wurden in diesem Zeitraum fünf Ehen geschlossen – die kleine Gemeinde bot nur einen begrenzten Heiratsmarkt.

Die auswärtigen Ehepartner stammten relativ selten aus den Dörfern der unmittelbaren Nachbarschaft, also aus Hadeln und Wursten (insgesamt nur 6: 2 aus Otterndorf, 1 aus Neuhaus, 1 Bederkesa, 1 Dorum, 1 Bassum). Die geringe jüdische Bevölkerung dort konnte mit potentiellen Partnern kaum aufwarten. Aus Stade, der nächsten bedeutenderen Stadt mit einer kleinen jüdischen Gemeinde, kamen keine Ehepartner.[270]

---

[262] Neidhardt, Friedhelm, Die Familie in Deutschland. Opladen ⁴1975. (Beiträge zur Sozialkunde. Reihe B. 5.) S. 25.

[263] Gevatter gehörten formell zur Verwandtschaft. Neidhardt a. a. O. – Die einzelnen Paten werden im Geburtsregister genannt. Rep. 83 b Nr. 4, NsStA Stade.

[264] Rep. 83 b Nr. 4, Leichenregister, 9. 3. 1851, NsStA Stade.

[265] AR I Abt. III Fach 2 Vol. C, 20. 7. 1867.

[266] AR I Abt. III Fach 2 Vol. G, 19. 1. 1866.

[267] Siehe Kap. 3. 1. – Vgl. auch Was jeder vom Judentum wissen muß. Hrsg. von Arnulf H. Baumann. Gütersloh 1982, S. 89.

[268] Was jeder, a. a. O., S. 82.

[269] Rep. 83 b Nr. 4, Proklamations- und Kopulationsregister 1816–1881, NsStA Stade. – Auswärts geschlossene Ehen konnten dann mit einbezogen werden, wenn die Ehepartner sich nach der Eheschließung im Amt Ritzebüttel niederließen. Quellen für solche Fälle sind die Geburts- und Leichenregister, Rep. 83 b Nr. 4, NsStA Stade.

[270] Warum es zu der dortigen Gemeinde keine Kontakte im 19. Jahrhundert und davor gab, kann erst beantwortet werden, wenn eine Geschichte der Stader Juden vorliegt.

Noch seltener waren Ehen mit Juden aus Süddeutschland – so weit reichte der Heiratsmarkt der Ritzebütteler nicht. Zum Osten hin bildete die Elbe eine Heiratsgrenze. Nur wenige Partner kamen aus dem benachbarten Schleswig-Holstein oder gar aus weiter entfernten Gebieten.[271]

Die Mehrzahl der Ehepartner stammte vielmehr aus kleineren, aber auch größeren Orten der norddeutschen Nachbarländer Hannover und Oldenburg wie z. B. Harpstedt, Hastedt, Wolfenbüttel, Danneberg, Ovelgönne, Emden und Varel, vor allem aber aus Hamburg (15 Partner). Zu fast all diesen Orten bestanden kultische, wirtschaftliche oder verwandtschaftliche Beziehungen, die bei der Vermittlung der Ehen eine Rolle gespielt haben dürften. Die Heiratskreise der Ritzebütteler Juden deckten sich also in der Zeit vor der Gleichstellung weitgehend mit dem übrigen jüdischen Netzwerk.[272] Geographisch handelte es sich dabei im wesentlichen um das Gebiet zwischen der Ems im Westen, der Elbe im Osten und dem Wesergebirge und Harz im Süden.

Dieser recht große Heiratsmarkt wirft ein Licht auf die Mobilität der Kleinstadtjuden. Zudem zeigt er, daß es offenbar für Ritzebütteler Juden keine Heiratsschranken gab, wie sie etwa in der Pfalz zwischen Dorf- und Stadtjuden bestanden.[273] Entscheidend war Ebenbürtigkeit von Vermögen und Status. Allerdings fanden wohlhabende Heiratswillige ihre Partner tendenziell eher in der Stadt oder in Orten mit städtischem Charakter. So verbanden sich die Kinder der wohlhabenden Bradys mehrfach mit Familien in Hamburg, Bremen, Emden und Düsseldorf.

Auch die Ehen zwischen ortsansässigen Juden wahrten deutlich das Prinzip der Ebenbürtigkeit. Die Bradys heirateten die Friedmanns, die weniger bemittelten Rosenthals dagegen die Stettiners, Freudenburgs und Samsons, um einige Beispiele herauszugreifen. Die »Klassen« blieben unter sich.

Vorherrschend war das Prinzip der »Familienheirat« – die Verbindung wurde nicht so sehr zwischen zwei Individuen als vielmehr zwischen zwei Familien geschlossen. Eine regelrechte »Heiratpolitik« sorgte für Mehrfachehen zwischen denselben Familien. So heirateten die Brüder Ahron Isaac und Bernhard Isaac Brady 1840 und 1851 die Schwestern Rosette und Emma Friedmann. Auf ähnliche Weise verbanden sich die Bradys mit der Hamburger Familie Hess und der Bremer Kaufmannsfamilie Riess. Solche Heiraten dienten dem Ausbau und der sozialen und finanziellen Stärkung der »Mischpoche«.[274]

Die Schwagerehe (Levitsehe), die den strenggläubigen Juden verpflichtet, die kinderlose Witwe seines Bruders zu heiraten, um die Witwe zu versorgen und die Bruderfamilie vor dem Aussterben zu bewahren[275], kam so in Ritzebüttel nicht vor. Zwar verheiratete sich z. B. Philipp Alexander Friedländer um 1813 mit der Witwe seines Bruders. Diese Witwe brachte aber drei Kinder in die Ehe mit. Bei dieser Form der »Schwagerehe« war mit Sicherheit ausschlaggebend, daß der 39jährige unvergleitete Friedländer auf diese Weise den Schutzbrief seines Bruders übernehmen konnte.

Die Ehen besonders mit auswärtigen Partnern wurden üblicherweise von einem »Schadchen« (Jiddisch: Heiratsvermittler) vermittelt. Wer diese Rolle in Ritzebüttel spielte, ist nicht überliefert. Da es sich um kein institutionalisiertes Amt handelte, werden oft Verwandte oder Geschäftsfreunde diese Funktion übernommen haben. Die soziale Bedeutung dieser Vermittlerrolle war nicht gering, galt es doch, zwei zueinander passende Familien zu

---

[271] Zu geographischen Heiratsgrenzen vgl. auch Wolf, Manfred, Der Rhein als Heirats- und Wandergrenze in: Homo. 7(1956),S. 2–13.
[272] Vgl. auch Kaplan, M.A., Love, 1983, S. 271.
[273] Arnold, Hermann, Von den Juden in der Pfalz. Speyer 1967, S. 90.
[274] Vgl. auch Cahnman, W.J., Small-Town Jews, 1974, S. 122 f. und Kaplan, a. a. O., S. 263.
[275] Soetendorp, J., Symbolik, 1963, S. 56–59. – D Vries, S. Ph., Riten, ²1982, S. 231–251.

Abb. 7 a: Goldene Hochzeit von Emma und Bernhard I. Brady.

Von links nach rechts, die Sitzenden: Friederike Brady, geb. Hess, ihr Mann Eduard Brady; Emma Brady, geb. Friedmann, ihr Mann Bernhard I. Brady; Fanny Brady, geb. Silverberg, verw. Bundheim, ihr Mann Max Brady; Rosa Brady, geb. Jordan; die Stehenden: Adolph Brady; Hugo Brady und Frau; Ehefrau von Martin Brady, Martin Brady; Julius Goldschmidt, Jenny Goldschmidt, geb. Brady; Ehepaar Delmonte; Rosalie Jacobsen (Jacobsohn), geb. Brady und Ehemann; Gustav Brady, Ehemann von Rosa.

akzeptablen Bedingungen zusammenzubringen.[276] Die hiesigen Mädchen, die in Ritzebüttel keinen passenden Partner fanden – viele der jungen Männer mußten ja vor 1849 gezwungenermaßen woanders hingehen, weil sie am Ort keinen Schutz erhielten –, waren besonders auf die Vermittlung angewiesen.

Das durchschnittliche Heiratsalter der Ritzebütteler Juden betrug:

	Männer	Frauen
1750–1819	37	28,6[277]
1820–1849	35,9	27,1
1850–1882	34,4	25,2

Die Männer konnten im allgemeinen erst heiraten, wenn sie im Besitz eines Schutzbriefes waren und wirtschaftlich auf eigenen Füßen standen – daher das hohe Heiratsalter von Männern und Frauen vor der Gleichstellung.[278] Im krassen Gegensatz dazu steht das frühe Heiratsalter der wohlhabenden Mädchen der großen jüdischen Gemeinde Berlins. Es war nicht unüblich, mit 15 Jahren zu heiraten wie Henriette Herz um 1779.[279] Mit dem sozialen

---

[276] Zur Bedeutung des Schadchen vgl. Pollack, H., Folkways, 1971, S. 31.

[277] Die Daten vor der Einführung des Heiratsregisters 1816 sind teils aus anderen Quellen entnommen, teils mit Hilfe anderer Daten, z. B. Geburtsdaten der Kinder, geschätzt.

[278] Ähnliche Zahlen gibt Arnold für die Pfälzer Juden: Arnold, H., Pfalz, 1967, S. 81.

[279] Herz, Henriette, Henriette Herz in Erinnerungen, Briefen und Zeugnissen. Frankfurt a. M. 1984, S. 63.

Aufstieg, vor allem aber der Abschaffung des Schutzbriefzwanges und dem Wachsen der Freizügigkeit sank das Heiratsalter.

Nach der rechtlichen Gleichstellung 1849 begann die freiwillige Abwanderung der Ritzebütteler Juden meist schon vor der Heirat[280], so daß über ihr späteres Heiratsverhalten nur wenige Informationen vorliegen. Die Partner der jüdischen Frauen kamen wiederum vor allem aus den Orten der Nachbarländer[281], vier Ehemänner stammten aus weiter entfernten Orten im Osten oder Süden. Drei Frauen heirateten jüdische Auswanderer in New York, Chicago und Toledo. Nur eine Ehe wurde zwischen gebürtigen Ritzebüttelern geschlossen, bezeichnenderweise zwischen einem Witwer und einer bisher unverheirateten 48jährigen Frau, also zwei Versorgungsbedürftigen, die anderswo ohne Chance waren.

Mitgift und Aussteuer erhöhten die Heiratschancen besonders der Mädchen nicht unbeträchtlich. Isaac Abraham Brady legte die Höhe für seine Kinder in seinem Testament von 1840 genau fest. Danach erhielten seine acht Töchter und Söhne je 100 Louisdor, 1000 Mark Louisdor und 100 Taler Preußisch Courant.[282] Das war nicht wenig. Allein die Louisdor und die Taler ergaben für acht Personen umgerechnet ca. 14 000 Courantmark.[283]

Manchmal stifteten reiche Verwandte einen Mitgiftfonds. Einen solchen Fonds richtete z. B. 1816 Salomon Joel Herford ein, wohlhabender Hofjude in Lippe-Detmold, Bruder des eher in bescheidenen Verhältnissen lebenden Ritzebütteler Juden Joel Philipp Westphal.[284] Auf diese Weise konnte Familienhilfe zuweilen viele Generationen erreichen.

Verlobungs- und Ehekontrakte legten finanzielle und sonstige materielle Pflichten beider Seiten genau fest. In einem überlieferten Verlobungskontrakt zwischen der Ritzebüttelerin Eva Westphal und dem Hamburger Selig Israel vom März 1842[285] verpflichtete sich letzterer, »sein sämmtliches Vermögen« in die Ehe einzubringen, dazu eine vollständige Aussteuer, »Mobiliar mit allem Zubehör« und Hochzeitsgeschenke, »alles dem Stande gemäß und zwar alles vor der Trauung«. Die Braut mußte eine Mitgift von 400 Talern Preußisch Courant (entsprach 1000 Mark Hamburger Courant) in bar mitbringen (sie erhielt aus obigem Fonds nach langwierigen Verhandlungen – es gab noch mehr heiratswillige Mädchen in der Familie zu der Zeit – 250 Taler), außerdem ihre Aussteuer bestehend aus einem Bett mit Zubehör und Kleidungsstücken, für den Bräutigam Hochzeitsgeschenke, Betmantel und »Kittel«.[286]

Der Bräutigam hatte den »Brautschatz« seiner Verlobten mit 2000 Mark Hamburger Courant zu »verbessern«. Die Hochzeitskosten wurden vom Bräutigam getragen. Im Falle einer Lösung des Kontraktes durch eine der Parteien mußte die Hälfte der gesamten Mitgiftsumme, also 1500 Mark, als »Conventionalstrafe« an die andere Partei gezahlt werden.

Der Vertrag wurde durch den »Mantelgriff«[287] von beiden Parteien als verbindlich vor dem Curator der Braut und zwei Beglaubigten der Gemeinde angenommen.

---

[280] Zu diesen Mobilitätsvorgängen siehe Kap. 5.4.

[281] Insgesamt waren es 6 Männer; davon kamen 2 aus Hamburg, 1 aus Bremen und 1 aus Hannover.

[282] AR I Abt. XI Fach 7 a Vol. L Fasc. 1 Nr. 238.

[283] Zum Vergleich: 1846, wenige Monate vor seinem Tod, gab Brady sein zu versteuerndes Vermögen mit 17 000 Courantmark an. AR I Abt. III Fach 2 Vol. L, Okt. 1846.

[284] L 77 A Nr. 5394, StA Detmold.

[285] L 77 A Nr. 5394, 1.3.1842, StA Detmold.

[286] Der »Kittel« war das Sterbehemd, das an hohen Feiertagen zugleich als Festkleid in der Synagoge getragen wurde. Soetendorp, J., Symbolik, 1963, S. 48.

[287] Ein Vertrag oder ähnliches wurde bei Juden nicht durch Handschlag bekräftigt, »sondern einer reichet dem andern den Zipfel seines Mantels oder langen Rocks [...]«. Zedler, J. H., Universal Lexicon, Bd. 19, 1739, Sp. 1102.

Während in vielen Gemeinden am Freitag geheiratet wurde, nie dagegen an einem als Unglückstag geltenden Montag oder Mittwoch[288], zeigten sich die Ritzebütteler frei von solch Aberglauben – sie heirateten meistens mittwochs. Vielleicht stand dahinter die Erfahrung, daß dann alle Beteiligten bis zum Sabbat wieder nüchtern waren? Wie gefeiert wurde, ist in den Archivalien nicht überliefert, aber es ist nicht anzunehmen, daß es in Ritzebüttel weniger fröhlich und feucht zuging als an anderen Orten.[289] Im Rechnungsbuch der Gemeinde von 1800[290] findet sich eine Summe für einen »Tanzmeister«. Das deutet wohl darauf hin, daß man solche und ähnliche Feste mit Tanz und Musik feierte.[291]

Meistens fand die Hochzeit im Haus der Brauteltern statt. Den Fremdenlisten der »Zeitung für das Amt Ritzebüttel« kann man die Namen der zugereisten Verwandten entnehmen.[292] Die gute Stimmung wurde genutzt, um für die christlichen und jüdischen Armen zu sammeln. Dies war auch auf den Hochzeiten der weniger begüterten Juden üblich.[293]

Seit 1851 waren im Hamburger Staat Mischehen zwischen Christen und Juden erlaubt.[294] Während in Hamburg (Stadt) schon 1847 16 in England geschlossene Mischehen auf ihre Anerkennung durch die jüdische Gemeinde und den christlichen Staat warteten[295], ist aus Ritzebüttel bis Ende des 19. Jahrhunderts kein Fall einer solchen Ehe bekannt. Wenn der Grad der Integration an den Heiraten außerhalb der eigenen ethnischen, sozialen oder religiösen Gruppe gemessen werden kann[296], dann ist für Ritzebüttel zu folgern, daß hier im Vergleich zu Großstadtgemeinden die gesellschaftliche Integration mit einer mehr als 50jährigen Verspätung einsetzte.[297] In der Kleinstadt wünschten weder Christen noch Juden die Mischehe. Ähnlich wie auf dem Dorf war hier das Heiratstabu ein von beiden Gruppen geteilter Wert.[298]

Noch die Eltern der von mir befragten überlebenden jüdischen Emigranten standen Mischehen ablehnend gegenüber. Erst die Kinder, nach 1900 geboren, hielten diesen Standpunkt für überholt. Dies korrespondierte mit ihrer übrigen Haltung: keiner führte mehr den immer noch von der Religion beeinflußten Lebensstil der Elterngeneration.

---

[288] Soetendorp, J., Symbolik, 1963, S. 49.
[289] Ausführliches Material zu Hochzeitsbräuchen trug Pollack, H., Folkways, 1971, S. 29–40 zusammen; hier siehe besonders S. 37–40.
[290] AR I Abt. III Fach 2 Vol. I.
[291] Vgl. auch Soetendorp, a.a.O., S. 48.
[292] Zum Beispiel ZAR vom 25. 4. 1838: Fremdenliste zur Hochzeit einer Brady-Tochter.
[293] Zum Beispiel auf der Hochzeit zwischen Salomon Samson Rosenthal und Johanna Polack in Groden. ZAR vom 12. 11. 1845.
[294] AR I Abt. II Fach 14 Vol. M, Provisorische Verordnung die Ehe zwischen Christen und Juden betreffend vom 25. 9. 1851.
[295] AR I Abt. II Fach 14 Vol. M, 24. 5. 1850. – Vgl. auch Krohn, Helga, Die Juden in Hamburg. Die politische, soziale und kulturelle Entwicklung einer jüdischen Großstadtgemeinde nach der Emanzipation 1848–1918. Hamburg 1974. (Hamburger Beiträge zur Geschichte der deutschen Juden. 4.) S. 37, Anm. 91.
[296] Müller, K. von, Das Konnubium als Maß der psychischen und sozialen Einwurzelung von Flüchtlingsgruppen in: Raumforschung und Raumordnung. 1950,2, S. 72. – Vgl. auch Jeggle, Utz, Judendörfer in Württemberg. Tübingen 1969. (Volksleben. 3.) S. 281.
[297] Vgl. dazu auch Toury, Jacob, Soziale und politische Geschichte der Juden in Deutschland 1847–1871. Düsseldorf 1977. (Veröffentlichungen des Diaspora Research Institute. 20. – Schriftenreihe des Instituts für Deutsche Geschichte, Universität Tel Aviv. 2.) S. 66: Die Mischehe war »wahrscheinlich [. . .] zunächst prädominante großstädtische Erscheinung«. S. 65 f.: Weitere Zahlen zur Mischehe.
[298] Jeggle, a. a. O., S. 281. – Dieses Tabu herrschte im übrigen nicht nur zwischen Christen und Juden. Noch in den 50er Jahren des 20. Jahrhunderts galt die Mischehenfrage zwischen Protestanten und Katholiken in manchen deutschen Bundesländern als »akut, bedrängend und notvoll«. Bühler, Wilhelm, Katholisch-evangelische Mischehen in der Bundesrepublik nach dem geltenden katholischen und evangelischen Kirchenrecht. Heidelberg 1963. (Heidelberger rechtswissenschaftliche Abhandlungen. N. F. 11.) S. 9, Anm. 3 – Vgl. auch Meinhold, Peter, Ehe im Gespräch. Essen-Werden 1968.

3 Gemeindeleben

3.1 Statuten und Struktur

Die jüdischen Gemeinden in Deutschland vor der Gleichstellung waren relativ autonome Korporationen öffentlichen Rechts mit eigener Verwaltung und teilweise eigener Gerichtsbarkeit[1] im Rahmen der von der jeweiligen Obrigkeit in unterschiedlicher Weise ausgeübten Aufsicht. In Ritzebüttel gehörte diese Aufsicht zu den Befugnissen des Amtmanns, der in der Regel von seinem Recht wenig Gebrauch machte.

Der Amtmann übte die Gerichtsbarkeit[2] über die Juden aus und wurde bei schwerwiegenden Konflikten von ihnen zu Rate gezogen. Kleinere Streitigkeiten schlichtete der Gemeindevorsteher. Die Gemeinde informierte den Amtmann über ihre Statuten und nur in Konfliktfällen über ihre Finanzen, Eingaben, Ausgaben und dergleichen. Bei der Einrichtung des Friedhofs, der Betstuben und der Synagoge mußte seine Einwilligung eingeholt werden. Außerdem entschied der Amtmann über die Aufnahme weiterer Schutzjuden. Ansonsten galt, was Amtmann Hartung etwa 1834 am Ende seiner ersten Amtszeit schrieb: »Um die inneren Verhältnisse der Gemeinde bekümmert sich der Amtmann unaufgerufen gar nicht [...].«[3]

Grundlage für die Verfassung jüdischer Gemeinden sind die Mosaischen Gesetze, wie sie aus der Tora hervorgehen. Bevor sich die Ritzebütteler Schutzjuden 1804 eigene Statuten gaben, genügte ihnen 1797 eine noch relativ pauschale Aufzählung der wichtigsten Vorschriften, »welche von jeder Judenschaft zu halten schuldig sind«[4]. Diese Vorschriften regelten die grundlegenden religiösen und finanziellen Bedürfnisse: nämlich die Raumfrage für den Gottesdienst, die Reihenfolge des Aufrufes der Gemeindemitglieder zur Tora[5] – wichtiges religiöses Privileg am Sabbat und an Feiertagen –, die Anstellung und Besoldung eines Schulmeisters, Vorsängers und Schächters und die Führung der Gemeinde- und Armenkasse durch einen Vorsteher. Mit dieser ersten schriftlich niedergelegten Ordnung konstituierte sich die Ritzebütteler Judenschaft zur »Israelitischen Gemeinde zu Ritzebüttel«. Sie bildete eine eigenständige Korporation, völlig unabhängig von der jüdischen Gemeinde in Hamburg.[6]

Zahlreiche Konflikte in den folgenden Jahren[7] und das Anwachsen der Gemeinde auf sechs Schutzjudenfamilien mit insgesamt etwa 50 Personen führten dazu, daß 1804 diese Basisregeln in 28 Statuten einer vorläufigen »Vereinigung über die Ordnung der Juden-Gemeinde«[8] differenziert und auf die Ritzebütteler Verhältnisse hin konkretisiert wurden. So

---

[1] So befand sich in Altona ein Rabbinatsgericht, das innerjüdische rechtliche Angelegenheiten wie z. B. die Ehescheidung regelte. Haarbleicher, M. M., Zwei Epochen aus der Geschichte der Deutsch-Israelitischen Gemeinde in Hamburg. Hamburg 1867, S. 157. Das Gericht war auch für Ritzebüttel zuständig.

[2] Der Amtmann war oberster Richter im Amtsbereich bis zur Trennung von Verwaltung und Rechtsprechung 1864. Borrman, H., Geschichte, ²1980, S. 6.

[3] Handbuch Amtsführung, Pag. 172.

[4] AR I Abt. III Fach 2 Vol. C, 22. 8. 1797.

[5] Der Aufgerufene geht zum Almemor und spricht vor und nach der Toralesung durch den Vorsänger Lobpreisungen Gottes. Danach darf er noch Segenswünsche für seine Familie und Freunde anfügen. Soetendorp, J., Symbolik, 1963, S. 110. – Zur Erläuterung des kultischen Gegenstände in der Synagoge siehe Kap. 3.2.

[6] Haarbleicher, a. a. O., S. 203. Anm. – Schwabacher, Isaac S., Geschichte und rechtliche Gestaltung der Portugiesisch-Jüdischen und der Deutsch-Israelitischen Gemeinde zu Hamburg. Berlin 1914, S. 71.

[7] Siehe Kap. 3.2.

[8] AR I Abt. III Fach 2 Vol. C, 1804.

hatte es insbesondere Streitigkeiten um die Kompetenzen des Gemeindeältesten einerseits und des Vorstehers andererseits gegeben. Mit dem 1797 eingeführten Vorsteher sah sich der Älteste in seiner Position als Kopf der Gemeinde bedroht.

Dominierte 1797 noch eindeutig das Prinzip der Altershierarchie – das Amt des Vorstehers etwa wurde nach der Altersreihenfolge besetzt und die Ausübung religiöser Privilegien je nach Alter gewährt –, so wurde dieses 1804 zugunsten erster Ansätze einer eher demokratischen Machtverteilung aufgegeben. In Artikel 3 hieß es ausdrücklich, daß niemand in irgendeiner Sache ein Vorrecht genieße. Die Haltung der Mehrheit der Schutzjuden, daß »alle miteinander gleich wären, und völlig gleiche Rechte miteinander hätten«[9], hatte sich durchgesetzt.

So wurde ab 1804 der Gemeindevorsteher aus den Reihen der verheirateten Schutzjuden auf jeweils ein Jahr gewählt. Entscheidend sollte dabei die Fähigkeit, nicht das Alter des Betreffenden sein. Damit zog die Gemeinde Konsequenzen aus Erfahrungen der Vergangenheit, die gezeigt hatten, daß nicht jeder, der aufgrund seines Alters als Vorsteher fungierte, in der Lage war, Konflikte oder gar Gewalttätigkeiten zu meistern. Der Vorsteher war für die Rechnungsführung, die Überwachung der Einnahmen und die Entscheidung über Ausgaben zuständig. Am Ende seiner Amtszeit hatte er das Rechnungsbuch den jüdischen Hausvätern zur Einsicht vorzulegen. Neben der finanziellen Verwaltung war er für die Ordnung innerhalb der Gemeinde verantwortlich. Er hatte das Recht und die Pflicht, säumige Zahler zu belangen, Streitigkeiten zwischen mehreren Mitgliedern zu schlichten oder Personen, die den Gottesdienst störten, nach ihrer »Aufführung« zu behandeln (Artikel 12). Ließ er sich aber selbst Gewalttätigkeiten zuschulden kommen, so konnte er von seinem Amt abgesetzt werden (Artikel 17).

Auf die Rolle des Ältesten gingen die Statuten nicht ein. Das vorliegende Archivmaterial läßt den Schluß zu, daß er ab 1804 nur noch repräsentative Funktionen hatte.[10]

Der in Artikel 3 formulierte Anspruch der Gleichheit aller Mitglieder wurde allerdings auf zweierlei Weise entscheidend eingeschränkt. Zum einen bezog sich »Gleichheit« nur auf die verheirateten Schutzjuden. Sie waren die alleinigen Entscheidungsträger in der Gemeinde, während die unverheirateten und unvergleiteten Männer – von den Frauen ganz zu schweigen – weder das aktive noch das passive Wahlrecht besaßen oder sonst berechtigt waren, an Entscheidungen mitzuwirken. Erst ab 1816 wurden auch die unverheirateten Männer gleichberechtigt.[11]

Zum anderen beschnitt die Vermögenslage des einzelnen Schutzjuden die »Gleichheit« bei der Wahrnehmung religiöser Privilegien. So wurde die Reihenfolge des Aufrufs zur Tora und die »Handhabung« der Tora[12] ab 1804 meistbietend versteigert. Die Segenswünsche mußten ebenfalls bezahlt werden (Artikel 6). Damit waren arme Gemeindemitglieder von diesen Privilegien in der Praxis ausgeschlossen.[13] Auch konnten sie nie in den Besitz der besonders begehrten sechs Synagogenstellen links und rechts vom Toraschrank kommen, da diese gemäß den Zusatzstatuten von 1816[14] ebenfalls meistbietend versteigert wurden. Außerdem kamen in der Regel die Gemeindevorsteher aus den wohlhabenden Familien, z. B. den Familien Brady, Jacobsen und Schwabe, so daß sich in der Praxis eine Annäherung an oligarchische Tendenzen ergab.[15]

---

[9] AR I Abt. III Fach 2 Vol. I, undat., ca. Juli 1800.

[10] Vgl. z. B. AR I Abt. III Fach 2 Vol. L, undat., ca. Juni 1846.

[11] Statuten vom 17. 4. 1816, AR I Abt. III Fach 2 Vol. C.

[12] Das Anreichen der Torarolle, das Umhüllen mit ihrem Bezug und das Hochheben der Rolle während des Gottesdienstes gehört ebenfalls zu den religiösen Privilegien. Soetendorp, J., Symbolik, 1963, S. 105.

[13] Vgl. auch Cahnman, W. J., Small-Town Jews, 1974, S. 119.

[14] AR I Abt. III Fach 2 Vol. C, a. a. O.

[15] Vgl. auch Guenter, M., Lippe, 1973, S. 144.

Artikel 18 legte fest, daß in Zukunft ständig für die Einstellung eines Schulmeisters gesorgt werden müsse. Der Schulmeister hatte vielfältige Aufgaben. Er sammelte den wöchentlichen Beitrag der Mitglieder ein und half bei der Rechnungsführung. Er war Gemeindediener – als solcher mußte er vor den Gottesdiensten in jedem jüdischen Haus zum Synagogenbesuch aufrufen –, Vorbeter, Vorsänger und Kinderlehrer in einer Person.

Jeder Familienvater zahlte laut Artikel 4 wöchentlich zwei Schillinge zur Unterhaltung von Synagoge, Bad, Lehrer, Schächter und zur Unterstützung der Armen in die gemeinsame Kasse. Schon vor 1816 wurde dieser Beitrag auf sechs Schillinge erhöht. 1804 mußte die Gemeinde z. B. allein 100 Courantmark Miete jährlich für Bad und Betstube an Philipp Joel (später Westphal) zahlen, der beides in seinem Hause zur Verfügung stellte (Artikel 1 und 2). Gab es am Ende des Rechnungsjahres Schulden, so konnten diese durch eine Umlage unter den Mitgliedern beglichen werden (Artikel 11).

Erst ab 1816 wurde neben der wöchentlichen Abgabe noch eine Art Vermögenssteuer jährlich erhoben (Zusatzpunkt 5) und damit der sich differenzierenden Sozialstruktur innerhalb der jüdischen Gemeinde Rechnung getragen.

Außerdem nahm die Gemeinde für die jährliche Vermietung der Synagogenstellen von jedem Schutzjuden drei Courantmark ein. Ab 1816 bezahlten auch unverheiratete und unvergleitete, in Ritzebüttel Handel treibende Juden diesen Betrag.[16] Anfallende Strafgelder, etwa für das unbefugte Betreten des Almemors während des Gottesdienstes (Zusatzpunkt 3 von 1816), kamen jeweils zur Hälfte der jüdischen und der christlichen Armenkasse zugute. Fremde und einheimische Schutzjuden, die in den Kreis der verantwortlichen Gemeindemitglieder aufgenommen werden wollten, mußten sich mit 15 Mark einkaufen (Artikel 23 von 1804).

Aus den Statuten von 1804 geht die Entscheidungsstruktur der Gemeinde, wie sie bis zur Aufhebung des Schutzjudentums bestand, deutlich hervor. An der Spitze stand anstelle des Ältesten der gewählte Vorsteher als Verwalter und »Ordnungshüter«. Bei Entscheidungen hatte er im allgemeinen das letzte Wort (Artikel 17). Es folgte die Gruppe der jüdischen Familienväter mit Schutzbrief, ab 1816 erweitert auf unverheiratete Schutzjuden. Diese Gruppe bildete gemeinsam mit dem Vorsteher die Gemeindeversammlung, die bei wichtigen Anlässen zusammentrat. So entschied die Gemeindeversammlung z. B. über die Aufnahme neuer Schutzjuden in ihren Kreis[17] und beschloß Ergänzungen oder Veränderungen der Statuten. Die unverheirateten Juden ohne Schutzbrief und die Frauen hatten wie gesagt auf Entscheidungen keine Einwirkungsmöglichkeiten. In die letztere Gruppe gehörte auch der unverheiratete und unvergleitete Schulmeister. Trotz seiner vielfältigen für das religiöse und schulische Leben der Gemeinde unentbehrlichen Funktionen war er nur der Diener der ausdrücklich als seine »Herren« bezeichneten Schutzjuden (Artikel 22). Seine subalterne Stellung drückte sich unter anderem in der Art seiner Besoldung aus, die noch 1835 vorwiegend in Naturalien bestand.[18] Gerade um diese Zeit begann aber die Rolle des Lehrers sich zu wandeln. Aus einer »quantité négligeable«[19] wurde er dank der Persönlichkeit Hirsch Moses Kaliskys – seit 1820 Lehrer in Ritzebüttel – zum allseits anerkannten geistlichen und politischen Führer der Gemeinde.[20]

---

[16] In den Statuten von 1797 und 1804 wurde diese Gruppe nicht erwähnt. Aus dem erhaltenen »Copie Buch der Armenkasse« für die Jahre 1798–1800 geht allerdings hervor, daß auch diese Gruppe schon vor 1816 Beiträge zahlte. AR I Abt. III Fach 2 Vol. I.

[17] Gemeint ist die Aufnahme in den Kreis der Entscheidungsträger. Über die generelle Aufnahme von Schutzjuden im Amt Ritzebüttel entschied der Amtmann, siehe oben.

[18] Mittagstischregelung 1834/35 in AR I Abt. III Fach 2 Vol. C.

[19] Cahnman, W. J., Small-Town Jews, 1974, S. 116. Laut Cahnman wurden die Lehrer allgemein erst nach 1900 die führenden Persönlichkeiten in den Gemeinden.

[20] Siehe Kap. 3.2.

In einem Schreiben an Amtmann Meier von 1836 bezeichneten sich die Schutzjuden als eine »freiwillig zusammengetretene Corporation«[21]. Dies stimmte allenfalls für den einen Aspekt des »freiwilligen« Einkaufs eines Schutzjuden in die Gemeinde und damit in die Gruppe der Entscheidungsträger. Ansonsten war die Zugehörigkeit, wenn nicht zu einer bestimmten Gemeinde, so doch zur jüdischen Religionsgemeinschaft Zwang. Ein Austritt oder Ausschluß war nicht möglich. Ein Jude konnte sich wohl von seiner Gemeinde lossagen, wie es Philipp Joel Westphal 1816 tat. Er schied damit als Entscheidungsträger aus. Seine Gemeindezugehörigkeit jedoch blieb bestehen. Auch war er weiterhin verpflichtet, seinen wöchentlichen Beitrag in die Kasse zu zahlen.[22] Hinter dieser Zwangszugehörigkeit standen einmal ökonomische Gründe. Keine Obrigkeit wollte sich die Last aufbürden, womöglich für arme Juden aufkommen zu müssen. Zum anderen sah sich der Staat als »christlicher« nicht verpflichtet, Angehörige einer fremden Religionsgemeinschaft zu unterstützen. Noch nach der Gleichstellung von 1849 mußten die jüdischen Gemeinden im Hamburger Staat ihre Armen selbst unterhalten. Die jüdischen Zwangsgemeinden im Hamburger Staat erloschen erst mit dem »Gesetz betreffend die Verhältnisse der israelitischen Gemeinden« vom 7.11.1864, das die freiwillige Mitgliedschaft einführte.[23]

Die Gemeindeordnung von 1804 war als eine vorläufige verstanden worden. Jedoch brachten die folgenden Jahrzehnte keine entscheidenden Änderungen oder Erweiterungen. Die erwähnten neun Zusatzstatuten von 1816 regelten in erster Linie die differenziertere Verteilung der finanziellen Lasten, die durch den Neubau der Synagoge 1815/1816 entstanden waren. Außerdem konnte von jetzt an ein zweiter Vorsteher gewählt werden. Seine Funktion wurde nicht näher beschrieben. Sicherlich sollte er den ersten Vorsteher entlasten, dessen Aufgaben sich durch die inzwischen auf etwa 100 Personen angewachsene Gemeinde vermehrt hatten. Später[24] wurde zusätzlich ein Armenvorsteher (Armenpfleger) bestellt.

Zusatzpunkt 9 verbot bei Strafe den Besuch von »neben Sinagogen«. Dies bezog sich auf einen mehrjährigen Machtkampf in der Gemeinde, der in der Einrichtung zweier konkurrierender Betstuben gipfelte.[25]

Weitere Statuten von 1838[26] befaßten sich ausschließlich mit der Einrichtung eines Tilgungsfonds zur Abtragung der auf der Synagoge lastenden Schulden. Darüber hinaus sind keine Statuten in den Akten enthalten. Es ist aber anzunehmen, daß nach der Gleichstellung und der Aufhebung der Zwangsgemeinden neue Statuten konzipiert wurden.

3.2 Synagoge, Bad, Schule

Das jüdische Gemeindeleben zentrierte sich um die Einrichtungen von Synagoge und Schule. Welches Gewicht man dabei besonders der Synagoge als »Versammlungshaus«[27] zumaß, geht z. B. daraus hervor, daß die kleine Judenschaft die bedeutende finanzielle Belastung durch den Bau einer eigenen Synagoge 1816 auf sich nahm, eine Belastung, an der sie bis zur Gleichstellung zu tragen hatte.

---

[21] AR I Abt. III Fach 2 Vol. C, undat., ca. April 1836.
[22] AR I Abt. III Fach 2 Vol. C, 27.4.1816.
[23] Zimmermann, Mosche, Hamburgischer Patriotismus und deutscher Nationalismus. Hamburg 1979. (Hamburger Beiträge zur Geschichte der deutschen Juden. 6.) S. 229.– Siehe auch Kap. 5.1.
[24] Der Zeitpunkt war nicht genau festzustellen. 1846 wurde z. B. Ahron Isaac Brady als »Armenpfleger« genannt. ZAR vom 14.1.1846.
[25] Siehe Kap. 3.2.
[26] AR I Abt. III Fach 2 Vol. C, 2.4.1838.
[27] Das hebräische Wort für Synagoge, »beth-ha-knesseth«, bedeutet »Versammlungshaus«. Daxelmüller, Christoph, Fränkische Dorfsynagogen in: Volkskunst. 4(1981), S. 235.

Bevor diese Synagoge in der Westerreihe gebaut wurde, gab es drei Betstuben und ein kleines Bethaus in Ritzebüttel. Die erste Betstube stellte seit etwa 1751[28] Joseph Levi in seiner Wohnung in der langen Straße (Nordersteinstraße) allen ansässigen und durchreisenden Juden zur Verfügung. Als er sich in derselben Straße 1786 ein Haus[29] kaufte, richtete er auch darin eine Betstube und ein Ritualbad ein, ohne dafür eine Miete von der Judenschaft zu verlangen. Hier stellten die Männer ihr Betpulte auf, auch Ständer genannt, in denen sich Fächer für Bücher und den Gebetsmantel befanden.[30] Frauen und Kinder folgten dem Gottesdienst wahrscheinlich hinter einem Vorhang stehend oder von einem Nebenraum aus.

1800 führte ein Machtkampf zwischen dem Ältesten Joseph Levi und dem amtierenden Vorsteher Philipp Joel (Westphal) zur Einrichtung einer weiteren Betstube[31] im Hause des letzteren. Joseph Levi fühlte sich den Folgen des schon länger anhaltenden Konfliktes mit Philipp Joel nicht mehr gewachsen und bat Amtmann Heise, seine Betstube in eine private für sich und seine Familie umändern zu dürfen.[32] Philipp Joel, der zu dieser Zeit die Mehrheit der Gemeinde auf seiner Seite hatte, durfte dagegen in seinem Haus in Zukunft den öffentlichen Gottesdienst abhalten und ein Reinigungsbad einrichten. Das Wasser dazu wurde dem Brunnen auf seinem Hof entnommen.[33] Gegen eine jährliche Miete von 100 Mark hatte Joel für die Instandhaltung von Betstube und Bad zu sorgen.[34]

1806 baute er »auf Speculation«[35] ein Bethaus nebst Reinigungsbad und Schulstube auf seinem Wohngelände. Wahrscheinlich handelte es sich dabei um einen Anbau auf dem Hof seines Grundstücks in der Nordersteinstraße 49.[36] Diese kleine Synagoge wurde 1806 eingeweiht mit einer eigens gedruckten Liturgie, verfaßt von Samuel Abraham Friedländer in Hebräisch und Deutsch.[37] Joel erhielt für das Gebäude eine Jahresmiete von 16 Louisdor (120 Courantmark). Daneben mußte die Gemeinde die Kosten für Feuerversicherung, anfallende Maurerarbeiten und Kalk, Lichter und die christliche »Licht Aufwarterin«[38] und für die Reinigung des Gebäudes aufbringen. Den größten Anteil nahm dabei die Versicherung ein – nach einer Rechnung von 1812 jährlich rund 78 Mark.[39]

Die Einrichtung gehörte zu einem Teil der ganzen Gemeinde, so eine Tora, ein Gebetbuch und »die Bekleidung der Thora«.[40] Alles übrige war Eigentum einzelner Mitglieder wie z. B. die acht Betpulte, »die silberne Hand an der Thora hängend«[41] sowie zwei Vorhänge vor der Bundeslade, dem »Heiligthum ihrer Capelle«.[42] Einer dieser Vorhänge, »aus gelben Seiden Moor, inwendig mit Seide und Silber gestickt, mit gelb Leinen gefüttert, an welchem oben

[28] AR I Abt. III Fach 2 Vol. I, 3. 7. 1800. – Grandauer, G., Gedenkbuch, 1851, S. 156, nennt dagegen für die Einrichtung das Jahr 1760.

[29] Nordersteinstraße 14, siehe Abb. 5, Kap. 2.5.

[30] AR I Abt. III Fach 2, Vol. I, undat., ca. Juli 1800.

[31] Vgl. Trepp, L., Oldenburger Judenschaft, 1973, S. 55: solche Konflikte »waren in Deutschland ganz allgemein«. – Vgl. auch Lemmermann, H., Meppen, 1975, S. 61.

[32] AR I Abt. III Fach 2 Vol. I, 3. 7. 1800.

[33] AR I Abt. XI Fach 6 D9, 16. 7. 1803.

[34] AR I Abt. III Fach 2 Vol. C, Statuten von 1804.

[35] AR I Abt. III Fach 2 Vol. C, undat., ca. 1815.

[36] Haus und Betstube sind nicht erhalten.

[37] Siehe Kap. 2.3.1.

[38] AR I Abt. III Fach 2 Vol. I, 1812.

[39] AR I Abt. III Fach 2 Vol. I, a. a. O.

[40] Gemeint ist die Hülle der Tora. AR I Abt. III Fach 2 Vol. C, 21. 4. 1816.

[41] AR I Abt. III Fach 2 Vol. C, a. a. O. – Die Hand, eine Art Zeiger (Jad), dient der Lesehilfe, da die geweihte Tora nicht mit den Fingern berührt werden darf. De Vries, S. Ph., Riten, ²1982, S. 23.

[42] AR I Abt. III Fach 2 Vol. C, 7. 10. 1816.

zwei Band zum durchziehen über die Stange befindlich gewesen«[43], war immerhin so wertvoll, daß er 1816 gestohlen wurde.[44]

Alle diese Betstuben befanden sich in unmittelbarer Nachbarschaft christlicher Wohnhäuser und Geschäfte im Zentrum des Fleckens. Die Ritzebütteler Nichtjuden nahmen offenbar daran keinen Anstoß, während an anderen Orten christliche Einwohner dafür sorgten, daß jüdische kultische Einrichtungen aus dem Zentrum verbannt wurden.[45]

Auch mit Philipp Joel kam es zum Streit, so daß die übrigen Gemeindemitglieder von 1811 bis 1814 wieder Joseph Levis Betstube benutzten.[46] Obwohl in Artikel 1 der Statuten von 1804[47] ausdrücklich jegliche Vorrechte für den Besitzer der kultischen Einrichtungen verneint worden waren, konnte offenbar nicht verhindert werden, daß dieser sich als Oberhaupt der Gemeinde fühlte und gerierte. So erklärte z. B. 1814 Philipp Joel selbstherrlich der Gemeinde, »daß ein Vorsteher unnötig sey, er vielmehr alles reguliren [. . .] wolle«.[48] Auch gab es immer wieder Uneinigkeit über die Aufteilung der Kosten zwischen dem Eigentümer der Einrichtungen und der Gemeinde.

Diese Abhängigkeit eines geregelten Kultus vom jeweiligen Einvernehmen mit dem privaten Besitzer veranlaßte die Gemeinde, im Oktober 1815 Amtmann Abendroth um die Genehmigung für den Bau einer »dauerhaften Kirche« zu bitten, die der ganzen Gemeinde gehören sollte:

> »Zu der Erbauung dieser Kirche hat sich der hiesige Bürger und Einwohner Johann Jürgen Dürels[49] hergegeben, und er will solche auf seine Weide vor dem Flecken Ritzebüttel dicht an der Heerstraße nach einen deshalb gemachten Riß[50] bauen, und uns solche Miethsweise laut einen zu errichtenden Contract wovon schon Puncta im Concept entworfen, auf gewisse Jahre überlassen.«[51]

Abendroth willigte ohne »das geringste Bedenken« ein und überließ den Bau, seine Durchführung und Finanzierung ganz dem Ermessen der Gemeinde, »da ich nicht Vormund mündiger Menschen bin«.[52] Er machte lediglich zur Bedingung, »daß diese Synagoge keine äußerlichen Abzeichen haben dürfe«.

Dieser Synagogentyp, der sich in Bauweise und verwendetem Material nicht von den benachbarten Wohnhäusern unterschied, war besonders für kleine Gemeinden bis ins 19. Jahrhundert hinein weit verbreitet. Das lag außer an den Restriktionen der Obrigkeit auch an den zu dieser Zeit noch fehlenden jüdischen Architekten, die eine eigenständige Synagogenarchitektur hätten entwickeln können.[53] Dazu kam an manchen Orten von jüdischer Seite der Wunsch, nicht auffallen zu wollen.[54]

---

[43] Die genaue Beschreibung stammt aus den »Abhörungen die Beraubung des Jüdischen Tempels betreffend«, AR I Abt. III Fach 2 Vol. C, 7. 10. 1816.

[44] Der Diebstahl wurde nicht aufgeklärt.

[45] Vgl. z. B. Lemmermann, H., Meppen, 1975, S. 63.

[46] AR I Abt. III Fach 2 Vol. C, undat., ca. 1815.

[47] AR I Abt. III Fach 2 Vol. C, 1804.

[48] AR I Abt. III Fach 2 Vol. C, undat., ca. 1815.

[49] Dürels war ein wohlhabender Mann mit Zimmerei, Tischlerei und Holzhandel. Vgl. sein Testament in AR I Abt. XI Fach 7 a Vol. L Fasc. 1 Nr. 245.

[50] Weder dieser Grundriß noch der Mietkontrakt sind erhalten.

[51] AR I Abt. III Fach 2 Vol. C, 19. 4. 1816.

[52] Diese und die folgende Bemerkung zur Synagoge machte Abendroth in einem Brief an den Hamburger Bürgermeister Heise vom 30. 4. 1816. Senat Cl. VII Lit. Hd No. 6 Vol. 4 a.

[53] Daxelmüller, Ch., Dorfsynagogen, 1981, S. 234 f.

[54] Hammer-Schenk, Harold, Synagogen in Deutschland. Teil 1. Hamburg 1981. (Hamburger Beiträge zur Geschichte der deutschen Juden. 8.) S. 19.

Abb. 8: Synagoge, Westerreihe 16, um 1938

Die Gemeinde hielt sich an Abendroths Auflage. Äußerlich war die zwischen Oktober 1815 und April 1816 erbaute Synagoge von privaten Wohnhäusern nicht zu unterscheiden, zumal Dürels an der Giebelseite unter der Jahreszahl 1816 noch die Initialen von sich und seiner Frau Anna Maria Dürels anbrachte.[55]

Die Synagoge wurde von Dürels zunächst auf 20 Jahre für jährlich 20 Louisdor gemietet. 1835[56] kaufte die Gemeinde ihm Haus und Grundstück für 2000 Mark Neue Zwei Drittel ab und richtete zusätzlich zu dem schon bestehenden Schulzimmer eine Lehrerwohnung im Erdgeschoß ein. Wo sich das Reinigungsbad befand, ist aus dem einzigen erhaltenen Grundriß von 1907[57] nicht zu ersehen. Das Gebäude hatte keinen Keller, in dem sonst üblicherweise das Bad eingerichtet wurde. Die Gemeinde bezahlte die Synagoge völlig aus eigenen Mitteln. Finanzielle Unterstützung von den christlichen Einwohnern hatte sie nicht zu erwarten, wie Abendroth unmißverständlich feststellte.[58] Dagegen war es selbstverständlich, daß die Juden sich an dem Bau der evangelischen Kirche in Ritzebüttel (1816–1819) beteiligten – über die Kirchensteuer, die sie zahlen mußten[59], aber auch mit freiwilligen Subskriptionen.[60]

---

[55] Siehe Abb. 8.
[56] AR I Abt. XI Fach 5 Konvolut 1, 1835. – Grandauer, G., Gedenkbuch, 1861, S. 156, schreibt dagegen 1834. Die Zahlen auf den beiden Seiten, die Grandauer der »Israelitischen Gemeinde« widmet, sind durchweg ungenau.
[57] Siehe Abb. 9.
[58] Senat Cl. VII Lit. Hd No. 6 Vol. 4 a, 30. 4. 1816.
[59] Siehe Kap. 5.1.
[60] Siehe Kap. 2.3.1.

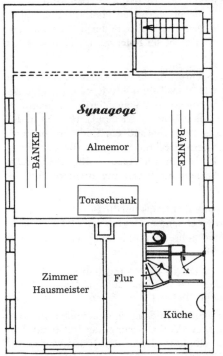 **Erdgeschoss.**

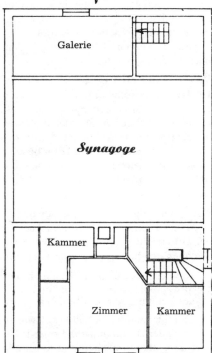 **Obergeschoss.**

Abb. 9: Grundriß der Synagoge von 1907[a]

Alle Einrichtungsgegenstände aus Philipp Joels Bethaus wurden in die neue Synagoge übernommen. Unter der erhöhten »Kanzel« (Almemor[61]) in der Mitte des Raumes befand sich ein Schrank mit einigen »Effecten«, so dem oben erwähnten Vorhang für den Toraschrein sowie »etwas Silberzeug«[62]. Die Pulte wurden später durch Bänke ersetzt.[63] Im wesentlichen dürfte sich das Innere der Synagoge bis auf die Deckenbemalung im Laufe der folgenden Jahrzehnte kaum verändert haben.[64]

Für die Reinigung der Synagoge, das Löschen der Kerzen am Freitagabend[65] und für die Bewachung der Lichter, wenn sie wie z. B. in der »langen Nacht«, der jüdischen Neujahrsnacht, bis zum Morgen brannten[66], wurde eine nichtjüdische Frau angestellt. Im 20. Jahrhundert verrichtete diese Arbeiten ein Hausmeister, der in den ehemaligen Zimmern des Lehrers wohnte.

Die finanzielle Belastung durch die Synagoge wurde von allen Mitgliedern getragen und diese daher zum gemeinsamen Eigentum aller erklärt. Ausgenommen davon war allein Philipp Joel. In der Gemeindeversammlung vom April 1816 im Gasthaus Bartels in der langen

[a] Hausakte Westerreihe 16, Bauordnungsamt Cux. Maschinenschriftliche Ergänzungen nach Aussagen der Zeitzeugen.
[61] Der Almemor ist ein breites Pult, der Toralesung dienend. Soetendorp, J., Symbolik, 1963, S. 103.
[62] AR I Abt. III Fach 2 Vol. C, 7. 10. 1816. – Dieser festliche Vorhang wurde nur zu bestimmten Anlässen aufgehängt, z. B. zum Laubhüttenfest.
[63] Der Zeitpunkt geht aus den Akten nicht hervor.
[64] Siehe Kap. 6.1.
[65] Das Kerzenlöschen gilt als Arbeit, die einem orthodoxen Juden am Sabbat verboten ist.
[66] AR I Abt. III Fach 2 Vol. C, a. a. O.

Straße lehnte er jede Beteiligung an der von ihm nicht gewünschten neuen Synagoge ab.[67] Er sagte sich von der Gemeinde los und zog in das am südwestlichen Rand des Amtes gelegene Gudendorf. Mit dem Bau der gemeinsamen Synagoge wurde der Hauptkonfliktpunkt innerhalb der Gemeinde beseitigt. In den nächsten Jahren herrschte in der Judenschaft gutes Einvernehmen, das auch durch kleinere Streitigkeiten in der Folgezeit nicht wesentlich beeinträchtigt wurde.

Von Anfang an hatten die Ritzebütteler Juden Hauslehrer, die ihren Kindern elementaren Unterricht in Religion und Hebräisch gaben. Oft waren es Talmudstudenten, die sich als Kinderlehrer ihren Lebensunterhalt verdienten.[68] Schon vor 1804 engagierten die Familien in unregelmäßigen Abständen einen gemeinschaftlichen Lehrer, der den Unterricht in der jeweiligen Betstube abhielt.[69] Um diesem ungeregelten Zustand ein Ende zu machen, wurde in den Statuten von 1804 beschlossen, ab Ostern 1805 für die ununterbrochene Anwesenheit eines Schullehrers zu sorgen (Artikel 18).[70] Denn von jetzt an sollte »hauptsächlich darnach gesehen werden, daß die Kinder im Lernen und Erziehung etwas profidiren« (Art. 21).

Bei diesem angestrebten »Lernen und Erziehung« handelte es sich um die Beschäftigung mit Tora und Talmud.[71] Erst durch Abendroths Eingriff mit seinem Dekret von 1819[72] wurde der Unterricht in »profanen« Fächern wie Lesen und Schreiben in deutscher Sprache und Rechnen den jüdischen Kindern zur Pflicht gemacht.

> »Ist der Juden-Lehrer hiezu nicht im Stande, so sollen die Eltern angehalten werden, ihre Kinder in die öffentlichen Schulen zu schicken, wo sie (den Religions-Unterricht ausgenommen) alle Stunden ordentlich zu besuchen haben [. . .].«[73]

Die Einführung der Schulpflicht war in fast allen deutschen Staaten zusammen mit dem Versuch der Berufsumschichtung Teil der angestrebten »Verbesserung« der Juden mit dem Ziel ihrer ökonomischen und kulturellen »Eindeutschung«.[74] Unter den Juden war es nur eine »aufgeklärte« Minderheit[75], die dieses Erziehungsprogramm begrüßte. Die Mehrheit befürchtete dagegen eine »Indoktrinierung« der Kinder, die zur Entfremdung vom Judentum führen könnte.

Eine direkte Stellungnahme der Ritzebütteler Juden liegt nicht vor. Sie widersetzten sich dem Besuch christlicher Schulen nicht, bemühten sich aber zugleich, einen jüdischen Lehrer zu finden, der den neuen Anforderungen entsprach. Das war nicht leicht, da es solche Lehrer unter den Juden zu dieser Zeit kaum gab.[76] Die Ritzebütteler Gemeinde suchte ein Jahr lang, bis sie in Hirsch Moses Kalisky einen jüdischen Lehrer fand, der die Kinder auf »nützliche und zeitgemäße Weise«[77] unterrichten konnte. Dies bescheinigte dem Dreiundzwanzigjährigen, der zuvor ein Jahr in Lehe unterrichtet hatte, Johann Heinrich Dölle, Rektor der Bürgerschule.[78] Dölle mußte den jungen Lehrer »im Auftrag und Bevollmächtigung« Abendroths einer Prüfung unterziehen

---

[67] AR I Abt. III Fach 2 Vol. C, 21. 4. 1816.
[68] Vgl. Jüdisches Leben, Bd. 1, 1976, S. 51.
[69] AR I Abt. III Fach 2 Vol. I, 3. 7. 1800.
[70] AR I Abt. III Fach 2 Vol. C, 1804.
[71] Vgl. Jüdisches Leben, a. a. O., S. 44
[72] AR I Abt. III Fach 2 Vol. B, 6. 10. 1819. – Siehe auch Kapitel 2.4.
[73] AR I Abt. III Fach 2 Vol. B, a. a. O.
[74] Toury, J., Geschichte, 1977, S. 163–167. Er bringt hier eine knappe Zusammenfassung der völlig unterschiedlichen Entwicklung in den deutschen Staaten.
[75] Zur Reaktion der Juden vgl. Toury, a. a. O., S. 163 f.
[76] Vgl. Toury, a. a. O., S. 163 f., und Jeggle, U., Judendörfer, 1969, S. 34 ff.
[77] Das Zeugnis, aus dem im folgenden zitiert wird, befindet sich in AR I Abt. III Fach 2 Vol. I, 6. 12. 1820.
[78] Dölle war erster Rektor der 1810 gegründeten höheren Bürgerschule für Knaben.

»in solchen Kenntnissen und Fähigkeiten, die von uns aus zu dem Unterricht der Is-raëlitischen Jugend gehören sollen. Durch diese Prüfung hat sich ergeben, daß der vorbenannte Kaliski [!] die deutsche und lateinische Hand fertig und gut schreibt, in der Rechenkunst wohl geübt ist (das sogenannte Kopfrechnen ist ihm jedoch fremd) und die deutsche Sprache dergestalt liest, spricht und kennt, daß er die ihm anver-traute Jugend nicht allein darin unterrichten, sondern sich selbst noch fortüben kann und will.«

Kalisky stammte aus Posen und sprach daher Polnisch und Jiddisch, während Deutsch für ihn Fremdsprache war.

Im Januar 1821 besuchten 27 Jungen und Mädchen täglich außer freitags und sonnabends (Sabbat) sieben Stunden die Schule in der Synagoge. Die Schulpflicht begann mit dem voll-endeten siebten Lebensjahr.[79] Der Stundenplan sah folgendermaßen aus[80]:

	9–10	10–11	11–12	2–3	3–4	4–5	5–6 Uhr
Sonntag	Übersetzen	Hebr. Kalli-graphie	Bibel	Religion	Dt. Kalli-graphie	Rechnen	Dt. Lesen
Montag	Übersetzen	Hebr. Kalli-graphie	Bibel	Rechnen	Dt. Kalli-graphie	Hebr. Lesen	Dt. Lesen
Dienstag	Übersetzen	Hebr. Kalli-graphie	Bibel	Rechnen	Dt. Kalli-graphie	Hebr. Lesen	Dt. Lesen
Mittwoch	Übersetzen	Hebr. Kalli-graphie	Bibel	Religion	Dt. Kalli-graphie	Rechnen	Dt. Lesen
Donnerstag	Übersetzen	Hebr. Kalli-graphie	Bibel	Religion	Dt. Kalli-graphie	Rechnen	Dt. Lesen
Freitag	Hebr. Kalli-graphie	Dt. Kalli-graphie	Rechnen				

Bei allem Einfluß, den Abendroth mit seiner Verordnung auf den Stundenplan ausübte, be-wies er zugleich Respekt vor der religiösen Kultur der jüdischen Minderheit. So ließ er zu, daß die Priorität mit 21 Wochenstunden auf den jüdischen Fächern wie Bibelkunde, Über-setzen, Religion und Hebräisch lag, während der Unterricht in den von ihm verordneten Fächern Deutsch und Rechnen nur 17 Stunden einnahm.[81]

In den 30er Jahren machte sich unter den Ritzebütteler Juden eine wachsende Bereitschaft zur Assimilation u. a. dadurch bemerkbar, daß immer mehr Eltern ihre Kinder auf die allge-meinen Schulen schickten. So besuchten zwischen 1838 und 1845 sieben jüdische Mäd-chen die Töchterschule auf dem Vorwerk[82], die neben Rechnen, Schreiben und Lesen auch Geographie, Naturgeschichte, Geschichte und moderne Sprachen anbot.[83] Die Haltung ge-genüber der jüdischen Mädchenbildung hatte sich deutlich gewandelt.[84] Zugleich bahnte

---

[79] Die allgemeine Schulpflicht wurde 1836 im Amt Ritzebüttel eingeführt. Borrmann, H., Daten, [3]1982, S. 69.
[80] AR I Abt. III Fach 2 Vol. I, 1.1.1821.
[81] Vgl. dagegen einen Erlaß des württembergischen evangelischen Konsistoriums von 1825, nach dem Hebräisch als Unterrichtsfach gegenüber Deutsch eindeutig als »Nebensache« zu behandeln war. Jeggle, U., Judendörfer, 1969, S. 124.
[82] Liste der Schulkinder der Mädchenschule in Ritzebüttel 1833–1845, Sta Cux.
[83] Dieckhoff, Gerhard, Von der Töchterschule in Ritzebüttel zum Gymnasium für Mädchen in Cuxhaven. [Cux-haven] o. J., S. 135.
[84] Vgl. Kap. 2.6.

sich zu dieser Zeit die allmähliche Umwandlung der jüdischen Elementarschule in eine reine Religionsschule an.[85]

Mit Kalisky kam Kontinuität in das jüdische Schulwesen in Ritzebüttel. Bevor er seinen Dienst antrat, hatten die Lehrer alle ein bis zwei Jahre gewechselt. Das war auch andernorts üblich, denn die Verhältnisse für Lehrer waren überall unerfreulich sowohl in materieller Hinsicht, als auch was ihre oft der Willkür des Ältesten oder des Vorstehers ausgesetzte Stellung betraf.[86] So mußte es sich z. B. ein Lehrer und Vorsänger um 1800 gefallen lassen, vom Ältesten Joseph Levi »mit den empfindlichsten Scheltwörtern und härtesten Flüchen« bedacht zu werden oder dadurch beschämt zu werden, daß statt seiner »ein armer durchreisender Jude« vor den »Altar«[87] gestellt wurde.[88]

Neben dem Schuldienst fungierte Kalisky seit etwa 1825[89] als »geistlicher Beamter«, d. h. als Rabbiner. Diese Bezeichnung hatte der Hamburger Oberrabbiner Isaak Bernays während seiner Amtszeit ab 1821 eingeführt. Bernays, Mitbegründer der Neo-Orthodoxie[90] und damit der Reformbewegung »in weiterem Sinne« innerhalb des Judentums verbunden, wollte mit dieser Benennung den Unterschied zum alten Rabbinat herausstellen.[91]

1839, mit 40 Jahren, nahm Kalisky Abschied vom Schuldienst, um sich zu verheiraten und als Kaufmann zu etablieren. Er übernahm das Manufakturgeschäft seiner verwitweten Schwiegermutter, so daß ihm keine Zeit blieb, daneben weiter zu unterrichten und regelmäßig den Gottesdienst zu halten. Er blieb aber geistlicher Beamter der Gemeinde und verrichtete weiterhin folgende »geistliche« Handlungen, von jetzt an unentgeltlich:

> »Proclamationen und Copulationen Beschneidungen und an Sabbathen und Festtagen Verrichtungen des Gebets für den Herrn Amtmann alles ohne Einschränkung und ohne Ausnahme, und überdem das Vorsingen an den hohen Festtagen.«[92]

Das Recht zur Kopulation war Kalisky etwa 1825 von Bernays verliehen worden – der einzige Hinweis darauf, daß der Hamburger Oberrabbiner eine gewisse Aufsicht in kultischer Hinsicht über den Ritzebütteler Rabbiner ausübte. Als Gegenleistung für all seine Tätigkeiten wurde Kalisky das Schutzgeld erlassen.[93]

Kalisky gelang es, sich aufgrund seiner menschlichen und fachlichen Qualitäten innerhalb und außerhalb der Gemeinde Anerkennung[94] zu verschaffen und so u. a. die Stellung des Lehrers aufzuwerten. Zu seinem fünfzigjährigen Dienstjubiläum 1870 wurde er für seine Tätigkeit als Lehrer und geistlicher Beamter von der Gemeinde und dem Hamburger Staat geehrt. Auf Veranlassung von Amtsverwalter Werner und Senator Kirchenpauer[95] erhielt er für seine Verdienste einen Portugalöser als Gedenkmünze.[96]

---

[85] Wann die jüdische Elementarschule ganz zu bestehen aufhörte, war nicht festzustellen.

[86] Vgl. z. B. Schieckel, H., Oldenburger Münsterland, II, 1975, S. 64.

[87] AR I Abt. III Fach 2 Vol. I, 3. 7. 1800.

[88] Vgl. auch Trepp, L., Oldenburger Judenschaft, 1973, S. 55.

[89] AR I Abt. III Fach 2 Vol. A, 20. 9. 1839. – Der genaue Zeitpunkt seiner Ernennung ist in den Akten nicht festgehalten.

[90] Die Anhänger der Neo-Orthodoxie blieben den religiösen Fundamenten der Orthodoxie treu, übernahmen aber von der Reformbewegung z. B. die Ersetzung des Hebräischen durch das Deutsche. Encyclopaedia Judaica. Jerusalem. Vol. 12, 1971, Sp. 957.

[91] Graupe, Heinz Mosche, Die Entstehung des modernen Judentums. Hamburg ²1977. (Hamburger Beiträge zur Geschichte der deutschen Juden. 1.) S. 207. Bernays (1792–1849) war einer der ersten akademisch gebildeten Rabbiner in Deutschland. Von den jüdischen Reformern übernahm er z. B. die Predigt in deutscher Sprache.

[92] AR I Abt. III Fach 2 Vol. A, 20. 9. 1839.

[93] AR I Abt. III Fach 2 Vol. A, a. a. O.

[94] Vgl. z. B. Cuxhavener Tageblatt (im folgenden CT) vom 20. 7. 1851 und 9. 11. 1870. – Senat Cl. III Lit. A–E No. 7b Vol. 6 Fasc. 2, 27. 10. 1870.

[95] Charles Anthony Werner, Amtszeit 1868–1891; Gustav Kirchenpauer, Amtmann 1858–1864.

[96] Senat Cl. III Lit. A–E No. 7b Vol. 6 Fasc. 2, 28. 10. 1870. – CT vom 9. 11. 1870.

Kaliskys Nachfolger als Lehrer blieben durchschnittlich jeweils fünf bis sechs Jahre – deutliches Zeichen für die gewandelte Stellung des Lehrers, wie sie durch Kaliskys Wirken geschaffen worden war. Nach seinem Ausscheiden als geistlicher Beamter um 1882/83[97] gelang es jedoch keinem seiner Nachfolger, eine ähnlich zentrale Stellung mit derartig umfassendem Aufgabenbereich einzunehmen.

Abraham Rabbinowitz aus Rußland, der letzte Lehrer und Kantor (Vorbeter und Vorsänger), den die Gemeinde anstellte, fungierte von 1896 bis 1900.[98] Nachdem über die Hälfte der Gemeindemitglieder seit der Gleichstellung abgewandert war[99], lohnte es sich nicht mehr, die Mittel dafür aufzubringen. Hier zeigt sich deutlich, daß die Religion als lebensprägende Kraft ihre zentrale Stellung im jüdischen Kleinstadtleben eingebüßt hatte. Noch 50 Jahre früher hätte die Gemeinde alles daran gesetzt, einen Lehrer, auch bei ähnlich ungünstigen Mitgliederzahlen, einzustellen.[100]

Nach dem Fortgang Rabbinowitz' kamen lediglich zur Vorbereitung auf Bar Mizwa Religionslehrer aus Bremerhaven, Wesermünde oder aus Hamburg. Auch alle anderen kultischen Handlungen, die eines »Spezialisten« bedurften wie z.B. das Schächten und Beschneiden, wurden von anderen Gemeinden aus übernommen.[101]

3.3 Der Friedhof

Neben Synagoge und Schule war der Friedhof »focal point«[102] jüdischen Lebens. In einer Welt, die ganz von der Mehrheit dominiert wurde, repräsentierte er ein Stück Heimat[103] für die Minderheit, zumal wenn er Eigentum der Gemeinde »auf ewige Zeit« war. Nach jüdischem Brauch hat jeder Jude Anrecht auf eine Grabstelle auf ewige Zeit, d.h. das Grab darf weder aufgelassen noch neu belegt werden.[104]

Ausdruck für diese Art von Heimatbindung waren Bestattungen von weit her. So wurden z.B. mehrere Mitglieder der Familie Freudenberg, die in den 60er und 80er Jahren des 19. Jahrhunderts in Dover, Hamburg und Fiume (Rijeka) starben, auf ihrem heimatlichen Friedhof begraben. Noch 1947 ließen Verwandte von den USA aus für Frieda Brady, während der Nazi-Zeit nach New York emigriert und dort gestorben, einen Gedenkstein auf dem Friedhof in Brockeswalde setzen.[105]

1754 erhielt als erster Schutzjude Nathan Abraham von Amtmann Langermann die Erlaubnis, seine verstorbene einjährige Tochter in Brockeswalde[106] zu beerdigen. Am

> »Sonntag frühe um 6 Uhr in aller Stille und in Gegenwart des besagten Juden Knechts und Magd, und des 2^t Schutzjuden David Isaac und dessen Frau und 5 fremder Juden«

wurde das Kind »eingescharrt«. Der Amtmann verpflichtete die Juden, »um die Stelle noch eigenthümlicher zu bemerken einige Nägel in den nächstangelegenen Baum einzuschla-

---

[97] Rep. 83b Nr. 4, Leichenregister, NsStA Stade.
[98] Einwohnermelderegister, Sta Cux.
[99] Siehe Kap. 5. 4.
[100] Siehe Kap. 3. 4.
[101] Siehe Kap. 6. 1.
[102] Cahnman, W. J., Small–Town Jews, 1974, S. 117. – Siehe auch Freimark, Peter, Jüdische Friedhöfe im Hamburger Raum in: Zeitschrift des Vereins für Hamburgische Geschichte. 67 (1981). S. 122.
[103] Cahnman, a. a. O.
[104] Cohn, Gustav. Der jüdische Friedhof. Frankfurt a. M. 1930, S. 5.
[105] Rep. 83b Nr. 4, Leichenregister, NsStA Stade.
[106] Der Brockeswald wurde auf Initiative von Amtmann Brockes aus dem Gehölz Barnhope als eine Art Erholungspark gestaltet. Borrmann, H., Bilder, Teil 1, 1983, S. 114.

gen«[107]. (Ein Baum mit einem alten Nagel darin befindet sich noch heute in der Nordostecke des Friedhofs.) Langermann erhielt einen Louisdor, sein Diener und der Gerichtsbediente je drei Mark für die Beerdigung. Später betrug die Gebühr, die an den Amtmann entrichtet werden mußte, einen Dukaten.[108]

Dies war die erste Bestattung an der Stelle, an der in den folgenden Jahren der Friedhof der Ritzebütteler Juden entstand. Das Gelände, das Langermann den Juden zuwies, befand sich weit außerhalb des Fleckens Ritzebüttel. Der Transport der Leichen dürfte äußerst mühselig gewesen sein, denn noch bis Ende des 19. Jahrhunderts führten dorthin nur unbefestigte Wege, die besonders im Herbst und Winter bei Regenwetter nahezu unpassierbar waren.[109]

Die Abseitslage ist ein für viele jüdische Friedhöfe typisches Merkmal.[110] Sie verweist auf die Randstellung der Minderheit. Diese nahm die weiten Entfernungen hin, denn einerseits war die Gewährung eines Friedhofsgeländes keineswegs überall selbstverständlich[111], andererseits erschien die Abseitslage aus kultischen Gründen[112] akzeptabel.

1797 nahm sich die eben konstituierte Gemeinde des Begräbnisplatzes an. Philipp Joel beantragte im Namen der Judenschaft eine Erlaubnis für die Umfriedung des Platzes auf ihre Kosten. Dies war dringend nötig, denn

> »der Fall ist schon mehr malen gewesen, wie auch Gegenwärtig, daß das Vieh die Begräbniß Stelle so zernichtet, daß man die bloße Leiche sah. Es wäre Schändlich von uns wan wir es abändern konten, und würden es dabey beruhen laßen«.[113]

1818 durfte die Gemeinde den Platz um 30 Fuß ostwärts auf insgesamt 865 m² vergrößern, die dort stehenden Bäume roden und den Friedhof mit Graben und Wall umgeben. Abendroth verordnete zugleich: »Übrigens haben sie zur Ersparung des Raumes ihre Leichen nicht wie bisher unordentlich, sondern alle nebeneinander zu begraben.«[114]

Aus dieser Zeit stammt die noch heute deutlich erkennbare Anlage des Friedhofs. Das Gräberfeld wird durch einen Mittelgang geteilt, von dem aus die Gräberreihen, die teilweise durch Wege erschlossen sind, rechtwinkelig abgehen. Der Eingang befindet sich an der Ostseite. Dorthin führte ein Zufahrtsweg, ebenfalls noch zu erkennen. Eine weitere Vergrößerung wurde 1859 bewilligt[115], aber zunächst doch nicht benötigt – die Abwanderung aus der Gemeinde machte sich bemerkbar. Als die Judenschaft 1883 die Erweiterung doch noch in Anspruch nehmen wollte, wurde ihr dies von Amtsverwalter Werner als unbegründet abgeschlagen.[116]

Die Belegung der Grabstellen erfolgte grob chronologisch von Süden nach Norden. Zum Teil machten Familienangehörige von der Möglichkeit Gebrauch, sich durch rechtzeitigen Kauf von Grabstellen oder von Familiengräbern nebeneinander bestatten zu lassen.[117] Ab 1842 wurden die Grabreihen und Gräber im Leichenregister numeriert aufgeführt.

[107] AR I Abt. III Fach 2 Vol. G, 30.4.1754.
[108] AR I Abt. III Fach 2 Vol. G, 12.4.1883.
[109] Kaemmerer, Gustav, Cuxhaven einst und jetzt in: Cuxhavener Zeitung (im folgenden CZ) vom 9.3.1928.
[110] Vgl. auch die Waldlage der beiden Nachbarfriedhöfe von Cadenberge und Bederkesa. – Aber auch für Süddeutschland ist diese Abseitslage belegt. Grulms, Eva/Kleibl, Bernd, Jüdische Friedhöfe in Nordhessen. Kassel 1984, S. 12.
[111] Asaria, Z., Niedersachsen, 1979, S. 139, führt das Beispiel Lüneburg an.
[112] Freimark, P., Friedhöfe, 1981, S. 117, Anm. 2.
[113] AR I Abt. III Fach 2 Vol. G, 25.8.1797.
[114] AR I Abt. III Fach 2 Vol. G, Dekret vom 11.11.1818.
[115] Siehe Abb. 10.
[116] AR I Abt. III Fach 2 Vol. G, 12.4.1883.
[117] Familie Freudenberg besaß z. B. ein solches Familiengrab. Rep. 83b Nr. 4, Leichenregister, NsStA Stade.

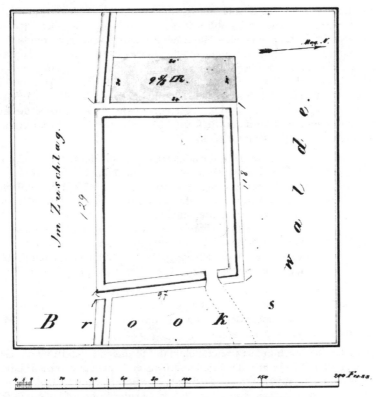

Abb. 10: Lageplan des jüdischen Friedhofs in Brockeswalde 1860[a]

Die Zahlen über die Gesamtbelegung schwanken zwischen ca. 150 und 200 Bestattungen. Erstere Zahl ergibt sich aus dem Leichenregister und aus verstreuten Daten in den Archivalien für die Zeit vor 1816. Nach einer Marginale vom August 1860 wurden aber schon zwischen 1754 und 1860 etwa 150 Beerdigungen durchgeführt.[118] Eine genaue Zahl kann nicht angegeben werden, da für die Zeit vor 1816 keine Register vorliegen.

1938 standen noch mindestens 80 Steine.[119] Der ehemalige Gemeindevorsteher Arthur Gotthelf meinte, sich an 100 Steine erinnern zu können.[120] 58 Steine haben Zerstörung und Diebstahl während der Zeit des Nationalsozialismus überstanden.[121] Die ältesten erhaltenen Grabsteine stammen aus den Jahren 1802 und 1805. Wahrscheinlich gab es schon vor dieser Zeit ältere Steine, die nicht erhalten sind. 1786 wurde ein Stein mit hebräischer Inschrift auf dem Friedhof zerschlagen aufgefunden.[122]

---

[a]   AR I Abt. III Fach 2 Vol. G, 18. 7. 1860.
[118] AR I Abt. III Fach 2 Vol. G, 25. 8. 1860.
[119] CT vom 15. 11. 1938.
[120] Brief von Arthur Gotthelf vom 24./28. 6. 1945, Leo Baeck Institute, New York.
[121] Siehe Kap. 6.3.2. –Drei Steine wurden nach 1945 gesetzt – als Ersatz für gestohlene Steine.
[122] Siehe unten.

Es ist anzunehmen, daß die Steine von einem christlichen Steinmetzen ohne Hebräischkenntnisse angefertigt wurden. Zahlreiche z. T. notdürftig ausgebesserte Schreibfehler sprechen dafür.[123] Vorherrschendes Material ist Sandstein, dominierende Form die Stele mit abgerundeter oder spitz zulaufender Oberkante. Die Steine sind schlicht gehalten. Einige tragen Rauten, Blatt- oder Blütenornamente. Die Abbildung eines Wasserkruges auf dem Grabmal von Jacob Moses Franck, gestorben 1827, symbolisiert seine Zugehörigkeit zu den Nachfahren des Stammes Levi, die als Tempeldiener dem Priester das Wasser zum Händewaschen vor der Erteilung des Segens reichten.[124] Das einzige auffallende Ornament, ein Baum, findet sich auf der Rückseite des Grabsteins für Mariana (auch Marianne) Wolff, geborene Ziltzer, gestorben 1883.

Die Schlichtheit der Steine des 19. Jahrhunderts entsprach der jüdischen Auffassung, daß im Tode vor Gott alle Menschen gleich seien.[125] Hauptsächliches Gestaltungsmittel ist die hebräische und deutsche Beschriftung. Bis zum Ende des 19. Jahrhunderts tragen die Grabsteine der Ritzebütteler Juden bis auf wenige Ausnahmen auf der Vorderseite hebräische und auf der Rückseite schlichte, knappe deutsche Inschriften.[126] Die deutsche Beschriftung der Rückseite – Hinweis auf eine gewisse Assimilation in diesem Bereich – wurde auf den jüdischen Friedhöfen im Hamburger Raum im ersten Drittel des 19. Jahrhunderts üblich.[127] Die Vorderseiten der Steine in Brockeswalde sind nach Süden ausgerichtet, nicht wie eigentlich dem religiösen Brauch entsprechend nach Osten.[128]

Die einzigen auffallenderen Unterschiede bei den Steinen des 19. Jahrhunderts ergeben sich vor allem aus der unterschiedlichen Höhe. Kinder, zuweilen auch Frauen und Arme erhielten niedrige Steine, wohlhabende Männer wie Isaac Abraham Brady und Hirsch Moses Friedmann dagegen relativ hohe Steine.

Seit Beginn des 20. Jahrhunderts zeigt sich in der formalen Gestaltung der Grabmale eine Anpassung an den Stil christlicher Friedhöfe. Dieser Anpassungsprozeß fand in den jüdischen Großstadtgemeinden wie z. B. Frankfurt und Berlin schon im Laufe des 19. Jahrhunderts statt.[129] Jetzt wurde auch auf dem Brockeswalder Friedhof aufwendigeres Material wie Granit und Marmor verwendet, um dem Repräsentationswunsch des jüdischen Bürgertums zu entsprechen. Doch da diese Steine in der Minderzahl sind – zumal ein Teil von ihnen während der NS-Zeit gestohlen wurde[130] –, beeinflussen sie kaum das relativ geschlossene Gesamtbild des Friedhofs, wie er aus dem 19. Jahrhundert überkommen ist.[131] Da er der einzige in diesem Umfang erhaltene jüdische Friedhof im nördlichen Niedersachsen an der Unterelbe ist, handelt es sich um ein wichtiges Denkmal jüdischen Lebens in diesem Raum.

Der Friedhof der Ritzebütteler Gemeinde wurde, obwohl er neben dem Friedhof bei Bederkesa lange Zeit die einzige jüdische Begräbnisstätte im westlichen Unterelberaum war, wegen seiner Randlage nie als Zentralfriedhof genutzt. Diese Funktion hatte eher der Bederkesaer Friedhof im Holzurburger Wald.[132] Hin und wieder baten aber Juden aus umliegenden

---

[123] Für Hinweise zum jüdischen Friedhof in Brockeswalde, insbesondere zu den hebräischen Inschriften, danke ich Pastor Harald Storz, Cuxhaven.

[124] Cohn, G., Friedhof, 1930, S. 47.

[125] Grulms, E./Kleibl, B., Friedhöfe, 1984, S. 11.

[126] Die hebräischen Inschriften scheinen teilweise aussagekräftiger zu sein. An ihrer Übersetzung arbeitet zur Zeit noch Pastor Storz.

[127] Freimark, P., Friedhöfe, 1981, S. 128.

[128] Cohn, a. a. O., S. 42

[129] Cohn, a. a. O., S. 50 f. – Vgl. auch die Abbildung in: Jüdische Friedhöfe in Berlin [Von] Alfred Etzold [u. a.]. Berlin 1987.

[130] Mir liegt ein Foto vor, das zwei dieser heute verschwundenen Steine zeigt. Es handelt sich um Grabsteine für Angehörige der Familie Scharfstein.

[131] Siehe Abb. 11.

[132] Asaria, Z., Niedersachsen, 1979, S. 212.

Abb. 11: Der jüdische Friedhof in Brockeswalde heute

Orten ohne eigenen Friedhof wie Altenbruch, Lüdingworth und Midlum um Bestattung in Brockeswalde.[133]

Die Beerdigungen erfolgten jüdischem Brauch gemäß im allgemeinen innerhalb von 24 Stunden nach dem Tod – ausdrücklich im Judenreglement von 1710 gestattet.[134] Diese Frist wurde allerdings oft überschritten, z. B. wenn der Tod an einem Sabbat eintrat, an dem nicht beerdigt werden durfte. Der Sabbat durfte weder durch Graben oder Tragen entweiht, noch durch Trauer getrübt werden.[135] Sonntags wurden Bestattungen meist am späten Nachmittag durchgeführt, zuweilen aber auch vormittags (die Uhrzeiten sind im Leichenregister teilweise angegeben), obwohl das Judenreglement Beerdigungen erst nach der christlichen Nachmittagspredigt erlaubte.[136]

Friedhofsschändungen vor der NS-Zeit sind nur wenig überliefert. Die entfernte Lage schützte den Friedhof, da der Brockeswald, besonders solange die Wege dorthin unbefestigt waren, nur im Sommer zur Erholung oder zum Vergnügen aufgesucht wurde. Anlaß dafür bot z. B. der »Buschmarkt« mit seinen Buden und Karussells in den Wochen nach dem Johannistag.[137] Die überlieferten Fälle von Schändungen fanden bezeichnenderweise jeweils im Sommer statt.

---

[133] AR I Abt. III Fach 2 Vol. G, 23. 9. 1791 und 8. 10. 1818. – Midlum erhielt erst 1848 einen jüdischen Friedhof. Wippermann, Wolfgang, Jüdisches Leben im Raum Bremerhaven. Bremerhaven 1985. (Veröffentlichungen des Stadtarchivs Bremerhaven. 5.) S. 76.

[134] Sammlung, Teil 2, 1766, S. 387.

[135] Lexikon des Judentums. Gütersloh 1971, Sp. 685.

[136] Sammlung, a. a. O.

[137] Der Markt dauerte zwei Wochen, ab 1878 nur noch acht Tage. AR I Abt. III Fach 3 Vol. D, 2. 6. 1878.

So berichtete Amtmann Matsen (Amtszeit 1784–1788):

>»Bis Johannis 1786 stand auf dem sogenannten Juden Kirchhofe ein Stein aufgerichtet, mit einer hebräischen Inschrift, welchen ich aber am 18 Julii aus Mutwillen ganz zerschlagen, und die Stücke herum geworfen fand. Bey geschehener Nachfrage erhielt ich zur Antwort: es wäre am Johannis Tage eine Menge Leute, wie gewönlich im Walde gewesen, welche diesen Unfug müßten begangen haben.«[138]

Auch im Juli 1829 wurde der Friedhof »zerstört und beschädigt«. Amtmann Hartung erinnerte aus diesem Anlaß daran, daß »geweihte Anlagen dieser Art unter dem besonderen Schutz des Publicums stehen«.[139] Die Schuldigen sollten bestraft werden und Schadenersatz leisten. Weitere Schändungen sind erst aus der Zeit des Nationalsozialismus überliefert. Da die Gemeinde sich nie um einen besonderen Schutz für den Friedhof bemühte – hohe Mauer, Zaun oder abschließbares Tor – ist anzunehmen, daß in der Tat weiter keine gravierenden Schändungen vorgefallen sind.

Immer wieder geriet bei der Gemeinde in Vergessenheit, daß der Friedhof gar nicht ihr Eigentum war, besonders nachdem sie seit 1868 aufgrund des Gesetzes betreffend die Zivilstandsregister[140] keine Beerdigungsgebühr mehr an den Amtsverwalter zu zahlen hatte. Der schärfste Konflikt deswegen fand 1883 zwischen der Gemeinde und Amtsverwalter Werner statt.[141]

Anlaß war die Bitte um Erlaubnis zur Erweiterung des Platzes und Erhöhung der Umwallung. Bei dieser Gelegenheit stellte Werner fest, daß die Abgabe des Dukaten für den Amtmann »offenbar stillschweigend eingeschlafen« sei, wie er der Landherrenschaft sogleich berichtete. Die Gemeindeverwaltung habe die »Naivität«, den Friedhof als ihr Eigentum zu bezeichnen und verkaufe sogar neuerdings die Begräbnisstellen für zehn Mark.

Landherr Kirchenpauer reagierte gelassen auf den vorwurfsvollen Brief von Werner und bat um vollständige Berichterstattung. Die Behauptung der Gemeinde, der Platz gehöre ihr, habe viel für sich, »da der jüdische Ritus bekanntlich ein Grab ›auf ewige Zeiten‹ erheischt, ein Umstand, der hier in den letzten Jahren viel zu schaffen gemacht hat«.[142]

Im Verlauf der weiteren Nachforschungen stellte sich heraus, daß die Gemeinde, was die Eigentumsfrage betraf, in der Tat im Unrecht war. Die Gebühren dagegen hatte ihr seinerzeit Werner selbst erlassen. Der Vorwurf Werners, sein »Amtsantritt [sei] benutzt worden, um die Sache in Vergessenheit gerathen zu lassen«, traf also in keiner Weise zu. Weiterhin stellte sich heraus, daß die Erlassung der Gebühr insofern ein Irrtum gewesen war, als sie gar nicht für die Eintragung in das Zivilstandsregister, sondern für die Benutzung des Platzes entrichtet worden war. Von einer Nachforderung wollte Kirchenpauer aber nichts wissen, sondern drängte vielmehr auf »Ablösung dieser wenig geschmackvollen Zahlungsweise«. Einen möglichen Verkauf des Geländes an die Gemeinde beurteilte er skeptisch, da er der Zustimmung der Bürgerschaft bedurft hätte »und schon deshalb mit großen Weitläufigkeiten verbunden« sei.

Werner schlug nun der Gemeinde vor, einen offiziellen Antrag auf Aufhebung der Leichengebühr zu stellen. Statt dessen sollte in Zukunft drei Mark Rekognition für die Benutzung des Platzes jährlich gezahlt werden.

---

138 Handbuch Amtsführung, Pag. 102.
139 AR I Abt. III Fach 2 Vol. G, 20. 7. 1829.
140 AR I Abt. III Fach 2 Vol. G, 5. 12. 1868.
141 Alle folgenden Einzelheiten finden sich in AR I Abt. III Fach 2 Vol. G, April bis August 1883.
142 Kirchenpauer spielte hier auf den Streit zwischen dem Senat und der jüdischen Gemeinde in Hamburg an. Es ging um den Verkauf eines Friedhofsgeländes in Ohlsdorf, den der Senat auf ewige Zeit nicht zulassen wollte. Vgl. Krohn, H., Hamburg 1848–1918, 1974, S. 130–132.

Doch die Gemeindemitglieder waren erzürnt. Zu bereitwillig hatte Werner ihnen böswilliges Verhalten unterstellt. Sie teilten ihm in einem knappen Schreiben mit, sie sähen sich »nicht in der Lage, die Begründung eines Antrages oder Gesuchs zu motiviren«. Sie seien aber »gerne erbötig Drei Mark pro Anno zu entrichten« und baten darum, »<u>dieses</u> ein für allemal festzustellen«.[143]

Die scharfe Reaktion Werners hierauf ist interessant, zeigt sie doch, daß er Juden nur als Bitt- und Antragsteller akzeptieren konnte, nicht aber als Personen, denen es zustand, Forderungen irgendwelcher Art zu stellen.

Werner schrieb an Kirchenpauer:

> »[...] ich erhielt statt jenes Antrages beil. Schreiben, unter dessen höflicher Form sich eine so charakteristische Unverschämtheit birgt, dass ich meine Vorschläge zurückziehen, es vielmehr jetzt für das einzig angemessene Verfahren halten möchte, die rückständigen Gebühren soweit thunlich einzuziehen. Sollten die Israeliten dann sich eines Besseren besinnen und einen angemessenen Antrag stellen, so wird es ja immer noch Zeit sein ihrer Bitte zu <u>willfahren</u>; dass der Staat <u>Erbietungen annehmen</u> sollte, ist nach Sachlage [...] eine recht starke Zumuthung, die m. E. energisch zurückgewiesen werden sollte.«[144]

Werner war der Meinung, daß Inhalt und Ton des Schreibens durch den »Ruhestörer«[145] Bernhard Isaac Brady geprägt waren, den schon zu dieser Zeit hochgeehrten Geschäftsmann, der sich auf vielfältige Weise politisch und wirtschaftlich im Amt Ritzebüttel engagierte.[146] Weder Kirchenpauer noch die Finanzdeputation in Hamburg (zuständig für finanzielle Belange in Ritzebüttel) konnten jedoch in dem Schreiben der jüdischen Gemeinde »eine Unverschämtheit erblicken«. Die Finanzdeputation beschloß dementsprechend am 31. 7. 1883:

- die Gebühr von einem Dukaten bei Beerdigung eines Juden ist aufgehoben. Eine Nachforderung gibt es nicht
- die Benutzung des Friedhofs wird gegen eine jährliche Rekognition von drei Mark gestattet
- das Eigentumsrecht des Hamburger Staates am Friedhof bleibt bestehen.

Nachdem Werner aus Hamburg Unterstützung versagt blieb, mußte er sich mit der Gemeinde in einem Vertrag gemäß den Beschlüssen der Finanzdeputation einigen. Das geschah am 9., bzw. 12. 8. 1883. In dem Vertrag wurden ferner folgende Punkte festgelegt:

- der Friedhof steht unter öffentlichem Schutz und unter sanitätspolizeilicher Aufsicht
- der Zugang durch einen Fahrweg soll gesichert bleiben
- die Befriedung und Bepflanzung steht ganz im Ermessen der Gemeinde
- die Gemeinde ist verpflichtet, auch fremde Israeliten zu beerdigen gegen dieselbe Gebühr wie Gemeindeangehörige.

Die Auseinandersetzung von 1883 um den Friedhof erscheint typisch für die Lage der Juden in der nachemanzipatorischen Zeit: Einerseits waren sie Bürger eines Rechtsstaates, dessen Organe gegebenenfalls für sie eintraten (hier der Hamburger Senat); andererseits gab es noch immer (oder schon wieder) Vertreter dieses Rechtsstaats, deren antijüdische Ressentiments nicht erlaubten, die Juden als Bürger zu akzeptieren.

Nach 1945 stellte das Cuxhavener Friedhofsamt im Rahmen der Wiedergutmachung das äußere Erscheinungsbild des Friedhofs wieder her, soweit es in der NS-Zeit zerstört wor-

---

[143] Unterstreichung im Original.
[144] Unterstreichungen im Original.
[145] Marginale zum Schreiben vom 11. 7. 1883.
[146] Siehe Kap. 5. 2. 1.

den war. Das Amt ließ die umgestürzten Grabsteine und Zäune aufrichten.[147] Dabei wurde ein Teil der Steine nicht wieder am ursprünglichen Standort aufgestellt – dies ergibt ein Vergleich mit den Lagebezeichnungen der Steine im Leichenregister. Seit 1955 ist die jüdische Gemeinde in Hannover Eigentümerin des Friedhofs.

3.4 Religion und Lebensstil

Die Hinweise in den Ritzebütteler Quellen zum religiösen Brauchtum sind spärlich. Zu den jüdischen Volksbräuchen (hebräisch Minhag) ist gar nichts überliefert. Eher finden sich Belege über die Einhaltung der Mosaischen Gesetze (die Gesetzesbestimmungen aufgrund der fünf Bücher Mose, der Tora) und der Halacha (das religiöse Gesetz, wie es im Talmud niedergelegt ist). Wenn im folgenden von religiösem oder jüdischem Brauchtum gesprochen wird, so sind damit jene Haltungen und Handlungen gemeint, die durch die Vorschriften von Tora und Talmud geprägt sind. In diesem Kapitel kann es also schon wegen der Quellenlage nicht um die vollständige Beschreibung religiösen Brauchtums gehen, zumal zu diesem Thema eine Fülle älterer und neuerer Literatur vorliegt, in der teilweise auch regionale Varianten berücksichtigt werden.[148]

Es sollen hier vielmehr einige Beispiele herausgegriffen werden, die zeigen, wie sich selbst eine so kleine Gemeinde wie die Ritzebütteler, teilweise unter finanziellen Opfern, bemühte, die religiösen Gesetze einzuhalten. Oft war sie dabei auf die kultische Hilfeleistung benachbarter Gemeinden angewiesen. Die Befolgung dieser Gesetze sicherte den Juden bis zur Gleichstellung ihre Identifikationsfindung[149] als andersgläubige Minderheit[150] und trug bei gleichzeitiger großer ökonomischer Flexibilität zweifellos zu ihrem Überleben als Gruppe durch die Jahrhunderte der Diaspora bei.

Die Art und Weise, wie die jeweiligen ökonomischen, politischen und rechtlichen Bedingungen und die Ideologien, Werte und Normen einer Gruppe und deren Umfeld das Alltagsleben prägen, soll mit dem Begriff »Lebensstil« umrissen werden. Der Begriff wurde von Karl-S. Kramer in die Volkskunde eingeführt.[151] Kramer meint damit die »Grundstrukturen des Volkslebens«, d. h. die für den einzelnen und die Gemeinschaft verbindlichen Regeln und Normen, nach denen gelebt wird.[152] Dabei hat Kramer kein ausschließlich passives Verhältnis der Menschen zu diesen »Grundstrukturen« im Sinn, sondern betont die Möglichkeit, aktiv auf die Strukturen zurückzuwirken, sie zu gestalten und zu verändern.[153]

Einen ähnlichen Begriff, nämlich den der »Lebensweise«, benutzt Wolfgang Jacobeit.[154] Anders als für Kramer liegt für Jacobeit der Schwerpunkt dabei auf den ökonomischen

---

[147] CZ vom 2.10.1968.

[148] Z. B. Friedländer, Michael, Die jüdische Religion. Nachdruck von 1936. Basel 1971. – Jüdisches Fest – jüdischer Brauch. Unter Mitw. von Else Rabin hrsg. von Friedrich Thieberger. Nachdruck von 1937. Königstein/Ts. 1979. – Soetendorp, J., Symbolik, 1963. – Trepp, L., Judentum, 1970. – Pollack, H., Folkways, 1971. Pollack geht am ausführlichsten auf Volksbräuche und regionale Varianten ein. – De Vries, S. Ph., Riten, 1981.

[149] Vgl. Viest, Agnes, Identität und Integration. Frankfurt a.M., Bern 1977. S. 20. – Jeggle, U., Judendörfer, 1969, S. 58.

[150] Zum Thema Minderheiten gibt es zahlreiche Analysen. Einen guten Überblick über Definitionen, Typologien und verschiedene Forschungsansätze bringt Heckmann, Friedrich, Minderheiten in: Kölner Zeitschrift für Soziologie und Sozialpsychologie. 30 (1978), S. 761–779.

[151] Kramer, Karl-S., Volksleben im Hochstift Bamberg und im Fürstentum Coburg (1500–1800). Würzburg 1967. (Beiträge zur Volkstumsforschung. 15.) S. 271–283.

[152] Kramer, a.a.O., S. 279.

[153] Kramer, a.a.O., S. 180f.

[154] Jacobeit, Wolfgang, Gedanken zur »Lebensweise« als volkskundliche Forschungskategorie in: In Memoriam António Jorge Dias. Lisboa. Vol. 2, 1974, S. 273–282.

Bedingungen, die die Lebensweise jeweils definieren.[155] Aber auch für ihn enthält der Begriff »Lebensweise« ein »aktives Element«. Trotz Abhängigkeit von den jeweils herrschenden ökonomischen Bedingungen gibt es z. B. für Arbeiter die Möglichkeit aktiver »Veränderung und Überwindung aufgezwungener Arbeits- und Lebensbedingungen«[156].

Gerade am Beispiel der von jeweils äußerst ungünstigen ökonomischen, politischen und rechtlichen Bedingungen abhängigen jüdischen Minderheit wird dieses »aktive Element« augenfällig. Im folgenden verwende ich den Begriff »Lebensstil«, weil er dieses Moment aktiver Lebensgestaltung eher enthält als der Begriff der »Lebensweise«. Für die jüdische Minderheit war es vor allem die Religion, die bis etwa zur Gleichstellung ein partiell selbstbestimmtes Leben in »Kehilla« und »Mischpoche« gewährte. Sie vermittelte Identität, Sinngebung und Wir-Gefühl. Diese herausragende Stellung der Religion »als lebensregelnde Macht«[157] soll uns hier interessieren. Auf die ökonomischen Bedingungen wurde oben[158] eingegangen.

Wichtiger Bestandteil des religiösen Lebens ist die Beschneidung als Zeichen des Bundes zwischen Gott und dem jüdischen Volk.[159] Die Namensgebung für die Mädchen in der Synagoge, auch Einsegnung genannt, hat keine vergleichbare Bedeutung. In der Ritzebütteler Gemeinde waren im Laufe des 19. Jahrhunderts drei eigene Beschneider tätig, nämlich der Kaufmann Samuel Abraham Friedländer (1818–1824), der Lehrer und Rabbiner Hirsch Moses Kalisky (1832–1849) und der Gastwirt Nathan Philipp Freudenberg (1851–1868).[160] Sie alternierten mit Beschneidern aus verschiedenen benachbarten Gemeinden, z. B. aus Uthlede, Altona und Bramstedt. Am häufigsten kamen Beschneider aus Hamburg, besonders in der zweiten Hälfte des 19. Jahrhunderts, nachdem die Abwanderung aus Ritzebüttel die Ausübung der religiösen Gebote immer mehr erschwerte. Im 20. Jahrhundert war die Gemeinde ganz auf Beschneider aus Hamburg angewiesen.

Das andere große Ereignis im Leben der männlichen Juden, Bar Mizwa – die Aufnahme in die Gemeinde mit dem vollendeten 13. Lebensjahr –, überdauerte den Wandel des religiösen Lebens und blieb noch im 20. Jahrhundert eine Selbstverständlichkeit auch für liberale Juden.[161] In Reformgemeinden wurde entsprechend für Mädchen Bat Mizwa eingeführt, ohne daß damit die gleichen religiösen und gemeinderechtlichen Konsequenzen verbunden gewesen wären.

Am Sabbat und an den Feiertagen galt das Gebot der Nichtarbeit. Dazu gehörten auch Tätigkeiten wie das Auslöschen der Lichter (das daher von der christlichen Aufwartefrau übernommen wurde, siehe Kap. 3.2) oder das Schreiben. Unkenntnis und Ungläubigkeit über solche religiösen Gebote verrät die Marginale eines Schreibers im Schloß Ritzebüttel von 1752:

> »Weil sie vorgeben, daß sie heute wegen ihres Oster Festes nicht unterschreiben dürffen so unterschreibe ihre Nahmen Nathan Abraham David Isaack
>
> J. Wilmans.«[162]

---

[155] Zu dem Einwurf, der Begriff »Lebensstil« berge die Gefahr der ahistorischen Anwendung, unabhängig von ökonomischen Bedingungen, siehe Kramer, Karl-S., Gemeinschaft, Volkskultur, Volksleben und Lebensstil in: Volkskultur der Moderne. Utz Jeggle [u. a.] (Hrsg.). Reinbek 1986, S. 431.

[156] Jacobeit, W., Gedanken, 1974, S. 281f.

[157] Graupe, H. M., Entstehung, ²1977, S. 201.

[158] Siehe Kap. 2.3 und 2.4.

[159] Soetendorp, J., Symbolik, 1963, S. 9.

[160] Rep. 83 b Nr. 4, Geburtsregister, NsStA Stade.

[161] Siehe Kap. 6.1.

[162] AR I Abt. III Fach 2 Vol. E, 6. 4. 1752.

Die Geschäfte waren an diesen Tagen geschlossen. Das wachsende Selbstbewußtsein der Juden in den 30er Jahren des 19. Jahrhunderts drückte sich in Zeitungsanzeigen aus, in denen die jeweilige Schließung angekündigt wurde.[163]

Der Synagogenbesuch war am Sabbat und an den Feiertagen laut Statuten Pflicht. Ohne triftigen Grund durfte niemand dem Gottesdienst fernbleiben.[164]

Gerade in kleinen Gemeinden wurde in dieser Hinsicht Druck auf die Gemeindemitglieder ausgeübt, weil sonst das Zustandekommen des Minjan[165], Voraussetzung des Gottesdienstes, gefährdet war. Daß ein solcher Druck auch in Ritzebüttel nötig war, darauf weist der erste Punkt in Abendroths Gottesdienstordnung von 1821 hin, der jede Nötigung hinsichtlich des Gottesdienstbesuches verbot.[166] Offenbar war aber in manchen Bereichen die Einhaltung religiöser Vorschriften nur mit Nötigung zu erreichen. Nach einer harten Arbeitswoche, die man hausierend oder handelnd oft fern von der Familie verbracht hatte, mag es mancher vorgezogen haben, sich am Sabbat auszuruhen, statt die Synagoge zu besuchen – ein kleines, aber sehr konkretes Beispiel für die Einwirkung ökonomischer Bedingungen auf die religiöse Lebensgestaltung.

Auf die Mikwe, das rituelle »Tauchbad zur Reinigung und Heiligung«[167] wurde oben[168] hingewiesen. Frauen mußten das Bad unter anderem am achten Tag nach der Menstruation und am Vorabend ihrer Trauung aufsuchen. Eß- und Küchengeschirr wurde vor dem Gebrauch geweiht, indem die Hausfrau es in das Bad tauchte.[169] Das Tauchbad bestand aus fließendem Wasser, Quell- oder Regenwasser. Dem entsprach die Mikwe in Philipp Joels Haus: Das Wasser dafür wurde dem »Soth« auf seinem Hof entnommen.[170]

Über das Schächten finden sich wenig Belege. Im ganzen Hamburger Raum durften jüdische Schlachter, zumindest im 18. Jahrhundert, nicht selbst schlachten. Sie mußten die Tiere bei einem christlichen Schlachter schächten und ihm dann das koschere Fleisch abkaufen.[171] Auf diese Weise sollten offenbar die Konkurrenzprobleme zwischen christlichen und jüdischen Schlachtern eingegrenzt werden. Nach dem »Schnitt«, dem Durchschneiden der Luft- und Speiseröhre und der Halsader[172] und dem Ausbluten, wurde das Fleisch mit einem Siegel versehen.[173] Die Schächter waren »Fachleute«, vereidigt[174] wahrscheinlich vom Hamburger Oberrabbiner.[175]

Rituale neutralisieren Angst und Unsicherheit, die ständigen Begleiter von Minderheiten, die in einer feindlichen Umgebung leben. Jüdisches Brauchtum bot darüber hinaus Kompensation für das in der Gegenwart so häufig verletzte Selbstwertgefühl. Ein positives Selbstbild konnte aus ihrer Geschichte als »auserwähltes Volk« hergeleitet werden, eine

---

[163] Zum Beispiel ZAR vom 8.4.1838, 19.9.1838, 3.10.1838, 23.5.1849.

[164] AR I Abt. III Fach 2 Vol. C, Statuten von 1804. – Ähnliche Statuten gab es in Bamberg, Düsseldorf und Runkel z.B., Pollack, H., Folkways, 1972, S.148. – Noch 1841 wurde ein solches Statut in Uthlede aufgestellt. Bohmbach, J., Stade, 1977, S.69.

[165] Minjan besteht aus zehn religiös mündigen Männern, die anwesend sein müssen, damit ein Gottesdienst gehalten werden kann.

[166] AR I Abt. III Fach 2 Vol. I, 1821.

[167] Soetendorp, J., Symbolik, 1963, S.39f.

[168] Siehe Kap. 3.2.

[169] De Vries, S.Ph., Riten, 1981, S.168.

[170] AR I Abt. XI Fach 6 D9, 16.7.1803.

[171] AR I Abt. III Fach 2 Vol. E, 22.3.1752.

[172] Soetendorp, a.a.O., S.63.

[173] AR I Abt. III Fach 2 Vol. A, 23.12.1816.

[174] AR I Abt. III Fach 2 Vol. A, a.a.O.

[175] Vgl. auch Statuten der ›Hamburg-Altonaer Gemeinde‹ von 1726 in: Mitteilungen der Gesellschaft für jüdische Volkskunde. 1903. Heft 11, Nr. 1, S.32: demnach wurden die Schächter in Altona unter Zuziehung des Oberrabbiners angestellt.

Geschichte, die im religiösen Brauchtum ständig aktualisiert, ja in vielen Details symbolisch nacherlebt wird.

So erinnert das Passafest (hebräisch Pessach) an die Befreiung aus Ägypten, das Laubhüttenfest (hebräisch Sukkot) an die provisorischen Behausungen während der Wanderung durch die Wüste, der Trauer- und Fastentag Tischa be-Aw an die Zerstörung des Tempels in Jerusalem, das Lichterfest Chanukka an seine Neueinweihung und Purim an einen geplanten Judenpogrom, der, so die Geschichte im Buch Esther, durch die Klugheit und den Mut Esthers verhindert wurde. Demgegenüber schienen die agrarischen Bezüge der religiösen Feste – mit Sukkot war z. B. auch Erntedank und die Bitte um Regen verbunden[176] – für Stadtjuden kaum eine Rolle zu spielen.[177]

Um zu zeigen, wie weit das symbolische Nacherleben geht, seien an dieser Stelle einige Einzelheiten zum Passafest aufgeführt.

»Zum Passamahl gehören folgende Bestandteile, die jeweils symbolische Bedeutung haben: drei ungesäuerte Brote (hebr. Mazzot) als Erinnerung an den übereilten Auszug aus Ägypten, der ein Durchsäuern des Teigs nicht zuließ; vier Becher Wein als Zeichen der Freude über die Befreiung; eine Erdfrucht, wie etwa Petersilie, als Zeichen der kargen Kost in Ägypten; Meerrettich als »Bitterkraut«, als Zeichen des bitteren Leidens in Ägypten; ein Ei als Ersatz für das Festopfer; ein braunes Fruchtmus aus Äpfeln, Nüssen und Gewürzen zur Erinnerung an den Lehm, aus dem in Ägypten Ziegel geformt werden mußten; etwas Salzwasser, zum Gedenken an die Tränen des geknechteten Volkes; und ein gerösteter Lammknochen als Zeichen für das Passalamm, das beim Auszug und später im Tempel zum Passafest geschlachtet wurde, seit der Zerstörung des Tempels aber nicht geschlachtet werden kann.«[178]

Zum Passafest verteilten die Ritzebütteler Gemeindevorsteher regelmäßig die »Osterkuchen« (Mazze) an die Gemeindemitglieder. 1839 bezahlten diese dafür vier Schillinge – Anlaß zu allerlei Klagen der weniger Bemittelten.[179] Inbegriffen waren darin die Kosten für die Mazzot, die die Gemeindearmen und fremde Arme umsonst erhielten. Mazze wurde wahrscheinlich unter Aufsicht der Gemeinde von einem hiesigen Bäcker gebacken, so gegen Ende des 19. Jahrhunderts von Bäcker Suhr in der Norderensteinstraße.[180] Im 20. Jahrhundert bezog man Mazze aus Hamburg.[181]

1799, zwei Jahre nach der offiziellen Gemeindegründung, leistete die Gemeinde sich ein Widderhorn (hebräisch Schofar) und gab dafür mit 24 Mark den bei weitem größten Betrag für kultische Belange in den Jahren 1799/1800 aus.[182] Das Schofar wurde meistens vom Vorsänger an den höchsten Feiertagen, dem Neujahrsfest (hebräisch Rosch ha-Schana) und dem Versöhnungsfest (hebräisch Jom Kippur) geblasen.[183]

In der »langen Nacht« von Jom Kippur[184] ließ man in der Synagoge die Lichter brennen – zur Zeit der teuren Wachskerzen ein Luxus. Die Lichter wurden von dem Ehemann der christ-

---

[176] Was jeder, 1985, S. 74.
[177] Cahnman, W. J., Kleinstadtjuden, 1974, S. 184: für Dorfjuden mag das anders gewesen sein.
[178] Was jeder, a. a. O., S. 141.
[179] AR I Abt. III Fach 2 Vol. C, 9. 3. 1840.
[180] Höpcke, Walter, Ritzebüttels Einwohner seit 1875. Heft 1, 1940–44. Hs. Sta Cux.
[181] Siehe Kap. 6. 1.
[182] AR I Abt. III Fach 2 Vol. I, Copiebuch.
[183] Anlaß und unterschiedliche Deutungen des Blasens werden ausgeführt bei Soetendorp, J., Symbolik, 1963, S. 175 f.
[184] In Süddeutschland wurde Jom Kippur »der lange Tag« genannt. Jüdisches Leben, Bd. 1, 1976, S. 175. – An diesem Tag wird bis Sonnenuntergang gefastet, daher schien der Tag wohl so lang zu sein. Jeggle, U., Judendörfer, 1969, S. 263. – Den Ritzebütteler Juden erschien dagegen offenbar die Nacht, in der das Fasten begann, besonders lang.

lichen Aufwartefrau und einem Juden bewacht. Die ersten Gemeindemitglieder kamen um vier Uhr zum Morgengebet.[185] Am Ende von Jom Kippur erklang wieder das Schofar.

Am fünften Tag nach Jom Kippur beginnt das Laubhüttenfest.[186] Bestandteil des Rituals ist neben Palmen-, Myrten- und Bachweidenzweigen der sogenannte »Paradiesapfel« (hebräisch Etrog), eine Zitrusfrucht. Diese Paradiesäpfel konnte sich im 18. und 19. Jahrhundert nicht jeder Jude leisten. Die Früchte wurden aus Italien über Nürnberg nach Norddeutschland gebracht[187] und waren entsprechend teuer.[188] 1799 gab es in Ritzebüttel nur drei Juden, die für einen »Pardeis Apfel« vier Mark und acht Schillinge ausgeben konnten. Das entsprach damals dem Beitrag in die Gemeindekasse für 36 Wochen.[189]

Im Laufe des 19. Jahrhunderts begann sich der jüdische Lebensstil mehr und mehr zu wandeln. Die aufklärerische jüdische Reformbewegung[190], die auf eine Liberalisierung des religiösen Lebens zielte, und die rechtliche Gleichstellung führten zu einem Prozeß der Anpassung und Akkulturation an den Lebensstil der nichtjüdischen Mehrheit. Die Prägung des jüdischen Lebensstils im Sinne einer »Einheitskultur«[191] ging verloren.

Im Laufe dieses Prozesses wandelte sich zunächst das Gesicht des Synagogengottesdienstes, auch in Ritzebüttel. Über den Bau der Synagoge, der die Gemeinde noch lange Zeit mit Schulden belastete, wurde oben[192] berichtet. Bis zu Beginn des 19. Jahrhunderts gingen Juden mit diesem für sie zentralen Ort völlig anders um als die Christen mit ihren Kirchen. Im Gottesdienst herrschte eine »ungebundene familiäre Atmosphäre«. Häufig sprachen und sangen Vorsänger und Gemeinde durcheinander.[193] Von daher stammt das von Christen geprägte negative Stereotyp: »Es geht zu wie in einer Judenschule.« Vor und nach dem Gottesdienst wurden Tagesereignisse besprochen, auch persönliche Fehden ausgetragen.

1821 erließ Abendroth wegen »ungebührlichen« Verhaltens von Gemeindemitgliedern im Gottesdienst eine Ordnung mit folgenden Hauptpunkten:

- niemand darf zum Besuch des Gottesdienstes genötigt werden
- »Widerspenstige« sollen sofort arretiert und aus der Synagoge geführt werden
- Beschwerden übereinander sollen der Obrigkeit vorgelegt werden
- verantwortlich für die Durchführung der Ordnung ist der Vorsteher.[194]

Solche Versuche, den Gottesdienst »würdiger« zu gestalten, kamen den Bestrebungen der jüdischen Reformbewegung entgegen. Sie führte nach protestantischem Vorbild schließlich auch liturgische Änderungen ein wie Choräle und Predigt in deutscher Sprache.[195] In Ritzebüttel schlug man einen gemäßigten reformerischen Kurs ein. Die Choräle blieben hebräisch, die Predigt wurde in Deutsch gehalten.[196] Die Einführung der deutschen Spra-

---

[185] AR I Abt. III Fach 2 Vol. C, 10. 10. 1816.

[186] Wie man sich eine Laubhütte in einer norddeutschen Kleinstadt im 19. Jahrhundert vorzustellen hat, ist anschaulich dargestellt bei Bartels, Elisabeth, Doch hängt mein ganzes Herz an Dir, Du kleine Stadt. Hermannsburg 1920, S. 203–205.

[187] Die Statuten der drei Gemeinden Altona, Hamburg und Wandsbek. Hrsg. von Heinz Mosche Graupe. Teil 1, Hamburg 1973. (Hamburger Beiträge zur Geschichte der deutschen Juden. 3.) S. 128.

[188] Vgl. auch Grimm, Jacob / Grimm, Wilhelm, Deutsches Wörterbuch. Bd. 4,2, Leipzig 1877, Sp. 2354: »Judenfuhre [...] nannten die fuhrleute den transport der judenäpfel aus Italien und Deutschland, zum ausschmücken der lauberhütten, der schnell geschehen muste und gut bezahlt ward.«

[189] AR I Abt. III Fach 2 Vol. I, 1799.

[190] Zu Ursachen und Verlauf der theologischen Richtungskämpfe zwischen Orthodoxie und Reformjudentum siehe Graupe, H. M., Entstehung, ²1977, S. 200–225.

[191] Jüdisches Leben, Bd. 1, 1976, S. 45.

[192] Siehe Kap. 3.2.

[193] Graupe, a.a.O., S. 203 f.

[194] AR I Abt. III Fach 2 Vol. I, 1821. - Vgl. ähnliche Synagogenordnungen bei Trepp, L., Oldenburger Judenschaft, 1973, S. 104, und Bohmbach, J., Stade, 1977, S. 69–71.

[195] Graupe, a. a. O., S. 204–206. In Hamburg gab es solche Neuerungen ab 1817.

[196] ZAR vom 14. 1. 1846.

che im Gottesdienst war eine Reaktion auf den im außersakralen Raum sich vollziehenden Wandel: Die deutsche Sprache setzte sich im 19. Jahrhundert als Verkehrssprache unter den in Deutschland lebenden Juden durch.[197]

Der Wandel des religiösen Lebensstils lief nicht ohne Probleme ab. Zeitgenössische Biographien berichten, wie Konflikte mit orthodoxeren Gemeindemitgliedern vermieden wurden, indem man auf bestimmte religiöse Gebote zunächst heimlich zu Hause verzichtete. So wurden z. B. aufwendige Reinigungsrituale für Geschirr und Besteck vereinfacht, das Fastengebot heimlich im Hinterzimmer oder in der Waschküche gebrochen, dringende Kunden am Sabbat hinter der offiziell geschlossenen Ladentür empfangen.[198]

Leitbild der Reformer auf jüdischer wie christlicher Seite war der »assimilierte national-liberale Bürger mosaischer Reformkonfession«.[199] Zugunsten dieses Leitbildes trennten sich die assimilationswilligen Juden zuerst von jenen Bräuchen, die von der Umwelt nicht verstanden wurden, als zu fremd, zu exotisch abgelehnt wurden und der Emanzipation daher im Wege standen. Denn mit der Emanzipation und der rechtlichen Gleichstellung sollte der »gute« Jude[200] belohnt werden, der sich »veredelt«[201] hatte, d. h. zur Assimilation bereit war. So stellte man in Ritzebüttel schon in der zweiten Hälfte des 19. Jahrhunderts keine Laubhütten mehr auf, die die Juden in der christlichen Öffentlichkeit zu sehr exponierten.[202]

Kernstücke jüdischer Religion blieben im nichtöffentlichen Raum der Familie bestehen wie z. B. Sabbatfeier, Sederabend (die Feier des Passahmahls), die wichtigsten Speisegesetze, Fastentage, Mesusa.[203] Nach außen zeigte man Anpassungsbereitschaft. Am Sabbat wurde gearbeitet, wenn es sein mußte. Die Befolgung der Speisegesetze schloß eine Tischgemeinschaft mit Christen, z. B. beim Damenkränzchen, nicht völlig aus.[204] Es wurden die jüdischen Feste betont, die zeitlich oder sinngemäß mit christlichen Festen zusammenfielen wie Pessach und Ostern, Sukkot und Erntedankfest, Chanukka und Weihnachten, Purim und Fasching, Beschneidung und Taufe, Bar Mizwa und Konfirmation.

Insgesamt war der Wandel nicht aufzuhalten – die Zahl der zur Zeit der Weimarer Republik noch orthodox lebenden Juden wird auf 15 % geschätzt[205] –, vollzog sich aber ungleichzeitig: im protestantischen Norden im allgemeinen schneller als im katholischen Süden Deutschlands[206], in den Großstädten schneller als auf dem Lande.[207] Zwischen der teilweise völligen Assimilation in der Großstadt mitsamt Weihnachtsbaum und Sonntagsfeier statt Chanukka-Lichtern und Sabbatfeier[208] und der weitgehenden Bewahrung jüdischer Tradition etwa in einem Teil des Landjudentums bis zum Ersten Weltkrieg[209] nahm die Ritzebütteler Kleinstadtgemeinde eine Zwischenstellung ein. »Wir sind nicht orthodox, aber fromm«[210] wurde zum geflügelten Wort für diesen Mittelweg.

---

197 Freimark, Peter, Sprachverhalten und Assimilation in: Saeculum. 31 (1980), S. 240–261. – Siehe auch Kap. 4.5.
198 Jüdisches Leben, Bd. 1, 1976, S. 206, 445, 143, 174.
199 Toury, J., Geschichte, 1977, S. 193.
200 Toury, a.a.O.
201 ZAR vom 14. 1. 1846.
202 Vgl. Jeggle, U., Dorfjuden, 1969, S. 264.
203 Kapsel, die eine kleine Pergamentrolle mit Torastellen enthält. Sie wird am Türpfosten befestigt, um beim Eintritt an die Grundlehren des Judentums zu erinnern. Jüdisches Leben, Bd. 1, a. a. O., S. 482.
204 Siehe Kap. 6.1.
205 Jüdisches Leben, Bd. 2, 1978, S. 46f.
206 Toury, a. a. O., S. 138.
207 Zahlreiche Beispiele für die Ungleichzeitigkeit des Assimilationsprozesses finden sich in den Biographien in: Jüdisches Leben, Bd. 1 und Bd. 2, a. a. O.
208 Toury, a. a. O., S. 140.
209 Jeggle, a. a. O., S. 287.
210 Siehe Kap. 6.1. – Vgl. auch Jüdisches Leben, Bd. 1, a. a. O., S. 206

Reste des religiösen Lebens scheinen Assimilation und Akkulturation getrotzt zu haben. Einige der Cuxhavener Emigranten, die völlig areligiös leben, bereiten dennoch an den Tagen des Passahfestes traditionelle Speisen wie Lokschen und Kugel[211], essen kein Schweinefleisch, fasten wenigstens einmal im Jahr oder bewahren die Mesusa der Eltern auf. Es handelt sich um Überbleibsel des religiösen Lebenstils, »abgesunken« zu persönlichen Vorlieben, Abneigungen und Gewohnheiten.

Im allgemeinen ging die Aufgabe des religiösen Lebensstils nicht einher mit Anleihen bei der christlichen Religion, von Sonntagsruhe und Weihnachtsbaum abgesehen. Dabei handelte es sich bezeichnenderweise um Bräuche, die sich im letzten Drittel des 19. Jahrhunderts zumindest im städtischen Umfeld aus dem rein christlichen Sinnbezug zu lösen begannen.[212] Die eigentliche Akkulturation im Sinne von aktiver Kulturaneignung fand auf anderen Gebieten statt. Kernstücke dieses jüdischen »Eindeutschungsprozesses« bildeten die Übernahme der deutschen Sprache, Erziehung und Bildung und die politische Entwicklung zum deutschen Bürger.[213]

3.5 Armenversorgung

Die jüdischen Gemeinden mußten die Versorgung der Armen aus eigenen Mitteln bestreiten. Weder die christlichen Kirchen noch die jeweilige Obrigkeit sahen sich verpflichtet, dazu beizutragen. In Ritzebüttel wurde vereinzelt armen Juden das Schutzgeld herabgesetzt oder erlassen. Ab 1847 nahm das Nicolai-Armenhaus einige Juden gegen Bezahlung aus der jüdischen Armenkasse auf.[214] Das war alles. Dagegen unterstützten die Juden nicht nur ihre Gemeindearmen und die durchziehenden Betteljuden, sondern trugen über die Landessteuern zur Armenversorgung der Nichtjuden bei. Zusätzlich fielen innergemeindliche Spenden und Bußgelder »halb der kristlichen und halb der Jüdischen Armencasse zu«[215]. Auch schlossen sich die Juden »von keiner Collecte aus«, wie Abendroth anerkennend feststellte.[216]

Zur Armenkasse steuerte jedes männliche Gemeindemitglied in genau festgelegter Höhe bei: Schutzbriefinhaber mußten mehr zahlen als unvergleitete Juden, verheiratete mehr als ledige, vermögende mehr als unvermögende, selbständige Handlungsinhaber mehr als unselbständige Knechte.[217] Ein oder zwei Armenvorsteher sorgten für die Verteilung der Gelder, die zusammen mit den übrigen Gemeindeabgaben eingezogen wurden.

Das »Copie Buch der Armen Caße von der Judengemeinde aus Rüzbütel«[218] ist für die Jahre 1798–1800 überliefert. Daraus geht hervor, daß die Gemeinde in einem Jahr etwa 200 durchziehende Personen mit Schlaf- und Zehrgeld versorgte – für die zwölf zahlenden Gemeindemitglieder eine große Belastung. Jedoch zeigt diese Zahl, daß Ritzebüttel abseits der typischen Durchzugsgebiete für Betteljuden lag. Zum Vergleich: 1790 hatten die 26 jüdischen Haushalte in dem fränkischen Ort Gochsheim zwischen 1500 und 1950 durchziehende Juden zu unterhalten.[219]

---

[211] Siehe Kap. 6.1.
[212] Beispiele für den Sonntag als Tag der »Vergnügungen und Geselligkeit« finden sich in: Von der Kultur der Leute. Hermann Glaser (Hrsg.). Frankfurt a.M., Berlin, Wien 1983, S. 366ff. – Zum Weihnachtsbaum als deutschnationales Symbol seit dem deutsch-französischen Krieg 1870/71 siehe Weber-Kellermann, Ingeborg, Das Weihnachtsfest. Luzern und Frankfurt a.M. 1978, S. 118ff.
[213] Toury, J., Geschichte, 1977, S. 163–210. – Siehe dazu auch Kap. 4.5 und 5.2.
[214] AR I Abt. III Fach 15 Vol. F, 25.9.1847.
[215] AR I Abt. III Fach 2 Vol. C, Statuten vom 17.4.1816.
[216] Handbuch Amtsführung, Pag. 172.
[217] AR I Abt. III Fach 2 Vol. C, Statuten von 1804.
[218] AR I Abt. III Fach 2 Vol. I, 1798–1800.
[219] Schubert, Ernst, Arme Leute, Bettler und Gauner im Franken des 18. Jahrhunderts. Neustadt/A. 1983. (Veröffentlichungen der Gesellschaft für fränkische Geschichte. Reihe 9.26.) S. 169. – Vgl. auch weitere Zahlen bei Jeggle, U., Judendörfer, 1969, S. 48.

Noch um 1800 war ein ganzes Heer dieser armen hausierenden oder bettelnden Juden unterwegs. Ohne Aufenthalts- und Erwerbserlaubnis kamen sie oft genug mit den herrschenden Gesetzen in Konflikt. Die Polizeiakten der Zeit berichten davon.[220] Selbst im entlegenen Ritzebüttel fand sich diese unterste Schicht der jüdischen Minderheit. Hier waren es vor allem Holländer und Polen, denen laut Instruktionen für die Armenvögte[221] zusammen mit fremden Bettlern und »looßem gesindel« der Aufenthalt im Amt verboten war.

Die Armen erhielten Beträge zwischen zwölf Schillingen und drei Mark. Für Kranke wurden darüber hinaus Arzt- und Apothekerkosten übernommen:

»ein Mañ dessen seine Frau hier krank war	10 M 8 ß
do beym abgehn	4 M 12 ß«
»an Apotheker für die kranke Frau	2 M 6 ß«
»Eine krank Frau nach Hamburg geschickt	12 M 8 ß
do für ein Wagen	1 M 8 ß«
»an Doctor bezahlt für die Frau	3 M 12 ß«

usw.[222]

Offenbar gab es selbst innerhalb dieser Ärmsten der Armen eine Art Hierarchie, an deren Spitze die »Jerusalemiten« standen.[223] Diese Juden aus Palästina erhielten wesentlich mehr Geld als die Masse der Bettler. So wurde laut Copiebuch »an ein aus Jeruselam [!]« der vergleichsweise hohe Betrag von 7 Mark 8 Schillingen ausgezahlt.

An Juden, die zum Sabbat oder zu den Feiertagen ins Amt kamen, verteilte man nach dem Gottesdienst sogenannte »Pletten« oder »Speise-Billiets«[224], eine Art »Einquartierungszettel« zur Sabbatmahlzeit in den Familien.[225]

Die größte Belastung für die jüdischen Kleingemeinden entstand durch die Transportkosten für ganze Gruppen meist kranker Juden. Armenversorgung war zwar religiöses Gebot und »Menschen Pflicht«[226] – hier gab es aber Grenzen des finanziell Möglichen. So beschwerten sich die Otterndorfer Juden 1800 beim königlichen Obergericht:

»Es wäre Ihnen sämtlich äußerst unangenehm, und es falle ihnen sehr kostbar, daß die Judenschaft zu Ritzebüttel ihnen zum öfteren gantze Wagen-voll kranker armer Juden auf den Hals schicke, die sie dann nicht nur mit einem Zehr-Pfennig versehen – sondern auch auf ihre Kosten weiter transportieren laßen müßten.«[227]

Die Ritzebütteler wandten sich mit der gleichen Klage an die Juden in Bremerlehe, die ihnen die Transporte schickten, die Bremerleher an die Stoteler und so fort, ohne daß eine Lösung gefunden wurde. Jede Gemeinde versuchte, die teure Last möglichst schnell wieder loszuwerden, und so wurden diese Juden zwischen Bremerlehe, Ritzebüttel, Otterndorf bzw. Neuhaus, Hamburg und Altona sinnlos hin- und hergeschoben. Die Obrigkeit, an die sich die jüdischen Gemeinden um Hilfe wandten, hatte keine konstruktiven Vorschläge beizutragen. Das Zurückschicken der Transporte, hier durch Amtmann Heise angedroht[228], hatte ja schon bei den nichtjüdischen Vaganten und Bettlern nichts weiter bewirkt »als ein gegenseitiges sich Zuschieben sozialer Problemfälle.«[229] Das Problem der

[220] Brandt, H., Stufen, 1981, S. 77.
[221] AR I Abt. I Fach 12 Vol. G, undat., um 1770.
[222] AR I Abt. III Fach 2 Vol. I, Copiebuch 1799.
[223] Vgl. Schubert, E., Leute, 1983, S. 170.
[224] AR I Abt. III Fach 2 Vol. I, undat., ca. Juli 1800 und AR I Abt. III Fach 2 Vol. C, 23. 5. 1815.
[225] Haarbleicher, M. M., Zwei Epochen, 1867, S. 49.
[226] AR I Abt. III Fach 2 Vol. K, 9. 10. 1800.
[227] AR I Abt. III Fach 2 Vol. K, a. a. O.
[228] AR I Abt. III Fach 2 Vol. K, 5. 11. 1800.
[229] Schubert, a. a. O., S. 221.

heimatlosen Armen jüdischer wie christlicher Religion löste sich erst durch den wirtschaftlichen Aufschwung in Europa im 19. Jahrhundert.[230]

Eintragungen zu den Gemeindearmen fehlen im Copiebuch. Offenbar war es Brauch, daß die einzelnen Familien sich um sie kümmerten.[231] Wie groß die Zahl der ansässigen Unterstützungsbedürftigen war, ist daher nicht festzustellen.

Die Gleichstellung 1849 brachte für die Armenversorgung keine Konsequenzen. Auch weiterhin hatten die Juden kein Recht auf Unterstützung aus der staatlichen Armenkasse.[232] Die Vertreter des Hamburger Staates stellten sich zwar theoretisch der Gleichstellung nicht entgegen, aber kosten sollte sie möglichst nichts.[233] Erst 1864, als die jüdischen Gemeinden in Hamburg per Gesetz zu Religionsverbänden mit freiwilliger Mitgliedschaft umgestaltet wurden, änderte sich das:

> »Die Armen- und Krankenpflege, so wie das Armenschulwesen der Israelitischen Gemeinde hört auf ein obligatorisches zu sein. Die erforderlich werdende Unterstützung wird den jüdischen Staatsangehörigen durch die öffentlichen Wohltätigkeits-Anstalten gewährt.«[234]

3.5.1 Der Fall Regine Westphal

Welchen Schwierigkeiten jüdische Arme auch nach der Gleichstellung ausgesetzt waren, macht der Fall der Regine Westphal deutlich, einer Frau, die das mehrfache Handicap als Jüdin, unverheiratete Frau und Arme zu tragen hatte. Zudem war sie krank und galt als unmoralisch und aufsässig.

Es liegt hier der seltene Fall vor, daß die Archivalien[235] detaillierte Angaben zum Schicksal einer Frau enthalten. Der einzige andere Fall, in dem eine Frau über die reine Namensnennung hinaus in den Akten auftaucht, ist der der jüdischen Handelsfrau Blume Levy aus Lüdingworth oder Wanna im Land Hadeln. Sie wurde aktenkundig, weil sie 1820 auf dem Weg zum Markt in Altenwalde ein totes Kind zur Welt brachte, das sie in Brockeswalde auf dem jüdischen Friedhof beerdigen lassen wollte.[236] Daß Frauen in den Archivalien nur vorkommen, wenn sie in irgendeiner Weise von den geltenden Normen abwichen oder den Ämtern Scherereien machten, ist bezeichnend für ihre damalige Lage.[237]

Regine Westphal wurde 1805 als drittes von elf Kindern geboren. Ihr Vater Philipp Joel Westphal war in zweiter Ehe mit Amalie Mendel aus Moisling verheiratet. Westphal betrieb ein ehemals gutgehendes Tapezier- und Möbelgeschäft. Durch seine Streitigkeiten mit der jüdischen Gemeinde und mit einer Reihe von Nichtjuden hatte er sich und seine Familie in eine soziale und wirtschaftliche Randlage gebracht.

Zudem war ein Teil der Kinder kränklich. Zwei der Brüder starben früh. Von den sechs Schwestern heiratete Regine als einzige nicht. Für eine Frau ihrer sozialen Herkunft blieb da nur die Arbeit als Dienstmagd oder Händlerin. Gelernt hatte sie wahrscheinlich nichts, während ihre jüngeren Schwestern immerhin ab 1821 die jüdische Elementarschule besuchen konnten. Mit 18 Jahren ging sie nach Hamburg, wo sie 20 Jahre als Magd in »respec-

---

[230] Die komplexen Ursachen faßt zusammen: Abel, Wilhelm, Massenarmut im vorindustriellen Deutschland. Göttingen 1972, S. 69–74.

[231] AR I Abt. III Fach 2 Vol. I, undat., ca. Juli 1800: »jeder Jude hieselbst [unterhält] die Armen für sich [...]«.

[232] AR I Abt. III Fach 2 Vol. L, Provisorische Verordnung vom 21. 2. 1849.

[233] Siehe Kap. 5.1.

[234] Lindemann, Mary, 140 Jahre Israelitisches Krankenhaus in Hamburg. Hamburg 1981, S. 8.

[235] AR I Abt. III Fach 2 Vol. C. – AR I Abt. III Fach 15 Vol. F. – JG 287.

[236] AR I Abt. III Fach 2 Vol. G, 23. 10. 1820.

[237] Vgl. Wippermann, W., Bremerhaven, 1985, S. 84–91, der ein in mancher Hinsicht ähnlich gelagertes jüdisches Frauenschicksal in der ersten Hälfte des 19. Jahrhunderts nachzeichnet.

tablen Häusern«[238], nach einer anderen Version in Bordellen[239] arbeitete. Offenbar hatte sie den Wunsch, aus der Enge des kleinen Amtes Ritzebüttel auszubrechen. Es sollte ihr nicht gelingen.

Mit etwa 35 Jahren machte sich bei ihr eine allmähliche »Geisteszerrüttung«[240] bemerkbar, die sich in nicht näher bezeichneten »Excessen« ausdrückte[241] – Anlaß für die Hamburger Behörden, sie 1843 in ihre Heimat zurückzuschicken. Um was für eine Krankheit es sich handelte, blieb unklar. Möglicherweise war es eine Folge der Syphilis, an der sie laut Amtsarzt Dr. Schultze früher gelitten hatte.[242] Er zog eine solche Verbindung allerdings nicht. Vielleicht handelte es sich um Hysterie, der klassischen Frauenkrankheit des 19. Jahrhunderts. Einiges würde dafür sprechen: das schubweise Auftreten der Krankheit bei Regine Westphal, die plötzlichen hysterischen Anfälle (»Excesse«), eine depressive Neigung. Nach neuerer Auffassung drückte sich in dieser Krankheit die Unzufriedenheit der Frauen mit der herkömmlichen weiblichen Rolle aus, die im Laufe des 19. Jahrhunderts »immer rigider, immer stereotyper« wurde.[243] An Hysterie erkrankten keineswegs nur Frauen der Mittel- und Oberschicht, sondern auch der unteren Schichten.[244]

Ab 1843 war Regine Westphal nur noch beschränkt arbeitsfähig und lebte daher von der Unterstützung ihrer in Hamburg und Ritzebüttel wohnenden gutgestellten Geschwister. Die jüdische Gemeinde sah sich aus diesem Grunde nicht verpflichtet, etwas zu Regines Unterhalt beizutragen. Sie beklagte sich darüber beim Amtsverwalter Dr. Samuel Samuelson – ohne Erfolg.[245] Die Geschwister hielten sie knapp, zumal sie noch für einen jüngeren Bruder – das andere schwarze Schaf der Familie – aufkommen mußten. Um sie nicht in der Familie zu haben, baute der Bruder Salomon Philipp ihr in Ritzebüttel ein kleines Haus, in dem sie mietfrei wohnen durfte. Außerdem bekam sie im Jahr zwei Fuder Torf, ca. 230 Kilo Kartoffeln, 14 Lot Wolle (reichte genau für ein Paar Strümpfe), Stoff für ein Hemd, ein Paar Lederstiefel und wöchentlich einen Schilling Bargeld.[246] Insgesamt gaben die Geschwister 124 Mark und 4 1/4 Schillinge im Jahr für sie aus. In der Summe waren auch Kosten für das Haus enthalten wie Versicherung, Schornsteinfeger und Zinsen – offenbar hatte der Bruder das Geld zum Hausbau teilweise geliehen. Regine mußte also mit weniger als dem damaligen Existenzminimum auskommen. Zum Vergleich: Um 1848 brauchte eine unverheiratete Person in Altona und Hamburg zwischen 5–7 Mark wöchentlich zur Deckung notwendiger Bedürfnisse.[247] Wenn man die niedrigeren Lebenshaltungskosten in Ritzebüttel berücksichtigt und die Hälfte dessen ansetzt, was in Hamburg zur Bedarfsdeckung benötigt wurde, so kommt man auf 182 Mark für den Mindestbedarf.

An Kleidung u. ä. besaß sie nur das Nötigste: »1 Kissenüberzug, 2 Hemden, 1 Unterbeinkleid, 1 Rock, 3 Paar Strümpfe, 1 Tuch, 1 woll. Jacke, 3 Mützen, 2 Kragen, 2 Klappen, 2 Aermel, 1 Schürze und 1 Paar Gummi-Schuhe« – so lautete die Auflistung ihrer Habe wenige Jahre vor ihrem Tod 1864.[248]

Im Laufe der Jahre entwickelte sich »die Regina«, wie sie allgemein genannt wurde, zu einer der »bekannten Persönlichkeiten des Orts«. Sie war viel auf den Straßen unterwegs. Stets

[238] JG 287, 14. 6. 1843.
[239] AR I Abt. III Fach 15 Vol. F, 20. 10. 1851.
[240] JG, a.a.O.
[241] JG 287, 12. 6. 1843.
[242] AR I Abt. III Fach 15 Vol. F, a. a. O.
[243] Smith-Rosenberg, Carroll, Weibliche Hysterie in: Listen der Ohnmacht. Hrsg. von Claudia Honnegger und Bettina Heintz. Stuttgart 1984, S. 193. Ihre Ausführungen beziehen sich auf die Lage amerikanischer Frauen im 19. Jahrhundert, sind aber in den wesentlichen Zügen auf die europäischen Frauen übertragbar.
[244] Smith-Rosenberg, a.a.O., S. 195.
[245] AR I Abt. III Fach 2 Vol. C, Febr. 1863.
[246] AR I Abt. III Fach 2 Vol. C, 1852.
[247] Kraus, A., Unterschichten, 1965, S. 60.
[248] AR I Abt. III Fach 2 Vol. C, 21. 11. 1864.

trug sie »Feuerkieke und Kaffeepott« in einem Sack bei sich.[249] Die Straßenjugend verfolgte sie mit ihrem Spott.[250] Da Regine sich das nicht gefallen ließ, sondern häufig darüber bei der Polizei Klage führte, war sie den Behörden bald lästig.

In den Augen der Familie, der jüdischen Gemeinde und der Ritzebütteler Amtsverwaltung galt sie als arbeitsscheue (ihre Krankheit wurde im allgemeinen heruntergespielt), aufsässige Herumtreiberin.[251] Mit vereinten Kräften versuchte man, sie »ad dies vitae« in eine Anstalt abzuschieben.[252] Die jüdische Solidarität stieß hier nicht an finanzielle Grenzen. Vielmehr verfuhr man jetzt nach einer Art »Minderheitenräson«. Die Mehrzahl der Ritzebütteler Juden hatte inzwischen den sozialen Aufstieg geschafft und wollte mit dieser Außenseiterin nicht identifiziert werden. Von einer Frau in Regines Lage erwartete man Dankbarkeit, Bescheidenheit und Zurückhaltung. Statt dessen war sie unzufrieden, beklagte sich laut und exponierte sich in der Öffentlichkeit.

1851 versuchte die Familie, Regine im Ritzebütteler Nicolai-Armenhaus unterzubringen. Dies scheiterte jedoch an dem Gutachten Dr. Schultzes, in dem weniger medizinische als moralische Aspekte dominierten. Schultze war entschieden gegen ihre Aufnahme, denn

> »die Westphal ist seit vielen Jahren geisteskrank, bewegt sich in ihren irren Vorstellungen beständig in lasziven und ab[...?] Gedanken und Auffassungen, und giebt dadurch Aergerniß, und ungebildeten Leuten Veranlassung unartige Äusserungen von der Westphal zu provociren. Dabei hat sie früher ein liederliches Leben geführt und aus früherer Zeit erinnere ich mich, aus mit der Hamburger Behörde gepflogenen Verhandlungen, daß sie viele Jahre sich als Magd in den Bordellen Hamburgs aufgehalten«.[253]

Von daher befürchtete er, sie könnte »im Armenhaus den vielen Kindern gefährlich werden«.[254]

In der Folgezeit wurde Regine Westphal zwischen Ritzebüttel und Hamburg hin- und hergeschoben. Mehrfach war sie im Israelitischen Krankenhaus in Hamburg zur Behandlung. Zuletzt wurde sie 1864 aus dem Krankenhaus vorzeitig entlassen, weil sie nachts Bettzeug und Wäsche beschmutzte.[255] Daraufhin brachte die Familie sie mit Hilfe der jüdischen Gemeinde und der Behörden im Hamburger Werk- und Armenhaus unter, aus dem sie nach etwa eineinhalb Monaten fortlief. Es war allgemein bekannt, daß das Werk- und Armenhaus »auf den Gefängnisfuß«[256] eingerichtet war. Kein Wunder, daß Regine es dort nicht aushielt, sondern nach Ritzebüttel zurückging, um selbst über ihr Leben verfügen zu können.

Doch Armut und Krankheit hielten sie auch weiterhin in der Abhängigkeit von Familie, Gemeinde und Behörden. Zuletzt wurde sie 1867 gegen ihren Willen erneut ins Werk- und Armenhaus gebracht, wo sie zwei Wochen später im Alter von 62 Jahren starb. Ob es sich um einen natürlichen Tod oder um Selbstmord handelte, ist den Unterlagen nicht zu entnehmen. Immerhin hatte sie ihrem Bruder gegenüber geäußert, daß sie »lieber einen Schritt thun wolle«, als ins Werk- und Armenhaus zurückzugehen.[257]

Auch die tote Regine wollte man in Ritzebüttel offenbar nicht haben – sie wurde in Hamburg beerdigt.

---

[249] Höpcke, W., Einwohner, Heft 1, 1940–44. Hs. Sta Cux.
[250] AR I Abt. III Fach 2 Vol. C, 9.5.1864.
[251] AR I Abt. III Fach 2 Vol. C, 13.2.1863.
[252] Dies versuchte man ab 1843. JG 287, 14.6.1843.
[253] AR I Abt. III Fach 15 Vol. F, 20.10.1851.
[254] AR I Abt. III Fach 15 Vol. F, a. a. O.
[255] AR I Abt. III Fach 2 Vol. C, 1.6.1864.
[256] AR I Abt. III Fach 2 Vol. C, 3.6.1864.
[257] AR I Abt. III Fach 2 Vol. C, 11.11.1864.

4 Kontakte mit der Umwelt

4.1 Nachbarschaft

Juden wohnten, wie oben dargestellt[1], von Anfang an in enger Nachbarschaft mit den übrigen Ritzebütteler Einwohnern, zunächst als Untermieter mit ihnen unter einem Dach, später als Haus- oder Ladenbesitzer. Auch wohnten ihre christlichen Mägde bei ihnen.[2] Dies war nicht überall in Norddeutschland so. Im katholischen Amt Meppen durften Juden überhaupt keine christlichen Dienstboten beschäftigen[3], geschweige denn mit Christen ein Haus teilen.[4] Dieses enge Zusammenleben verlief weitgehend unproblematisch. Das mag einerseits daran gelegen haben, daß die Ritzebütteler an Fremde, die anders aussahen, sprachen und lebten als sie, einigermaßen gewöhnt waren. Durch den Hafen kamen viele Fremde ins Amt, besonders in die Flecken Ritzebüttel und Cuxhaven, zum Teil auch auf Dauer.

Andererseits spielte der späte Zeitpunkt der jüdischen Ansiedlung eine Rolle. Zu dieser Zeit war das Gettodenken dank der Aufklärung überwunden[5] und der Höhepunkt des extremen, religiös motivierten Judenhasses vorbei, wenn auch antijüdische Vorurteile weiterhin verbreitet blieben.

In Ritzebüttel herrschten also andere Voraussetzungen für das Zusammenleben von Juden und Nichtjuden als in Orten mit einem Getto, einem Judenviertel oder einer Judenstraße. Die Vermischung beider Gruppen durch das Wohnen führte zwar nicht automatisch ein herzliches Verhältnis zueinander herbei – die zahlreichen Auseinandersetzungen auf geschäftlichem Gebiet sprechen eine deutliche Sprache –, aber die Möglichkeit zu alltäglichem Kontakt konnte offenbar »religiöse Gegensätze überbrücken, ohne sie zu beseitigen«.[6]

Konkrete Berührungspunkte gab es genügend, z. B. durch die gemeinsame Nutzung von Hofauffahrten, Toren und Zäunen, Gängen und Tropfenfall zwischen den Häusern, Pumpe, Abtritt, »Miststätte«, Straße und Bürgersteig. Nur im Einzelfall entwickelten sich aus diesen Berührungspunkten Reibungsflächen, die die Nachbarn vor Gericht führten.[7]

Falls es Konflikte auf dem Gebiet der gemeinsamen nachbarschaftlichen Pflichten der Hausbesitzer wie z. B. Reinigung und Unterhaltung der Straße, Gräben und Siele, Hilfeleistung bei Feuer und Erfüllung der Deichlasten (das Stellen eines Mannes für nötige Deicharbeiten) gegeben haben sollte, so wurden diese offenbar untereinander bereinigt. Aktenkundig ist hier nichts geworden. Nur einmal lenkte der Kaufmann Bernhard Isaac Brady die Aufmerksamkeit der Öffentlichkeit per Zeitungsanzeige auf eine solche Auseinandersetzung:

»Rechtfertigung. Das Nichtwegräumen des Eises vor meinem unbewohnten Hause, geschah auf Anordnung des betreffenden Herrn Corporals. Dies zur gefälligen Notiz dem vorlauten Herrn Ankläger; denn Gehorsam ist die erste Bürgerpflicht.«[8]

Mehr von diesem Streit drang nicht nach draußen.

---

[1] Siehe Kap. 2.5.
[2] Siehe z. B. Volkszählung von 1789, AR I Abt. II Fach 11 Vol. C.
[3] Lemmermann, H., Meppen, 1975, S. 2.
[4] Siehe Kap. 2.5.
[5] Goldberg, Kurt, Das Getto der Juden in: Westermanns Monatshefte. 3 (1982), S. 87.
[6] Dickinson, John K., German and Jew, Chicago 1967, S. 12, zitiert bei Cahnman, W.J., Kleinstadtjude, 1974, S. 189.
[7] Siehe Kap. 4.3.
[8] ZAR vom 17.3.1855. Der »Herr Ankläger« konnte nicht ausfindig gemacht werden.

Ein herzliches Nachbarschaftsverhältnis über die gemeinsame Wahrnehmung von Rechten und Pflichten hinaus dürfte eher die Ausnahme gewesen sein. Demonstrative Zeitungsanzeigen von jüdischer Seite deuten darauf hin, wie z. B. die folgende bei einem Wohnungswechsel:

>»Wir können nicht umhin, dem Hrn. Tönnies und Frau beim Verlassen ihres Nebenhauses, für alle freundschaftliche und nachbarliche Gefälligkeit, welche sie uns stets erwiesen, unseren besten Dank abzustatten.

Cuxhaven, den 20. August 1838.
J. Jacobsen und Frau.«[9]

Wäre ein solch freundschaftliches Verhältnis zwischen Juden und Christen die Regel gewesen, hätte sich ein öffentlicher Dank dafür erübrigt. Bis zum Ende des 19. Jahrhunderts gab es Freundschaft in der Kleinstadt fast nur zwischen den Kindern der beiden Konfessionen, Geselligkeit nur unter den Männern. Richard Peycke, Ritzebütteler Kaufmannssohn, beschrieb in seinen Erinnerungen das unbefangene Verhältnis der Kinder zueinander in der zweiten Hälfte des 19. Jahrhunderts:

Es »ergab sich von selber schon durch die nahe Nachbarschaft und den gemeinsamen Schulbesuch, dass schon meine ältesten Geschwister mit den jüdischen Kindern verkehrten, Schularbeiten gemeinsam machten und zusammen spielten. Ostern beschenkten sie uns mit Mazzes, und dann und wann >bröckelten< wir Osterkuchen mit ihnen, und Weihnachten erhielten sie Weihnachtskuchen von uns. Bei der Feier der sog. >langen Nacht< wurden wir auch auf die Empore der kleinen Synagoge geschmuggelt.«[10]

Die Männer, die durch den Beruf zwangsläufig mehr miteinander zu tun hatten als die Frauen, trafen sich im Wirtshaus, im ersten Drittel des 19. Jahrhunderts z. B. in »Bartels Haus«, in der »Harmonie« oder bei Tamm. Daß Juden und Christen dabei oft an einem Tisch saßen, geht aus verschiedenen Quellen hervor, in denen solche Wirtshausrunden als Zeugen bei Streitereien zitiert werden.[11]

Diese Art informeller Geselligkeit war nicht überall selbstverständlich. Zu Beginn des 19. Jahrhunderts z. B. warf der Journalist und Schriftsteller Garlieb Helwig Merkel den »Deutschen« vor, sie machten es den Juden »streitig«, auf den Promenaden oder in den Wirtshäusern zu erscheinen.[12]

Um die Wende vom 18. zum 19. Jahrhundert entstanden nach englischem Vorbild besonders in Kaufmannskreisen Klubs, die der männlichen Geselligkeit dienten.[13] 1809 gründete Amtmann Abendroth einen solchen Klub mit dem damals beliebten Namen »Harmonie« (nicht zu verwechseln mit dem gleichnamigen Gasthaus, das seit 1817 in der Osterreihe existierte). Der Klub bot seinen Mitgliedern im »Gesellschaftszimmer« Gelegenheit zu Konversation und geselligem Beisammensein, im »Lesekabinett« zur Lektüre von Zeitungen und Journalen.[14] Zugelassen waren nur Männer der besseren Kreise, von den jüdischen Einwohnern allein der Kaufmann und Konsul Samuel Abraham Friedländer.[15]

Dieser exklusive Klub wurde von weniger anspruchsvollen »Clubbs« abgelöst, die besonders in den 30er Jahren des 19. Jahrhunderts in Ritzebüttel große Mode waren und eher

---

[9] ZAR vom 22.8.1838.
[10] Peycke, Richard, Meine Lebensgeschichte. Berlin 1933, S. 120. Ms. Sta Cux.
[11] AR I Abt. XII Fach 21 Vol. A, 7.11.1818 und AR I Abt. XII Fach 20 Vol. E Fasc. 7, 9.2.1825.
[12] Merkel, G., Briefe über einige der merkwürdigsten Städte im nördlichen Deutschland. Leipzig, Bd. 1, 1801, S. 38, zitiert bei Freimark, Peter, Eruw/›Judentore‹ in: Judentore, Kuggel, Steuerkonten. [Von] Peter Freimark [u.a.]. Hamburg 1983. (Hamburger Beiträge zur Geschichte der deutschen Juden. 9.) S. 31.
[13] Steinhausen, G., Leben, 1898, S. 101 ff.
[14] AR I Abt. III Fach 7 Vol. H.
[15] Siehe Kap 2.3.1.

stammtischartige Geselligkeit pflegten.[16] Auch hier blieben die christlichen Bürger noch unter sich. Erst gegen Ende des 19. Jahrhunderts wurden Juden zu regelmäßigen Stammtischen eingeladen, so um 1880 jeden Mittwoch- und Sonntagabend bei J.H. Schleyer[17] und um 1900 in Dölles Hotel.[18]

Auch von den anderen geselligen Vergnügungen des Ritzebütteler Bürgertums blieben Juden in der Zeit nach der Gleichstellung zunächst noch ausgeschlossen, etwa von den Bällen in den repräsentativen Gasthäusern »Harmonie« und »Badehaus«, von den Gesellschaften auf dem Schloß beim Amtmann ganz zu schweigen.[19]

Unter Nachbarn duzte man sich schon einmal[20], privat blieb man unter sich. Einladungen zu Familienfeiern oder häuslichen Gesellschaften waren die Ausnahme. Richard Peycke erwähnt eine solche Ausnahme: Ein Mitglied der Familie Brady war bei der silbernen Hochzeit seiner Eltern 1868 zu Gast.[21]

Das Tabu der Mischehe führte auf beiden Seiten zu einer starken Kontrolle freundschaftlicher und sexueller Beziehungen. In den Protokollen der unehelichen Geburten im Amt Ritzebüttel zwischen 1836 und 1866 gibt es kein Kind aus einer christlich-jüdischen Verbindung.[22]

Während Juden also in den eher öffentlichen Bereichen Nachbarschaft, Vereine, Bürgergarde[23] u. ä. spätestens seit der Gleichstellung Eingang fanden, ließ die gesellschaftliche Anerkennung in den kleineren Orten mit ihrer meist traditionsverhafteten Einwohnerschaft länger auf sich warten als in den Großstädten.[24] Hinzu kamen die Jahre der Reaktion nach 1848, die sich auf den Fortschritt im konfessionellen Miteinander hemmend auswirkten. Von den Bällen, Gesellschaften und Familienfeiern, auf denen man präsentierte, was man war und was man hatte (Peyckes Eltern feierten ihre Hochzeit mit 300 Gästen), und die zugleich als Heiratsmarkt fungierten, blieb der Ausschluß der Juden bestehen – in Ritzebüttel bis zu zwei Generationen nach der Gleichstellung.

Diese Distanz wurde nicht nur von den Christen hergestellt und gefördert. Auch von jüdischer Seite verhinderte die Einhaltung der religiösen Gesetze eine Annäherung im privaten Bereich. Die Speisegesetze etwa ließen ein gemeinsames Essen bei Andersgläubigen praktisch nicht zu.[25]

Die Ritzebütteler Juden galten demnach als »gesellschaftsfähig« erst, nachdem sie einen deutlichen sozialen Aufstieg hinter sich hatten und sich in Lebensstil, Sprache und Bildung der Mehrheit angepaßt hatten. Je weniger orthodox die jüdischen Gesetze eingehalten wurden, um so mehr reichten die Kontakte in den privaten Raum beider Konfessionen. Die goldene Hochzeit Emma und Bernhard Isaac Bradys 1901 z. B., an der zahlreiche nicht-jüdische Gäste teilnahmen, machte die nun mögliche Vielfalt und Qualität sozialer Kontakte – zumindest für die wohlhabenden jüdischen Bürger – sichtbar.[26]

---

[16] Siehe z. B. die Anzeigen in ZAR vom 19.9. 1838 und 23.9.1838. – Vgl. auch Reye, H., Schloß, 1983, S. 50.
[17] AR I Abt. III Fach 7 Vol. A, undat., um 1880.
[18] CT vom 3.8.1901.
[19] Einblick in die Geselligkeit des Bürgertums des 19. Jahrhunderts in Ritzebüttel gibt Reye, a.a.O., z. B. S. 25, 32, 40.
[20] Peycke, R., Lebensgeschichte, 1933, S. 120. Ms. Sta Cux.
[21] Peycke, a. a. O., S. 210.
[22] AR I Abt. II Fach 12 Vol. G 1.2. – Auch Wippermann, W., Bremerhaven, 1985, S. 84, stellt den Fall einer Jüdin aus Bederkesa, die Kinder von verschiedenen Nichtjuden hatte, als Ausnahme dar.
[23] Zur Bürgergarde siehe Kap. 5.2.
[24] Toury, J., Geschichte, 1977, S. 119 ff.
[25] Beispiele bei Toury, a. a. O., S. 122.
[26] Siehe den ausführlichen Bericht darüber in Kap. 5.2.

4.2 Beruf und Geschäft

Zwischen den jüdischen Handelsleuten und ihren Kunden im ganzen Amtsgebiet entwickelten sich häufige und regelmäßige Kontakte. Die Figur des jüdischen Händlers und Hausierers, der mit seinen Waren über Land ging oder fuhr, gehörte bis ins 19. Jahrhundert hinein zum ländlichen und kleinstädtischen Alltagsleben. In einem plattdeutschen Kindergedicht unter dem Titel »Kaneeljud« setzte ihr Klaus Groth ein literarisches Denkmal.[27]

Zu den christlichen Konkurrenten im Handels- und Schlachtereigewerbe ergaben sich zwangsläufig Kontakte, die meistens von Konflikten gekennzeichnet waren. Die jüdische Konkurrenz wurde bis in die Voremanzipationszeit hinein hart bekämpft, wobei antijüdische Vorurteile zur Begründung der Angriffe herhalten mußten.[28] Wenn es das Geschäftsinteresse erforderte, wurden die Vorurteile allerdings kurzfristig beiseitegeschoben. Es kam vor, daß dieselben Handelsleute, die eben noch beim Amtmann schwere Vorwürfe gegen die jüdischen Konkurrenten erhoben hatten, kurze Zeit später mit ihnen gemeinsame Sache machten. So unterschrieb der Hutmacher J. F. Glocke z. B. im Juli 1828 das Hetzschreiben gegen den jüdischen Kaufmann H. M. Friedmann.[29] Gegen Ende desselben Jahres verschob er gemeinsam mit Isaac Abraham Brady gestohlenes Bergungsgut nach Hamburg.[30]

Was über den Bereich der nachbarschaftlichen Kontakte gesagt wurde, gilt auch hier: Juden und Nichtjuden standen sich in der Zeit vor der Emanzipation in Ritzebüttel keineswegs als monolithische Blöcke gegenüber. In zwei Fällen kam es sogar zu einer Art Koalition miteinander, als nämlich Konkurrenz von außerhalb die Interessen beider Parteien gefährdete. So verhinderte der jüdische Schlachter I. A. Brady zusammen mit seinen christlichen Kollegen 1814 die Niederlassung des Schlachters Karel Lion in Ritzebüttel, eines Juden, der nach seiner Taufe eine hiesige Christin heiraten wollte.[31] Schon 1799 war Joel Philipp Westphal wie erwähnt als Sprecher der Ritzebütteler Händler und Kaufleute gegenüber dem Amtmann aufgetreten, als es darum ging, fremde Hausierer abzuwehren.[32] Über den aktuellen Anlaß hinaus waren diese Allianzen jedoch nicht von Dauer.

Auch zwischen einzelnen Vertretern der beiden Blöcke wurden die Vorurteile und Berührungsängste zeitweilig soweit abgebaut, daß es zu jüdisch-christlichen Kompaniegeschäften kam. So betrieb Isaac Abraham Brady mit seinem Nachbarn Glocke etwa zwischen 1830 und 1846 einen Knochen-, Eisen- und Kohlenhandel. Das Warenmagazin hinter Glockes Haus hatten sie auf gemeinsame Rechnung gebaut.[33] Dies war die umfangreichste und längste Zusammenarbeit eines jüdischen Geschäftsmannes mit einem nichtjüdischen Partner. Daneben gab es eine Reihe kurzfristiger Zusammenschlüsse, auf die oben hingewiesen wurde.[34]

So sehr die Konkurrenz dagegen ankämpfte – im wirtschaftlichen Leben bildeten die Juden schon bald nach ihrer Niederlassung im Amt ein Potential, mit dem zu rechnen war. Ein anschauliches Beispiel für diese Art der Integration in das wirtschaftliche Alltagsleben der Küstenregion Ritzebüttel ist in den Akten über einen Diebstahl von Bergungsgut überliefert.[35] Im Oktober 1828 strandete das Schiff »Frau Catharina« von Bremen kommend auf

---

[27] Groth, Klaus, Quickborn, Hamburg 1853, S. 142 f.
[28] Beispiele siehe Kap. 2.3. und 2.4.
[29] Siehe Kap. 2.4.
[30] Mehr dazu unten.
[31] AR I Abt. III Fach 2 Vol. E, 31. 3. 1814.
[32] Siehe dazu Kap. 2.3.
[33] AR I Abt. XI Fach 7a Vol. L Fasc. 1. Nr. 238.
[34] Siehe Kap. 2.4.
[35] Alle folgenden Details stammen aus AR I Abt. XII Fach 14 Vol. B 1.

einer Sandbank bei Duhnen. Nach Abschluß der Bergungsarbeiten fehlten von der Ladung rund 1000 Robbenfelle.

In diese Diebstahls- und Hehleraffäre waren Personen aus dem ganzen Amtsgebiet verwickelt: Knechte und Arbeitsleute aus den Dörfern Döse, Duhnen und Stickenbüttel stahlen die Felle bei der Bergung des Schiffes und verkauften sie an kleinere und größere Ankäufer.

Über mehrere Zwischenhändler gelangte schließlich der Großteil der Felle in die Hände der Kaufleute Brady und Glocke im Flecken Ritzebüttel. Dank ihrer guten Beziehungen nach Hamburg konnten sie die Ware dorthin verkaufen, lange bevor die Polizei die Angelegenheit untersuchte. Juden waren an diesem typischen Fall von Küstenkriminalität wie selbstverständlich beteiligt, wenn auch keineswegs in herausragender Weise, wie es dem Vorurteil vom stehlenden und hehlenden Juden entsprochen hätte. Außer Isaac Abraham Brady und Sohn Ahron hatten sich noch zwei Juden als kleinere Aufkäufer betätigt.

Auf eine andere Zusammenarbeit von jüdischen und nichtjüdischen Handelsleuten wurde schon oben mehrfach hingewiesen: Während der französischen Besatzungszeit versorgten jüdische Kaufleute die französischen Truppen in den Kantonen Ritzebüttel, Otterndorf und Neuhaus mit Lebensmitteln, Feuerung und Bier und Branntwein. Ein Teil der Waren stammte von nichtjüdischen Lieferanten.[36]

Man lieh sich von jüdischen Kaufleuten Geld. Selbst die evangelischen Kirchen in Groden und Ritzebüttel griffen auf deren Kapital zurück. Das Ritzebütteler Kirchenschuldbuch für 1829 verzeichnet 1000 Louisdor Schulden bei Samuel Abraham Friedländer[37], das Grodener »Kirchen Capitalien«-Buch für 1832 und 1839 Schulden bei Hirsch Moses Friedmann in Höhe von 1250 Louisdor und 1000 Mark.[38] Aber Juden waren keineswegs die einzigen Geldverleiher. Anders als auf dem Lande, wo oft außer den jüdischen Händlern niemand größere Bargeldsummen besaß[39], gab es im städtisch geprägten Flecken eine große Zahl christlicher Kreditgeber. Von ihnen liehen wiederum auch Juden Geld. Marx Heymann Schwabe, um 1841 in Geldnöten, lieh z. B. je 1000 Mark von der Witwe Daniel Christian Vorraths und von Georg Christian Wessels (Kaufleute), 800 Mark von Postmeister Johann Wilhelm Oelkers und 2000 Mark vom Arzt Dr. Nicolaus Christian Luis.[40] Der Zinssatz, gleich ob von jüdischer oder christlicher Seite erhoben, betrug zwischen 4 und 5%. Von jüdischem Wucher konnte keine Rede sein.

Gemeinsam mit nichtjüdischen Ritzebüttelern erwarben die Juden »Bade-Paket-Aktien«[41], mit denen 1816 die Einrichtungen des Cuxhavener Seebades finanziert wurden. Als 1881/82 die »Cuxhavener Seebad-Actiengesellschaft« gegründet wurde, waren ebenfalls jüdische Aktionäre dabei[42], ebenso wie bei der »Cuxhavener Eisenbahn-, Dampfschiff- und Hafen-Actien-Gesellschaft« ab 1876.[43]

Die kleine Zahl der wohlhabenderen Juden fungierte schon seit den 20er Jahren des 19.Jahrhunderts als Bürgen für Käufer von mit Schulden belasteten Grundstücken aus Konkursen. 1827 z. B. bürgte Isaac Abraham Brady zusammen mit dem christlichen Kaufmann Caspar Ludwig Jäger für den Postmeister Johann Wilhelm Oelkers, 1832 Marx Heymann Schwabe mit Schultheiß Hans Jürgen Wächter für Andreas Heinrich Schnacken-

---

[36] Siehe Kap. 2.3 und 2.3.1.
[37] AR I Abt. VI Fach 6 Vol. B.
[38] AR I Abt. VI Fach 6 Vol. B und AR I Abt. X Fach 7 Vol. D Fasc. 4.
[39] Cahnman, W.J., Kleinstadtjude, 1974, S. 171 und 188.
[40] AR I Abt. XI Fach 5 Konvolut 1, 20.9.1841 und 30.1.1845.
[41] AR I Abt. XI Fach 5 Konvolut 1, 30.6.1827.
[42] AR I Abt. III Fach 8 Vol. H.
[43] AR I Abt. III Fach 3 Vol. M Bd. 1.

berg (Bäcker?), 1833 Samuel Jacobsen mit Kaufmann M. H. Hey für den Tischler und Holzhändler Johann Jürgen Dürels. Umgekehrt bürgten Christen für Juden, so etwa Peter Nicolaus Holl 1858 für Bernhard Isaac Brady.[44]

Schließlich hatten Juden und Nichtjuden, wenn auch vorwiegend im häuslichen Bereich, als Arbeitgeber und -nehmer miteinander zu tun. Bis in die NS-Zeit hinein arbeiteten christliche Mägde bzw. weibliche Dienstboten in jüdischen Familien. 1820 waren z. B. insgesamt zwölf Mägde in den 18 Schutzjudenfamilien angestellt.[45] In der Synagoge beschäftigte die Gemeinde eine christliche Aufwartefrau und einen Hausmeister. Auf diese Weise konnten Arbeiten ausgeführt werden, die am Sabbat oder an den jüdischen Feiertagen den Juden aus religiösen Gründen verboten waren wie Feuer machen, Kochen, Kerzen auslöschen u. ä. Hin und wieder gab es christliche Gesellen bei jüdischen Schlachtern. So blieb Nicolaus Pape aus Osterbruch von 1833 bis 1840 bei Isaac Abraham Brady. Auch dessen Sohn Julius Ahron Brady arbeitete gegen Ende des 19. Jahrhunderts mit einem christlichen Gesellen.[46]

Im Geschäftsleben waren die Ritzebütteler Juden also wesentlich früher integriert als etwa im gesellschaftlichen Bereich. Die zahlreichen vergeblichen Versuche der christlichen Handelsleute, sie aus dem Amt oder aus einzelnen Branchen zu vertreiben, darf man als Beweis für eine solche Integration werten. Der Grund dafür liegt auf der Hand: In der Wirtschaft folgte man wirtschaftlichen Gesetzen. Wenn es um wirtschaftliche Vorteile ging, war die christliche Seite am ehesten bereit, sich von antijüdischen Vorurteilen zu trennen. Die Kunden schätzten die billigen Waren der Juden, ihre Mobilität und Flexibilität, ihre Bereitschaft zum Risiko. So entwickelten sich trotz aller Kämpfe gegen die jüdische Konkurrenz, ja zeitgleich mit ihnen, vielfältige Verbindungen zwischen den jüdischen Handelsleuten, ihren christlichen Kunden und Konkurrenten.

4.3   Rechtliche Auseinandersetzungen

Juden und Nichtjuden begegneten sich hin und wieder als Kläger bzw. »Beklagte« vor Gericht, bei außergerichtlichen Verfahren vor dem Amtmann. Das Gericht bestand aus dem Amtmann, dem Amts-Aktuar und zwei Beisitzern; außergerichtliche Fälle wie Streit unter Nachbarn u. ä. wurden vom Amtmann allein geschlichtet.[47] Die Mehrzahl dieser im Amtsarchiv überlieferten Prozesse fand in der Zeit vor der Emanzipation statt. Im wesentlichen handelte es sich um zivilrechtliche Sachen, z. B. Streitigkeiten unter Nachbarn (Johann Jürgen Dürels gegen Philipp Joel Westphal 1806 wegen der gemeinschaftlichen Benutzung der Pumpe im Hof[48]) und unter Käufern und Verkäufern im Zusammenhang mit der Veräußerung von Grundstücken oder Häusern (Westphal gegen Witwe Lorenz Bauer 1811 ff. und 1815/16 ff.; Johann Junge gegen Hirsch Moses Friedmann 1814[49]; der Gastwirt Nathan Freudenburg gegen den Lotsen C. Kröger 1857[50]).

Ein weiterer Komplex von Prozessen betraf die Schulden, die nach dem Abzug der französischen Truppen 1814/1815 den jüdischen Lieferanten, hier besonders Isaac Abraham Brady, bei ihren jüdischen und nichtjüdischen Zulieferern geblieben waren.[51] Diese Verfahren entstanden also aus der exponierten Stellung einiger jüdischer Kaufleute als Truppenlieferanten 1803 bis 1813.

---

[44]   AR I Abt. XI Fach 5 Konvolut 1.
[45]   AR I Abt. III Fach 2 Vol. C, 16.11.1820.
[46]   AR I Abt. III Fach 6 Vol. B Fasc. 2, 16.10.1840 und undat., um 1880.
[47]   Abendroth, A.A., Ritzebüttel, Teil 1, 1982, S. 45 und 47.
[48]   AR I Abt. XI Fach 6 D9.
[49]   AR I Abt. XI Fach 6 J1 und J2.
[50]   AR I Abt. XI Fach 6 Lit. F 13.
[51]   AR I Abt. VII Fach 12 Vol. E Fasc. 1. – AR I Abt. XI Fach 6 M1, S1 und S2.

Bei den wenigen strafrechtlichen Fällen ging es um Diebstahl und Hehlerei – die Robbenfell-affäre wurde oben erwähnt[52] –, um unerlaubtes Glücksspiel[53], kleinere Zollvergehen[54], Nichtstellen von Leuten für den Handdienst und Beleidigung von Amtspersonen.[55]

Bemerkenswert ist, daß in keinem dieser Prozesse die Juden als Juden offen oder versteckt diffamiert wurden. Ihre jüdische Identität spielte hier im Gegensatz zu den Klagen der christlichen Kaufleute über die jüdische Konkurrenz beim jeweiligen Amtmann keine Rolle. Das lag wahrscheinlich daran, daß sich in diesen Prozessen zwei Individuen gegenüberstanden, denen es um ganz konkrete Vorwürfe ging. Es gab keinen Grund, die pauschalen und realitätsfernen Vorurteile heranzuziehen. Sie hätten den stets sachlichen und genauen Befragungen des Gerichts auch wohl nicht standhalten können.[56] Die pauschalen Angriffe der Kaufleute dagegen galten im allgemeinen der ganzen Gruppe der Juden, der man selten etwas Konkretes anhängen konnte, sondern deren Anwesenheit und Existenz schlechthin bekämpft wurde.

Dabei gingen die Prozeßgegner keineswegs immer sanft miteinander um. Walter S. Bridge, englischer Kaufmann und »Königl. Großbrittannischer Vice-Konsul«[57] unterstellte seinem Kontrahenten Westphal durch seinen Anwalt Hans Adam Duwe 1815, ihm »auf die infam-ste Art den Beutel leeren zu wollen«, ein »schändliches Complott« gegen ihn angezettelt und ihn in die »fameuseste Prellungsgeschichte« verwickelt zu haben. Westphal kreidete diese Beschimpfungen offenbar eher dem Anwalt als dessen Mandanten an. Er revanchierte sich, indem er in ein Fenster seines Hauses, das dem Duwes genau gegenüberlag, ein Schild stellte. Auf diesem Schild machte er sich in Wort und Bild mit Bibelzitaten u. ä. über Duwe und dessen familiäre Verhältnisse lustig.[58]

Duwe, der in mehreren Prozessen Westphals Gegner vertrat (z. B. Dürels 1806, Witwe Bauer 1811–1816 und Bridge 1815–1816), neigte deutlich zu unsachlichen Äußerungen. Dafür gab es einen konkreten Grund: 1813 hatte er sich von Westphal mit zwei Louisdor bestechen lassen, einen bestimmten Klienten abzuweisen. Später mußte er erfahren, daß ihm dadurch ein einträglicher Prozeß entgangen war.[59] Aber auch Duwe enthielt sich offen-bar antijüdischer Bemerkungen. Bei ihm sind allerdings am ehesten versteckte Vorurteile zu finden. So unterstellte er Westphal Zudringlichkeit und Berechnung, Eigenschaften, die das Vorurteil dem jüdischen Geschäftsgebaren zuschrieb.

In den wenigen Fällen, in denen Juden sich gegen Amtspersonen zu behaupten hatten, ver-liefen die Prozesse in sachlicher Atmosphäre. Zweimal ging es um die Beleidigung eines Korporals (Ortsvorsteher), 1825 durch Joel Lion Samson, 1837 durch Philipp Joel West-phal.[60] Samson verteidigte sich nicht ungeschickt. Er hatte im angetrunkenen Zustand im Wirtshaus Tamm den Korporal Willweber und dessen Korporalschaft als »Banditenbande« beschimpft. Vor Gericht entschuldigte sich Samson bei dem Korporal, so er ihn »durch seine Reden beleidigt habe«. Zugleich umging er es aber, die konkreten Schimpfworte zu-rückzunehmen, da er sich angeblich nicht mehr an sie erinnern konnte, »und wenn er schwö-ren solle«. Im übrigen »würde er gewiß nichts Unrechtes gesprochen haben, wenn ihn die Anwesenden nicht durch Neckereien gereizt hätten«.[61] Diese Darstellung blieb unwider-sprochen.

---

52 Siehe Kap. 4.2.
53 AR I Abt. IV Fach 11 Vol. F, 1835.
54 AR I Abt. II Fach 7 Vol. F, 1823.
55 AR I Abt. XII Fach 20 Vol. E, Fasc. 7, 1825 und Fasc. 8, 1837.
56 Wörtliche Protokolle von Befragungen des Klägers, des Angeklagten und der Zeugen befinden sich z. B. in den Prozeßakten Westphal gegen Bridge, AR I Abt. XI Fach 6 J2.
57 Adreßbuch 1807.
58 AR I Abt. XI Fach 6 J2, 30.8.1815 und 6.2.1816.
59 AR I Abt. XI Fach 6 J 2, 6.2.1816.
60 AR I Abt. XII Fach 20 Vol. E, Fasc. 7, 1825 und Fasc. 8, 1837.
61 AR I Abt. XII Fach 20 Vol. E, Fasc. 7, 9.2.1825.

Die Juden, ganz gleich ob in der Rolle des Klägers oder des »Beklagten«, traten selbstbewußt auf. Zweifellos stützten sie sich auf das auch den Schutzjuden verbriefte Recht, »in vorkommenden Fällen rechtliche Hülfe sich zu getrösten haben«[62]. Aus Erfahrung wußten sie, daß diese Hilfe ihnen tatsächlich gewährt wurde.

4.3.1 Der Querulant Philipp Joel Westphal

Immer wieder findet sich der Name Philipp Joel Westphal im Zusammenhang mit Prozessen und internen Konflikten zwischen den Gemeindemitgliedern. Wer war dieser streitbare Mann?

Er wurde 1767 in Herford in Westfalen geboren – daher die Wahl des Familiennamens Westphal. Über seine Herkunft weiß man mehr als etwa über die Samuel Abraham Friedländers, denn Philipp Joel hatte einen bekannten Bruder, der in der einschlägigen Literatur öfter behandelt wurde. Dieser Bruder, Salomon Joel Herford, war der wohl bedeutendste Hofjude im Fürstentum Lippe-Detmold.[63] Der Vater der beiden Brüder, der Kaufmann Joel Philipp, stammte aus einer »alten westfälischen Familie« in Minden. Der Urgroßvater hatte dort seit 1668 als Schutzjude gelebt.[64]

1791 kam Philipp Joel Westphal von Lehe aus nach Ritzebüttel zusammen mit seiner ersten Frau und seinem Schwiegervater Abraham Lazarus. Nach dem Tode seiner Frau heiratete Westphal um 1804 Amalie Mendel aus Moisling. Das Paar bekam neun Kinder. Dazu waren die beiden Töchter aus der ersten Ehe zu versorgen.

Westphal handelte zunächst mit allerlei Waren, u. a. mit »Oel und dergleichen«[65]. Spätestens seit 1800 verkaufte er sowohl im mobilen Handel über Land als auch in einer Bude am Haus.[66] Die Haupteinnahmen brachte seine Tapezier- und Möbelhandlung. Daneben nahm er Gelegenheitsgeschäfte wahr, wo immer sie sich boten. Seine Geschäfte gingen zunächst gut. Nach der Höhe der von ihm zu zahlenden gemeindeinternen Vermögenssteuer von 1816 gehörte er gesellschaftlich gesehen zu dieser Zeit zum oberen Drittel der Ritzebütteler Juden.[67] Einige Gegenstände in seinem Besitz deuteten auf Wohlstand und auf den Wunsch zu zeigen, was er hatte: zwei Taschenuhren, eine mit Silber beschlagene Tabakspfeife, eine silberne Tabaksdose und zwei Paar silberne Schuhschnallen.[68]

Nach 1816 ging es mit seinem Geschäft bergab. Es ist anzunehmen, daß die Prozesse, in die Westphal bis 1816 verwickelt war, ihn teilweise teuer zu stehen kamen. (Die Urteile befinden sich nicht bei den Akten.) Nach dem großen Streit mit der Gemeinde im selben Jahr und dem Umzug nach Gudendorf hatte die Familie von seinem »nicht bedeutenden Verdienst«[69] zu leben. Zudem waren die Kinder häufig krank. Westphals wirtschaftliche Verhältnisse blieben auch nach der Rückkehr in sein Haus in der Nordersteinstraße 161 um 1828 bescheiden. Mit 66 Jahren zog er sich aus dem Geschäftsleben zurück. Von einem

---

[62] Text des Schutzbriefes, z. B. in AR I Abt. III Fach 2 Vol. A, 25.4.1750.
[63] Vgl. Schnee, H., Hoffinanz, Bd 3, 1955, S. 111. – Brilling, Bernhard, Die ältesten Grabsteine des jüdischen Friedhofs von Herford 1680–1808 in: Herforder Jahrbuch. 6 (1965), S. 46. Ein Irrtum ist Brilling bei Philipp Joel (Westphal) unterlaufen, den er als Schutzjude in Lübbecke anführt. – Toury, J., Eintritt, 1972, S. 19. – Guenter, M., Lippe, 1973, S. 68, 110–113, 165–167.
[64] Brilling, B., a.a.O., S. 45.
[65] AR I Abt. III Fach 2 Vol. A, Aug. 1800.
[66] AR I Abt. III Fach 2 Vol. A, 9.9.1800.
[67] Vgl. Kap. 2.3.
[68] AR I Abt. III Fach 2 Vol. A, 11.9.1800.
[69] JG 287, 17.3.1822.

Augenleiden war schon 1816[70] die Rede gewesen. Sein ältester Sohn Heinemann (Heinrich) führte das Geschäft ab 1833 weiter und unterhielt den Vater.[71]

Westphal spielte in der Gemeinde bis 1816 eine führende Rolle. Er war mindestens einmal Vorsteher.[72] Ab 1800 stellte er in seinem Haus Betstube und Bad zur Verfügung. 1806 baute er auf seinem Hof ein Bethaus mit Bad und Schulstube.[73]

1811 kam es zum ersten großen Streit mit Westphal, als er die bisherige Miete von 13 Pistolen (195 Courantmark) durch eine Badgebühr ersetzen wollte, die für jede Frau pro Bad 3 Mark betragen sollte. Auf diese Weise hätte er eine jährliche Einnahme von 25 bis 30 Pistolen gehabt.[74] Die Gemeinde fühlte sich geprellt und kündigte den Kontrakt mit Westphal. Man warf ihm außerdem Streitsucht und anmaßendes Verhalten vor. Schon 1800 hatte Joseph Levi ihm vorgehalten, er sei »der Streitsüchtigste unter der ganzen Judenschaft und will wie er glaubt alles auf preußische (vielleicht Militair Fuß) hier reguliren«.[75]

Nachdem man zwischen 1814 und 1816 noch einmal zu einem Kompromiß miteinander gefunden hatte, kam es 1816 zum endgültigen Bruch. Die Gemeinde plante den Bau einer gemeindeeigenen Synagoge. Westphal lehnte jede Beteiligung daran ab und sagte sich von der Gemeinde los.

Diese Konflikte mit der Gemeinde wurden nicht durch äußere ungünstige Umstände, mit denen die Juden als Minderheit zu kämpfen hatten, verursacht, sondern allein durch Westphals Charakterstruktur – er war zweifellos ein Machtmensch, der sich und seine Rolle überschätzte, ohne rechtes Feld zur Befriedigung seines Ehrgeizes, ein Querulant. Noch 1818 sprach er in einem Brief an Amtmann Abendroth von der Gemeinde als von »meinen Mitgliedern« und bezeichnete sich als »emaliger Bevolmächtigter der Christlichen Handlung«[76] – diese Funktion hatte er vor 19 Jahren in einer einmaligen Situation gehabt.

Wäre er realitätsbezogener und selbstkritischer gewesen, vielleicht hätte ihm eine ähnliche Karriere offengestanden wie die seines Bruders. Denn er verfügte über Durchsetzungsvermögen, Energie, Redegewandtheit, Witz und »eine Stirn«, so bescheinigte ihm einer seiner Feinde, der Rechtsanwalt Duwe, »die zu vielem fähig« war.[77] Nicht umsonst hatten ihn die Handelsleute 1799 zu ihrem Wortführer gegenüber der Obrigkeit gemacht, und nicht umsonst hatte er in der Gemeinde ca. 20 Jahre eine führende Rolle spielen können.

Zwischen 1800 und 1816 war Westphal mindestens in sieben Prozesse mit Nichtjuden verwickelt. Zum einen ging es um Konflikte, die sich durch benachbartes Wohnen ergaben wie z. B. der Streit um die gemeinsame Benutzung einer Wasserpumpe[78], zum andern um Geschäfte, bei denen Westphal angeblich betrogen hatte oder betrogen worden war.[79]

Da Westphal sich selten auf Vergleiche einließ, zogen die Verfahren sich teilweise jahrelang hin. Der Prozeß um die Pumpe dauerte z. B. einschließlich aller damit verbundenen Folgeprozesse von 1802 bis 1820. Hier zeigte sich einerseits Westphals Hartnäckigkeit und Ausdauer, andererseits aber auch seine Rechthaberei, seine Unfähigkeit, zwischen

[70] AR I Abt. XI Fach 6 J2, 30. 1. 1816.
[71] AR I Abt. XII Fach 20 Vol. E Fasc. 8, 6. 7. 1837.
[72] AR I Abt. III Fach 2 Vol. I, Copiebuch 1800.
[73] Vgl. Kap. 3.2.
[74] AR I Abt. III Fach 2 Vol. C, undat., um 1815.
[75] AR I Abt. III Fach 2 Vol. C, 20. 8. 1800.
[76] AR I Abt. III Fach 3 Vol. A Fasc. 3, 27. 5. 1818.
[77] AR I Abt. XI Fach 6 J2, 6. 2. 1816.
[78] AR I Abt. XI Fach 6 D9, 1806, ff.
[79] Z. B. Westphals Klage gegen Bridge, AR I Abt. XI Fach 6 J2, 1815 ff.

Wichtigem und Unwichtigem zu unterscheiden und seine Chancen realistisch einzuschätzen.

Besonders in dem oben erwähnten Prozeß gegen den englischen Kaufmann Walter Sickleprice Bridge wurden Westphals Fehleinschätzungen sichtbar. Angeblich hatte Bridge ihn auf einer gemeinsamen Kutschfahrt nach Lehe 1814 beauftragt, den Abriß seines Packhauses auf Helgoland zu unternehmen mitsamt Transport aller Baumaterialen nach Cuxhaven, wo Bridge ein neues Packhaus errichten wollte.[80] Bridge behauptete dagegen, er habe Westphal zwar von seinem Plan erzählt, ihm aber keinerlei Aufträge erteilt. Westphal hatte sogleich Schiffer bestellt, die nun ihrerseits gerichtlich auf Erfüllung des Auftrags durch Westphal klagten. Daraufhin reichte er Klage gegen Bridge ein.

Für die Darstellung von Bridge sprachen das Fehlen eines schriftlichen Kontrakts und die Tatsache, daß sein Verwalter in Ritzebüttel von ihm keinerlei Information über den geplanten Abbruch erhalten hatte, von einer Vollmacht für Westphal ganz zu schweigen.[81] Das Urteil ist in den Akten nicht enthalten. Man muß aber aufgrund des vorliegenden Materials annehmen, daß Westphal sich den lukrativen Auftrag erzwingen wollte. Wahrscheinlich hatte er den einzigen Zeugen, den Fuhrmann, bestochen, zu seinen Gunsten auszusagen. Der Fuhrmann nämlich bestätigte Westphals Version, obwohl im Kreuzverhör deutlich wurde, daß er bei dem Geräusch des Wagens und der Pferde kaum ein Wort hatte verstehen können, zumal die beiden Kaufleute in einer Mischung aus Niederländisch und Englisch miteinander sprachen, das dem Fuhrmann nicht geläufig war.[82]

Konnte sich ein Angehöriger der jüdischen Minderheit vor der Emanzipation ein solch renitentes Verhalten leisten? Diese Frage ist in mehrfacher Hinsicht zu bejahen. Einerseits stand den Juden wie gesagt laut Schutzbrief ausdrücklich »rechtliche Hilfe« zu. Andererseits wurde das im Amt Ritzebüttel geltende Judenrecht eher lax gehandhabt. Selbst Juden, die wegen Hehlerei bestraft worden waren, verloren ihren Schutz nicht – ganz entgegen den im Schutzbrief niedergelegten Bedingungen. So durfte z. B. Joel Lion Samson als Schutzjude im Amt Ritzebüttel bleiben, obwohl er mehrmals wegen Hehlerei bestraft worden war und 1829 wegen dieses Deliktes sogar eine dreimonatige Zuchthausstrafe in Hamburg absitzen mußte.[83]

In einem solchen rechtlichen Rahmen konnte eine extreme Persönlichkeit wie Westphal durchaus agieren. Zudem erfüllte er einen Teil der negativen Erwartungen, die die Mehrheit an die Rolle der Juden stellte. In vieler Hinsicht entsprach Westphal dem Typ des Juden, wie ihn das Vorurteil durch Jahrhunderte tradiert hatte.

Seine psychische Struktur wurde durch den Außenseiterstatus möglicherweise verstärkt. Während Samuel Abraham Friedländer die Außenseiterrolle positiv zu nutzen verstand – ebenso wie Westphals Bruder, der Hofjude –, spielte sich Westphal immer mehr ins Abseits. Seine wirtschaftliche Basis wurde brüchig. Zerstritten mit der Gemeinde brachte er sich um einen wesentlichen Rückhalt.

Friedländer und Westphal gehörten innerhalb der Minderheit zu einer Minderheit. Dennoch stehen beide Persönlichkeiten für mögliche Rollenausprägungen von Juden zwischen Anpassung und Erfolg, Abweichung und Scheitern in der Zeit vor der Emanzipation 1849.

---

[80] Alle Einzelheiten befinden sich in AR I Abt. XI Fach 6 J2, 1815 ff.
[81] AR I Abt. XI Fach 6 J2, 26. 7. 1814.
[82] AR I Abt. XI Fach 6 J2, 19. 9. 1816.
[83] AR I Abt. XII Fach 14 Vol. B1, 11. 5. 1829.

4.4 Vereine

Neben Nachbarschaft und Geschäft boten am ehesten noch Vereine und ähnliche Zusammenschlüsse Gelegenheit zu Kontakten zwischen Juden und Christen. Die rege Teilnahme von Juden in diesem halb öffentlichen, halb privaten Bereich zeigt, daß hier von ihnen eine Chance wahrgenommen wurde, soziales und politisches Engagement zu entfalten.

Dabei standen ihnen, wie oben erwähnt, weniger die geselligen Vereine und Zusammenschlüsse offen als vielmehr die gemeinnützigen und politischen, denen die möglichst hohe Zahl von Mithelfern wichtiger war als die Herkunft der einzelnen Mitglieder. (Über die Mitgliedschaft von Juden in Sportvereinen – abgesehen vom Schießsport – lag mir kein Material vor. Es ist aber anzunehmen, daß Juden mit entsprechender Leistungsbereitschaft aufgenommen wurden.)

1842 wurde wenige Tage nach der Brandkatastrophe in Hamburg unter Vorsitz von Amtmann Friedrich Sieveking der »Hülfsverein für die Abgebrannten in Hamburg« gegründet.[84] Neben Kaufleuten, Schultheißen und Pastoren gehörte Marx Heymann Schwabe, damaliger Vorsteher der jüdischen Gemeinde, als Vertreter der Judenschaft dem Verein an. Die Mitglieder sammelten Sach- und Geldspenden im ganzen Amt. Die jüdischen Einwohner beteiligten sich ebenso wie die christlichen. Schwabe organisierte den Transport der Gegenstände – Betten, Kleidung und Lebensmittel – nach Hamburg und streckte die Mittel dafür vor. Unter den Angehörigen des Bürgermilitärs, die freiwillig zu vierzehntägigen Aufräumungsarbeiten nach Hamburg fuhren, befanden sich ebenfalls Juden. Am 7. Juli 1842, zwei Monate nach dem Brand, wurde im ganzen hamburgischen Gebiet ein außerordentlicher »Bußtag« abgehalten, der auch von der »hiesigen Israelitischen Gemeinde feierlich begangen« wurde.[85] Die Kollekte der Gottesdienste war für die abgebrannten Kirchen gedacht.

1869 wiederum bildeten christliche Bürger neben jüdischen die Mitglieder eines »Comités«, das für die »Unterstützung der nothleidenden Israeliten in Rußland« eintrat.[86] Zusammen mit den Juden Hirsch Moses Kalisky und Bernhard Isaac Brady warben folgende Christen in der Zeitung für das Komitee: Johann. Eggers, Russischer Vize-Konsul, Dr. Rautenberg, Amtsarzt, Dr. Brandmann, Rektor, Obergrenzkontrolleur Böhm und die Expedition der »Zeitung für das Amt Ritzebüttel«. Hirsch Moses Kalisky war Mitglied des Komitees, das zu Beginn des deutsch-französischen Krieges 1870/71 gegründet wurde, um etwaige Hilfeleistungen für Kranke und Verwundete zu organisieren.[87]

Eine entscheidende Rolle im Nachmärz spielte der am 4.4.1848 gegründete »Bürgerverein«. Sein Ziel war es, »das Interesse für die Reformen des Gesammtvaterlandes an Haupt und Gliedern« zu heben und die für das Amt Ritzebüttel nötigen Reformen auszuführen.[88] Hirsch Moses Kalisky gehörte als Beisitzer zum Vorstand. Unter den Gründungsmitgliedern befanden sich auch die Väter und Söhne der wichtigsten jüdischen Familien. Im »Bürgerverein« sammelte sich das liberale bürgerliche Potential des Amtes Ritzebüttel, dessen reformerische Interessen sich zum ersten Mal mit denen der Judenschaft deckten. Auf die Bedeutung dieses Vereins soll im Zusammenhang mit der Darstellung der Gleichstellung der Juden näher eingegangen werden.[89]

Wenige Tage nach der Gründung des »Bürgervereins« konstituierte sich am 24.4.1848 der »Schützenverein«.[90] Zu den sieben Gründungsmitgliedern gehörte der jüdische Kaufmann Jacob Jacobsen. Kurze Zeit danach stießen David Goldschmidt und Ahron Isaac Brady

---

84 Die folgenden Einzelheiten sind enthalten in AR I Abt. III Fach 14 Vol. L.
85 Grandauer, G., Gedenkbuch, 1852, S. 74.
86 ZAR vom 3.7.1869 und 14.7.1869.
87 ZAR vom 23.7.1870.
88 ZAR vom 5.4.1848.
89 Siehe Kap. 5.1.
90 Städt. Akten XXXb2 Nr. 1, Sta Cux.

dazu, alles Männer der jüngeren bis mittleren Generation. Das Ziel des Vereins wurde so formuliert:

>Wir übernehmen die Verpflichtung uns mit Büchsen thunlichst zu versehen und an regelmäßigen Waffenübungen Theil zu nehmen, zur Begründung eines zu bildenden Schützencorps um zur Zeit der Noth der Erhaltung der bürgerlichen Freiheit und Ordnung zu helfen.«[91]

Solche Schützenvereine, nicht zu verwechseln mit den aus mittelalterlichen Traditionen sich herleitenden Schützengilden[92], bildeten sich im Kontext der 1848er Revolution überall in Deutschland.[93] Im Nachbarland Hannover wurden sie »Bürgerwehren« genannt.[94] Die politische Richtung des Ritzebütteler »Schützenvereins« wurde auch durch die Wahl der Uniformierung deutlich gemacht – die Schnüre an den grünen Mützen sollten die neuen Bundesfarben Schwarz-Rot-Gold erhalten.

Den grünen Kittel mit Samtaufschlägen und Stehkragen lieferte Jacobsen an die Mitglieder. Als Besitzer eines Textilmanufakturgeschäfts konnte er günstige Konditionen bieten. Schießübungen fanden zweimal in der Woche statt, einmal monatlich in Brockeswalde. Ein Schießstand befindet sich noch heute unmittelbar neben dem jüdischen Friedhof. Die Gemeinde scheint sich nie daran gestört zu haben. Offenbar war ihr das Ziel des Vereins zumindest in der Gründungszeit wichtiger als Friedhofsruhe. Ob die Mitglieder 1848 tatsächlich zur Erhaltung von »Freiheit und Ordnung« herangezogen wurden, ist unwahrscheinlich. In den Akten ist nichts dergleichen festgehalten.

Die jüdische Mitgliedschaft im »Schützenverein« ist deshalb von Bedeutung, weil hier zum ersten Mal in Ritzebüttel – und wahrscheinlich überall in Deutschland – Christen und Juden gemeinsam neben patriotischem Engagement ein spezifisches Brauchtum entwickelten und ein Gefühl der Zusammengehörigkeit erlebten. Dieses emotionale Element[95] dürfte zu dieser Zeit sonst nur noch im »Bürgerverein« als gemeinsames Erlebnis beider Gruppen spürbar gewesen sein.

Eine andere Art von Zusammenhalt, nicht mehr gespeist von liberalen Ideen, sondern von einem eher traditionsverhafteten Heimatgefühl, führte 1894 zur Gründung der »Vereinigung der Fleckenpüster« (ab 1912 »Verein der Fleckenpüster«). Anlaß war die »Jubelfeier« zur 500jährigen Zugehörigkeit des Amtes Ritzebüttel zu Hamburg. Die aufwendigen Festvorbereitungen und das Fest selbst verstärkten Heimatbewußtsein und ein »früher kaum gekanntes Zusammengehörigkeitsgefühl« – so sahen es die »Fleckenpüster« in einer Vereinsschrift von 1964.[96] Ziel der »Vereinigung der Fleckenpüster« war es, »das ›bewiesene Zusammenhalten‹ fortzusetzen, die ›Gemütlichkeit‹ im Flecken zu heben und beides durch festliche Veranstaltungen zu fördern«.[97] Mitglieder waren vor allem Kaufleute des Fleckens Ritzebüttel. Der Name »Fleckenpüster« stammte von dem Brauch der Ritzebütteler Jugend, fremde Gruppen von Jugendlichen, etwa aus Cuxhaven, mit einem »Püster« (Stock) zu vertreiben.[98] Zu dieser Zeit, wenige Jahre vor der Jahrhundertwende, waren die Juden im Amt Ritzebüttel so weitgehend in wirtschaftlicher, sozialer und politischer Hinsicht integriert, daß man davon ausgehen kann, daß auch jüdische Kaufleute im Flecken Ritzebüttel zu den »Fleckenpüstern« gehörten.[99]

---

91   Städt. Akten XXXb2 Nr. 1, 24.4.1848, Sta Cux.
92   Vgl. z. B. Reintges, Theo, Ursprung und Wesen der spätmittelalterlichen Schützengilden. Bonn 1963.
93   Michaelis, Hans-Thorald, Schützengilden. München 1985. (Keysers kleine Kulturgeschichte.) S. 67–72.
94   Bohmbach, Jürgen, Der politische, wirtschaftliche und soziale Zustand des Landrosteibezirks Stade bis 1849 in: Die Herzogtümer Bremen und Verden und das Land Hadeln in späthannoverscher Zeit (1848–1866). Stade 1981, S. 22.
95   Michaelis, a. a. O., S. 68.
96   [Siebzig] 70 Jahre Verein der Fleckenpüster von 1894 e.V. (Cuxhaven 1964.) S. 9.
97   [Siebzig] Jahre, a. a. O.
98   Borrmann, H., Bilder, Teil 1, 1983, S. 195.
99   Vereinsunterlagen für diese und die folgenden Jahre sind nicht überliefert. [Siebzig] 70 Jahre, a.a.O., S. 13.

4.5 Fremdbild

Es gab also ein ganzes Geflecht von Kontakten, die sich vor allem im 19. Jahrhundert entwickelten, während andernorts Juden und Christen in zwei Lagern fast unverbunden nebeneinander lebten.[100] Trotz dieses relativ nahen Zusammenlebens und trotz der damit verbundenen Möglichkeit, Vorurteile durch direktes Kennenlernen zu korrigieren, blieben negative Zuschreibungen und Stereotype über Juden bestehen. Ja, man kann feststellen, daß das Fremdbild durchweg von negativen Vorurteilen bestimmt war.

Dieses Fremdbild, das die Nichtjuden von ihren jüdischen Nachbarn hatten, soll hier untersucht werden. Als Belege dienen dabei in erster Linie sprachliche Wendungen, in denen das Fremdbild seinen Ausdruck fand.

Warum das Fremdbild nicht korrigiert wurde, über die Ursachen des Antijudaismus und Antisemitismus also, gibt es eine breite Forschungsliteratur mit verschiedenen Antworten.[101] Ich möchte mich hier auf die Frage konzentrieren, auf welche Weise die Tradierung der Vorurteile erfolgte, wie es möglich war, daß jeder Generation auch nach Emanzipation und Assimilation das antijüdische sprachliche Potential zur Verfügung stand. Eine Antwort soll mit Hilfe des Konzepts der »totalen Rolle« versucht werden.

Zunächst möchte ich untersuchen, wie fremd die Juden denn den Ritzebütteler Christen in der Mitte des 18. Jahrhunderts und danach entgegentraten.

Im Kapitel »Nachbarschaft« habe ich schon darauf hingewiesen, daß die Ritzebütteler durch den Hafen und die Verbindung mit Hamburg weit mehr an Fremde gewöhnt waren als etwa die Landbevölkerung. Zweifellos hatten Juden aber in der fraglichen Zeit eine Reihe auffälliger Merkmale, die Nichtjuden befremdlich erschienen.

So trugen die jüdischen Männer im 18. Jahrhundert noch den traditionellen Bart, während dies bei Nichtjuden in Deutschland zu der Zeit »streng verpönt« war: Nur Schauspieler, die einen Mörder oder Räuber darzustellen hatten, trugen einen Schnurrbart.[102] Durch den Bart schienen die Juden alle ähnlich auszusehen. Typen- und Altersunterschiede verwischten sich. 1756 konnte z. B. ein Ritzebütteler Zeuge bei einem Polizeiverhör nicht angeben, ob er mit Vater Nathan Abraham oder dessen Sohn gesprochen hatte.[103] Es war eben dieser »jüdische Bart« und die »nach der Volksmeinung schwarze Farbe der Kopfhaare, die den Juden ausmachten« und die ein Jude, wollte er nicht erkannt werden, zu beseitigen hatte.[104]

Weniger auffällig waren dagegen wohl die Schläfenlocken, die zu der Zeit sicherlich noch getragen wurden. In den wenigen Steckbriefen von Juden z. B. werden sie nicht als Merkmal genannt.[105] Wahrscheinlich waren sie im Alltag weniger sichtbar. Sie vermischten sich mit den Barthaaren oder wurden unter den Hut gesteckt.

Die typische jüdische Männertracht, den langen Kaftan, trugen die Juden in Ritzebüttel offenbar schon im 18. Jahrhundert nicht mehr. Der oben erwähnte Zeuge sprach lediglich von einem »blauen Rock«, mit dem sein jüdischer Gesprächspartner bekleidet gewesen war. Auch in den genannten Steckbriefen des 18. und beginnenden 19. Jahrhunderts wird ein Kaftan nicht erwähnt. Etwa um die Wende zum 19. Jahrhundert gehörten Bart und Kaftan für die Juden in Deutschland der Vergangenheit an[106], während ein großer Teil der polni-

---

[100] Jeggle, U., Judendörfer, 1969, S. 19.
[101] Siehe Kap. 5.5.
[102] Boehn, Max von, Die Mode. München. Bd. 2, 1976, S. 70.
[103] AR I Abt. XII Fach 14 Vol. B1, 17.2.1756.
[104] Glanz, R., Geschichte, 1968, S. 212 – Vgl. auch Homann, H., Harburger Schutzjuden, 1957, S. 57.
[105] AR I Abt. XII Fach 23, 18.11.1733, 26.2.1805 und 18.2.1808.
[106] Vgl. Schubert, E., Leute, 1983, S. 157, und Graupe, H.M., Entstehung ²1977, S. 203.

schen und russischen Juden z. B. die traditionelle Bart- und Kleidertracht bis ins 20. Jahrhundert hinein beibehielt.[107]

Die jüdischen Frauen durchliefen einen ähnlichen Prozeß der Assimilation in ihrem äußeren Erscheinungsbild. Traditionellerweise wurde ihnen nach der Heirat das Haar abgeschnitten und der Kopf mit einem Tuch oder einer Haube, dem sogenannten »Scheitel«, bedeckt. Henriette Herz berichtet, daß auch in der großstädtischen Gemeinde Berlins noch im 18. Jahrhundert der Scheitel üblich war. Allerdings wurden die Haare nicht mehr abgeschnitten.[108]

Ein Porträt der Ritzebütteler Jüdin Sally Berliner, geborene Friedmann, die seit ihrer Heirat 1847 in Hannover lebte, zeigt sie um 1880 mit einer rüschen- und schleifenverzierten Haube, unter der deutlich das Haar zu sehen ist.[109]

Abb. 12:
Sahra Sally Berliner,
geb. Friedmann, um 1880

Um 1780 wurde den Jüdinnen in Berlin erlaubt, eine Perücke statt der Haube aufzusetzen. Doch einzelne Frauen wie Henriette Herz setzten sich darüber hinweg und trugen ihr eigenes Haar ohne jede Bedeckung.[110] Da die Haube auch bei nichtjüdischen Frauen bis ins 19. Jahrhundert hinein ein übliches Kleidungsstück war, wich das Aussehen der Jüdinnen nicht zu fremdartig vom allgemeinen weiblichen Erscheinungsbild ab.

Neben diesem äußeren Erscheinungsbild empfanden die Nichtjuden die Sprache der Juden als befremdlichstes Merkmal. Bis ins 18. Jahrhundert hinein war Jiddisch Umgangssprache für die Mehrzahl der in Deutschland lebenden Juden.[111] Hebräisch wurde im religiösen Bereich und im Geschäftswesen benutzt. So war z. B. das Hauptgeschäftsbuch der Handlung Philipp Joel Westphals noch 1800 in Hebräisch geschrieben.[112] Daneben erlernte man auch die Sprache des Landes, in dem man sich aufhielt. Die Brüder Marx (später Schwabe), die einige Zeit in Frankreich gelebt hatten, sprachen z. B. Französisch. Sie wurden die »französischen Juden« genannt.[113]

[107] Siehe die Fotografien in Geisel, Eike, Im Scheunenviertel. Berlin 1981, besonders S. 50 und 96 und in Vishniac, Roman, Verschwundene Welt. München, Wien 1983.
[108] Herz, H., Erinnerungen, 1984, S. 35.
[109] Siehe Abb. 12 aus Schulze, Peter, Die Berliners - eine jüdische Familie in Hannover (1773–1943) in: 100 Jahre Schallplatte. Von Hannover in die Welt. Unter Mitarb. von Peter Becker [u.a.]. Hamburg 1987, S. 76.
[110] Herz, a. a. O., S. 25 – Vgl. auch Soetendorp, J., Symbolik, 1963, S. 50.
[111] Freimark, P., Sprachverhalten, 1980, S. 243.
[112] AR I Abt. III Fach 2 Vol. A, 26.9.1800. – Vgl. auch Guenter, M., Lippe, 1973, S. 61.
[113] AR I Abt. III Fach 2 Vol. A, 7.1.1801.

Die Briefe an den Amtmann faßte man in Hochdeutsch ab, wobei im 18. Jahrhundert – wenn nicht ein Schreiber beauftragt wurde – teilweise noch erhebliche Probleme bei der Sprachbeherrschung vorhanden waren, wie z. B. folgendes Gesuch Joseph Levis von 1786 zeigt:

»Wohlgebohrener Hochweiser Amtmann Ew. wohlgeborener bitte gantz untertänigs, weillen in verlegenheit bin um Ein wonung und kein zu Haur [= zur Heuer] bekomen kan sonder zu Kauf also bitte gantz untertänigs an mein Hochgebütendr Herr Amtmann mir die Freiheit zu Statten das was Kaufen kan das nicht Rum wandern mus alles Ein Vor Ehrt Schaft bitte sehr untertänigs mein bitte an zu nehmen Vorbleibe sein Untertänigs Untertahn

Joseph Levin [= Levi].«[114]

Später erinnerte nur noch die Schreibweise einzelner Wörter an das Jiddische und seine Aussprache, z. B. »eingemüttet« statt »eingemietet«[115], »gebetten« statt »gebeten«, »genöttigt« statt »genötigt«, »derfen« statt »dürfen«, »aufherren mege« statt »aufhören möge«, »wänig« statt »wenig« und ähnliches.[116] Es war also vor allem die Unterscheidung der offenen und geschlossenen Vokale im Deutschen, die den Juden Schwierigkeiten bereitete.

Neben dem Hochdeutschen lernten die Juden sicherlich auch Niederdeutsch, das in Ritzebüttel wie in Norddeutschland allgemein bis ins 19. Jahrhundert hinein Umgangssprache war.[117] Es gibt einige Hinweise dafür in den Quellen. 1836 bezeichneten sich z. B. Juden in einem Schreiben an den Amtmann als »Isralitschen«[118]; schon 1800 erschien in den Akten der Vorname »Heymann« verkürzt zum niederdeutschen »Hein«[119]; in von jüdischer Seite aufgestellten Rechnungen finden sich noch in der zweiten Hälfte des 19. Jahrhunderts plattdeutsche Bezeichnungen für Gegenstände wie »Holschen« (Holzschuhe) und »Busruncke« (kurzes Hemd zum Überziehen).[120] Schon um mit der Landbevölkerung ins Geschäft zu kommen, mußten jüdische Händler über einen elementaren niederdeutschen Wortschatz verfügen.[121]

Im Laufe des 19. Jahrhunderts wurde Hochdeutsch dann mehr und mehr Umgangssprache der gebildeten Juden wie Nichtjuden in Norddeutschland.[122] Als konkreter Beleg für diese Verdrängung des Jiddischen einschließlich der Eindeutschung des Vornamens kann z. B. ein Brief dienen, den Philipp Joel Westphal 1837 an seinen Sohn Heinemann schrieb – es ging dabei um den Handdienst bei einem Brand:

»Mein Sohn Heinrich!
Dein Handdienst auf der Brantstäte bey Bütner, habe ich, für dich übernommen, nehmlich wen ich vorher von dich order erhalte das du dazu aufgefordert seist. du hast also nichts zu beferchten. zu deiner Nachricht.

dein Vater P. J. Westphal.«[123]

In der jüdischen Elementarschule in Ritzebüttel gab es ab 1821 Hochdeutsch als Unterrichtsfach.[124] Mit dieser Sprachentwicklung wurde ein bedeutendes Hindernis auf dem

[114] AR I Abt. III Fach 2 Vol. F, 15.12.1786.
[115] AR I Abt. III Fach 3 Vol. A Fasc. 3, undat., um 1800.
[116] AR I Abt. III Fach 3 Vol. A Fasc. 3, 27.5.1818.
[117] Freimark, P., Sprachverhalten, 1980, S. 249.
[118] AR I Abt. III Fach 2 Vol. C, 1836. – Nach mündlicher Auskunft von Dr. Hartig, Niederdeutsche Abteilung im Germanistischen Seminar der Universität Kiel, ist dies eine im Niederdeutschen übliche Zusammenziehung bei substantivisch gebrauchten Adjektiven analog etwa zu die »Plitschen« – die »Politischen«.
[119] AR I Abt. III Fach 2 Vol. A, 22.8.1800.
[120] AR I Abt. III Fach 2 Vol. C, 1862 und 1867.
[121] Diese Annahme wird unterstützt durch Niederdeutsch sprechende Juden in der norddeutschen Literatur, so bei Reuter, Fritz, Meine Vaterstadt Stavenhagen in: Reuter, Gesammelte Werke und Briefe. Bd. 1. Neumünster 1967, S. 372 ff. – Für diesen Hinweis danke ich Dr. Hartig; bei Groth, K., Quickborn, 1853, S. 142 (Kaneeljud), und bei Groth, Ch., Ausruf, 1979, S. 36 f.
[122] Freimark, a. a. O., S. 250 f.
[123] AR I Abt. XII Fach 20 Vol. E Fasc. 8, 1.7.1837.
[124] Siehe Kap. 3.2.

Wege zur Assimilation fortgeräumt. Die negative Bewertung des Jiddischen durch die nicht-jüdische Umwelt als »Mauscheln«, »Jargon« und »unrein«[125] trug deutliche Züge einer Stigmatisierung. Daß das Jiddische eine soziale Barriere für die Eingliederung der Juden in die deutsche Gesellschaft darstellte, erkannten Aufklärer auf jüdischer wie christlicher Seite.[126]

Bis etwa zur Gleichstellung Mitte des 19. Jahrhunderts spielte schließlich auch die Religion eine bedeutende Rolle bei der Beurteilung der Fremden. Dieses religiös motivierte Feindbild ist breit erforscht, so daß ich hier nur kurz darauf eingehen werde.[127]

Die Machtansprüche der christlichen Kirchen gingen hier Hand in Hand mit den mangelnden Kenntnissen der Nichtjuden, ihrer Angst vor allem Fremden und der daraus resultierenden Abwehr durch Stigmatisierung und Verfolgung. Beschuldigungen z. B. wegen angeblicher Ritualmorde hingen den Juden bis ins 20. Jahrhundert an, so 1891 in Xanten, 1900 in Konitz/Westpreußen und 1911/13 in Kiew. Die nationalsozialistische Ideologie knüpfte an diese Anschuldigungen z. B. im »Stürmer« an.[128]

Am längsten hielt sich ein anderes Vorurteil. »Het is ja man een Jude, un das T--tüg het unsern Herrn Christus umbrogt, ist der Text des Gemeinvolks [...]«, notierte der durch Norddeutschland reisende Schriftsteller J. H. Stöver 1789.[129] Das gleiche wurde Cuxhavener Juden noch in den 20er Jahren des 20. Jahrhunderts vorgeworfen: »Ihr Juden, die Christus ermordet habt.«[130]

Weniger spektakulär sind zwei anekdotische Geschichten, die auch heute noch älteren Cuxhavenern geläufig sind, mir aber von jüdischer Seite bezeichnenderweise nicht bestätigt wurden. In ihnen drückt sich nicht nur ein Mißverständnis der jüdischen Speisegesetze aus, sondern auch der deutliche Wunsch, die fremde Religion und ihre Träger lächerlich zu machen: Schlachtergesellen machten sich öfter den Spaß, Schweine auf die Straße zu treiben, wenn Juden vorbeikamen, worauf diese die Flucht ergriffen.[131] Nach einer anderen Variante desselben Themas kehrten jüdische Leichenzüge regelmäßig um, wenn ihr Weg nach Brockeswalde von Schweinen dort ansässiger Bauern gekreuzt wurde. So hieß es dann schon, wenn ein Leichenzug sich aufmachte: »Gleich kommen die Juden zurück.« Ob diese Anekdoten auf tatsächlich ausgeführten »Streichen« beruhen, läßt sich nicht beurteilen. Entscheidend ist, daß schon mit dem Tradieren solcher »Schwänke« die Verächtlichmachung der Minderheit betrieben wird.[132]

Auf die pauschale Verurteilung der Juden als Betrüger, ein Vorurteil, das eng mit der beruflichen Konkurrenz durch jüdische Handelsleute zusammenhing, habe ich oben bereits hingewiesen.[133] Im niederdeutschen Dialekt des Ritzebüttel benachbarten Landes Hadeln

---

[125] Belege werden angeführt bei Freimark, P., Sprachverhalten, 1980, S. 253 f. – Von jüdischer Seite wurde diese negative Beurteilung des Jiddischen teilweise übernommen. Vgl. Toury, Jacob, Die Sprache als Problem der Einordnung in den deutschen Kulturraum in: Gegenseitige Einflüsse deutscher und jüdischer Kultur. Tel Aviv 1982. (Jahrbuch des Instituts für deutsche Geschichte. Beih. 4.) S. 76 f.

[126] Vgl. die Forderungen des jüdischen Pädagogen Anton Reé aus Hamburg von 1844. Freimark, a.a.O., S. 251 ff.

[127] Man vgl. etwa Lehr, Stefan, Antisemitismus – religiöse Motive im sozialen Vorurteil. München 1974. (Abhandlungen zum christlich-jüdischen Dialog. 5.) – Kühner, Hans, Der Antisemitismus der Kirche. Kilchberg 1976. (Essenz und Evidenz). – Judenfeindschaft im Altertum, Mittelalter und Neuzeit. Hrsg. von Anneliese Mannzmann. Königstein/Ts. 1981. (Historie heute. 2.) – Obermann, Heiko A., Wurzeln des Antisemitismus. Berlin 1981. – Poliakov, Léon, Geschichte des Antisemitismus. Worms. Besonders Bd. 1, ²1979, Bd. 2, 1978 und Bd. 4, 1981.

[128] Pädagogisches Zentrum, Zur Geschichte der Juden. Berlin 1976, S. 45.

[129] Stöver, J. H., Niedersachsen. [Berlin.] Bd. 1, 1789, S. 135 f.

[130] Vgl. Kap. 6.1.1.

[131] Das jüdische Speisegesetz verbietet den Verzehr von Schweinefleisch.

[132] Vgl. auch Jeggle, U., Judendörfer, 1969, S. 293.

[133] Siehe Kap. 2.3.

bedeutete »jüüdsch« neben »jüdisch« auch »betrügerisch, gaunerhaft«. »He is richdig so'n Juden« hieß: Er ist »ein Gauner«.[134]

In der Mitte des 18. Jahrhunderts, als die ersten Juden sich im Amt Ritzebüttel niederließen, wirkten sie also noch sehr fremd auf die Einheimischen. Ab etwa 1800 schwand die Fremdheit nach und nach durch Assimilation. Durch diesen Abbau von Fremdheit hätten eigentlich die Zuschreibungen und Vorurteile auch weichen müssen, und die liberale Zeit vor 1848 schien dafür zu sorgen. In Wirklichkeit wurden die Gräben zwischen Christen und Juden nur überbrückt, nicht beseitigt. Schon Wilhelm Heinrich Riehl erkannte Mitte des 19. Jahrhunderts:

> »Wenn der gemeine Mann hier theoretisch auch noch so tolerant gegen die Juden ist, so hält er sich doch – wie überall in Deutschland – im stillen für etwas viel besseres als den vornehmsten Hebräer; die Zeugnisse alter Judenverachtung in Volkssprache und gemeinen Redebildern sind noch im vollen Glanz lebendig.«[135]

Wenn in den Quellen für das Amt Ritzebüttel auch derartige »gemeine Redebilder« nicht überliefert sind, so finden sich doch neben den oben erwähnten Vorurteilen immer wiederkehrende sprachliche Wendungen und Stilisierungen, die tendenziell die assimilatorischen Bemühungen von jüdischer Seite unterhöhlten.

Das beginnt mit der steten Hervorhebung des Judeseins durch die Setzung »Jud« oder »Jude« vor dem Namen. Sie findet sich etwa bei Kollekten, so z. B. 1763 im Kollektenbuch eines Blinden[136], bei der Volkszählung von 1785[137] und bei den Eingaben von Juden an den Amtmann.[138] In den 20er Jahren des 19. Jahrhunderts wurde ein Schlachterlehrling »Judenknabe« und »Juden-Jacques« genannt.[139] Der Lehrling war beim verbotenen Hausieren mit Fleisch ertappt worden. Hier verband sich möglicherweise antifranzösisches mit antijüdischem Ressentiment.[140] Der Kaufmann Georg Wilhelm Reye notierte in seinem Tagebuch 1828 den Prozeß gegen »den Juden Friedmann« und in den 30er Jahren des 19. Jahrhunderts die Anwesenheit der Hamburger »Israeliten M. Hirsch, Simon und Heine« bei einer Auktion am Ritzebütteler Hafen.[141]

Schließlich finden sich diese Wortverbindungen in den Aufzeichnungen des Lehrers und Stadtarchivars Walter Höpcke, die er 1940–44 über die Ritzebütteler Einwohner seit 1875 machte.[142]

Diese Aufzeichnungen sollen hier deswegen ausführlicher vorgestellt werden, weil sie nicht nur Hinweise auf Höpckes Bild von den Ritzebütteler Juden geben, sondern auch auf die Einstellung der Nichtjuden in der zweiten Hälfte des 19. Jahrhunderts. In Höpckes Notizen vermischen sich eigenes Wissen und eigene Beurteilungen mit ihm Zugetragenem, Klatsch und Tratsch mit Fakten. Ohne ihm Antisemitismus zu unterstellen, muß festgestellt werden, daß er sich von den Urteilen über die jüdischen Einwohner nirgends distanziert.

Haus für Haus führt Höpcke die Ritzebütteler Einwohner an. Bis auf eine Ausnahme vergißt er keinen Juden als solchen hervorzuheben, z. B.: »Frl. Schwabe, Jüdin, Nählehre-

---

[134] Teut, H., Wörterbuch, Bd. 2, 1959, S. 306. – Ein Dialektwörterbuch für das Amt Ritzebüttel gibt es nicht. Das dort gesprochene Niederdeutsch kommt aber dem seiner benachbarten Regionen nahe.

[135] Riehl, Wilhelm Heinrich. Die Pfälzer. Stuttgart und Berlin ⁴1925, S. 293.

[136] AR I Abt. III Fach 14 Vol. A, Bl. 64.

[137] AR I Abt. II Fach 11 Vol. C.

[138] AR I Abt. III Fach 2 Vol. A.

[139] AR I Abt. III Fach 6 Vol. B Fasc. 2, 19. 6. 1824 und 1821.

[140] Bei Teut wird »Jakobjude« angeführt, ohne eine Bedeutung zu nennen. Teut, H., Wörterbuch, Bd. 2, 1959, S. 306.

[141] Reye, H., Schloß, 1983, S. 34 und 31.

[142] Höpcke, W., Einwohner, Heft 1-2, 1940-44. Hs. Sta Cux.

rin«, »Weinberg, jüd. Lehrer«, »dreimal Goldschmied [!], Jude«, »Fanny Friedländer und Mutter (Juden)«, »Kalisky Rabbiner (›Judenlehrer‹)«[143] usw. Aus der gesprochenen Sprache der Ritzebütteler wurden zweifellos folgende Verbindungen übernommen: »Jud Westphal«, »Jud Joel«[144] »Jud Stoppelmann« und »Jud Rosenthal«[145]. Auffallend ist, daß nur Familie Brady ohne zusätzliche Bezeichnung aufgeführt wird. Hier war der Respekt vor Reichtum, Einfluß und Gutbürgerlichkeit wohl auf seiten der Einwohner wie des Chronisten[146] zu groß, um auch sie mit dem volkstümlich-herablassenden »Jud« zu versehen.

Diese zunächst so harmlos wirkende Bezeichnung »Jude« haftete wie der »gelbe Fleck« des Mittelalters[147] und der »gelbe Stern« des Nationalsozialismus am Namen, an der Person. Sie diente nicht der sachlichen Kenntlichmachung, sondern in dieser Häufung und Wiederholung – auch, wenn der jeweilige Sprecher dies nicht intendierte – letzten Endes der denunziatorischen Hervorhebung.[148] Sprachformeln dieser Art haben zudem die Tendenz, Menschen zu pauschalisieren, ihnen ihre Individualität zu nehmen.

Kamen negative Zuschreibungen hinzu, wurde die Hervorhebung zum Stigma: »Peter Nicolaus Dreyer, Plünnjud, geizig, sah jüdisch aus! [...] Willi [Ziegler] Halsabschneider (nimmt hohe Prozente) [...]«[149]. Bestimmte Eigenschaften und Verhaltensweisen werden so selbstverständlich als »jüdisch« definiert, daß von ihnen auf die jüdische Herkunft rückgeschlossen wird – fälschlicherweise – weder Dreyer noch Ziegler waren Juden.[150]

Wie sich aus dieser latent antisemitischen Sprechweise unter bestimmten politischen und sozialen Bedingungen virulenter Antisemitismus entwickeln kann, dafür bieten die Erinnerungen des technischen Übersetzers Richard Peycke ein prägnantes Beispiel.[151] Peycke wurde 1858 in Ritzebüttel geboren und wuchs in der Nordersteinstraße mit jüdischen Nachbarn auf. Der Vater lehrte ihn früh das traditionelle Vorurteil vom feilschenden, übervorteilenden Juden am Beispiel seiner Geschäftskonkurrenten Goldschmidt und Brady. Diese Art des Antisemitismus war so selbstverständlich, daß sie gar nicht in das Bewußtsein Peyckes rückte. Er empfand seine Erziehung als völlig vorurteilsfrei. Zu den jüdischen Nachbarn bestand ein freundschaftlich-nachbarschaftliches Verhältnis. Die Männer duzten sich, die Kinder spielten zusammen und machten die Schularbeiten miteinander.

»Trotzdem aber muß bei mir vierjährigem Bengel bereits das Gefühl vorgeherrscht haben, dass mein Spielkamerad Iwan etwas Anderes sei wie ich selber.«[152] Das oben erwähnte Grothsche Kindergedicht »Kaneeljud« aus dem »Quickborn«[153], von der Mutter den Peycke-Kindern vorgelesen, wurde von Peycke folgerichtig, wenn auch keineswegs Groths Intention entsprechend, auf den Spielkameraden angewendet: »Iwan, du büst en lütten Kaneljud.«

Zum haßerfüllten Antisemitismus entwickelten sich diese Vorurteile im politischen Klima vor der Jahrhundertwende, die Peycke in Südafrika verbrachte. Hier machte er den »Kanel-

[143] Höpcke, W., Einwohner, Heft 1, Hs. Sta Cux.
[144] Höpcke, a. a. O., Heft 1.
[145] Höpcke, a. a. O., Heft 2.
[146] Über Bernhard Isaac Brady notierte Höpcke: »1. Geschäft!« Höpcke, a.a.O., Heft 1.
[147] Juden mußten an vielen Orten seit dem Mittelalter teilweise bis ins 17. Jahrhundert hinein einen gelben Fleck an ihrer Kleidung tragen. Pollack, H., Folkways, 1971, S. 10.
[148] Auf diese Weise blieb selbst ein getaufter Jude zeitlebens ein Jude. Goldberg, Jacob, Getaufte Juden in Polen-Litauen vom 16. bis 18. Jahrhundert in: Die Juden als Minderheit in der Geschichte. Hrsg. von Bernd Martin und Ernst Schulin. München ²1982, S. 181 f.
[149] Höpcke, a. a. O., Heft 1.
[150] Einwohnermelderegister. Sta Cux.
[151] Peycke, R., Lebensgeschichte, 1933, besonders das Kap.: »Wie und wodurch ich Antisemit wurde«, S. 120 ff. Ms. Sta Cux.
[152] Peycke, a.a.O., S. 120.
[153] Groth, K., Quickborn, 1853, S. 142 f.

jud« seiner Kindheit zum feigen, mauschelnden, sittlich verdorbenen, betrügerischen »jüdischen Ungeziefer«.[154]

Die moderne Linguistik hat den Zusammenhang von Sprache und Wirklichkeit untersucht und festgestellt, daß mit Hilfe der Sprache Wirklichkeit konstruiert wird.[155] Mit Hilfe der Sprache wurde Juden eine »totale Rolle« übergestülpt. Von einer »totalen Rolle« spricht man, wenn alles, was ein Mensch tut und ist, auf eine Eigenschaft, hier Jude zu sein, zurückgeführt wird.[156] Wichtige Voraussetzung dafür, daß Menschen eine solche Rolle zugeordnet werden kann, ist ein hoher Grad an Homogenität[157] z. B. des Lebensstils. Eine solche Homogenität bestand für Juden im Bereich des religiösen Lebensstils, der Berufsstruktur und der politischen und gesellschaftlichen Außenseiterposition bis etwa zur Gleichstellung. Von daher kann man das Entstehen der »totalen Rolle Jude« verstehen, zumal eine solche Rolle desto eher zugeordnet wird, je fremdartiger und abgeschlossener[158] der andere Lebensstil wirkt. Spätestens seit der Gleichstellung in der Mitte des 19. Jahrhunderts entwickelte sich die Assimilation der Juden so weitgehend, daß die Totalität ihrer Rolle zur Fiktion wurde, zu einer Fiktion, die sich als äußerst zählebig erwies.

In den Gesprächen, die ich zum Thema »Juden in Cuxhaven« führte, wurden z. B. immer wieder Bemerkungen gemacht über das »jüdische Aussehen« (allen Ernstes behauptete ein Gesprächspartner, alle Juden hätten Plattfüße) und über den »jüdischen Charakter« (Wucher, Feigheit, Geschäftüchtigkeit auf Kosten anderer[159]) – Reste des Fremdbildes, wie es die nationalsozialistische Rassenideologie neu belebt hatte.

Dieses zählebige, stereotype Denken hängt mit dem stereotypen Sprechen eng zusammen. Unbewußt übernommene Sprachformen wie »Jud Westphal«, »Plünnjud« und »Judenlehrer« tradieren ein bestimmtes Fremdbild – »Sprache als Gefäß des Vorurteils«[160], als Multiplikator von Vorurteilen. Die Art des Spracherwerbs – in frühkindlicher Zeit automatisch und unreflektiert – sorgt dafür, daß solche antisemitischen Sprach- und Sprechmuster lebendig oder doch potentiell verfügbar bleiben. Sprachlicher Antisemitismus ist ein Teil der Alltagskultur, der Volkskultur.[161] Ein prägnantes Beispiel dafür ging kürzlich durch die Presse. Der Bürgermeister von Korschenbroich bei Neuss hatte in einer Sitzung erklärt, »um den Stadtetat ausgleichen zu können, ›müßten ein paar reiche Juden erschlagen werden‹«.[162] Man vergleiche auch die immer weiter kursierenden antijüdischen Witze.[163]

Über die Funktion solcher Fremdbilder für die Personen und Gruppen, die sie entwerfen, kann kein Zweifel bestehen. Sie stärken das Zusammengehörigkeits- und Selbstwertgefühl. Die Projektion eigener Mängel und Defizite auf einen Sündenbock dient der Entlastung.[164]

---

[154] Peycke, R., Lebensgeschichte, 1933, S. 121 und 124. Ms. Sta Cux.

[155] Trömel-Plötz, Senta, Gewalt durch Sprache in: Gewalt durch Sprache. Hrsg. von Senta Trömel-Plötz. Frankfurt a. M. 1984. (Die Frau in der Gesellschaft.) S. 51.

[156] Definition nach Clausen, L., Jugendsoziologie, 1976, S. 28. – Ausführlich befaßt sich mit dem Konzept der totalen Rolle Allerbeck, Klaus R., Eine strukturelle Erklärung von Studentenbewegungen in entwickelten Industriegesellschaften in: Kölner Zeitschrift für Soziologie und Sozialpsychologie. 23 (1971), S. 479-493.

[157] Allerbeck, a.a.O. S. 482.

[158] Allerbeck, a.a.O.

[159] Vgl. die Zuschreibungen in Silbermann, Alfons, Latenter Antisemitismus in der Bundesrepublik Deutschland in: Antisemitismus, Nationalsozialismus und Neonazismus. Michael Bosch (Hrsg.). Düsseldorf 1979. (Geschichte und Sozialwissenschaften.) S. 48. – Siehe auch Kap. 6.

[160] Frisch, Max, Gesammelte Werke in zeitlicher Folge. Frankfurt a.M., Bd. II, 2, 1976, S. 536.

[161] »Vorurteilsbildung« gehört zur »Volkskultur«. Holzapfel, Otto, »Kartoffeltysker und Speckdäne«. Aspekte volkskundlicher Vorurteilsforschung in: Schweizerisches Archiv für Volkskunde. 83 (1987), S. 28.

[162] Kieler Nachrichten vom 15. 2. 1986.

[163] Dundes, Alan/Hauschild, Thomas, Kennt der Witz kein Tabu? in: Zeitschrift für Volkskunde. 83 (1987), S. 21-31.

[164] Nicklas, Hans, Die politische Dimension von Vorurteilen in: Antisemitismus, Nationalsozialismus und Neonazismus. Michael Bosch (Hrsg.). Düsseldorf 1979. (Geschichte und Sozialwissenschaften.) S. 18.

5 Die Gleichstellung und ihre Folgen

Die französische Revolution von 1830 beeinflußte die liberale Bewegung in Deutschland.[1] Die Judenfrage wurde neu diskutiert, sowohl in Kreisen des liberalen Bürgertums als auch von jüdischer Seite. In Hamburg war hier führend der jüdische Jurist, Publizist und Politiker Gabriel Riesser.[2]

Auch in Ritzebüttel hatte der liberale Zeitgeist Eingang gefunden. Bezeichnend für das Klima jener Zeit ist eine Begebenheit vom Jahre 1838: Am 6. Januar wurde in Cuxhaven ein Schiff auf den Namen »Professor Dahlmann« getauft.[3] Dahlmann war Mitglied der »Göttinger Sieben« gewesen, jener sieben Professoren, die gegen die Aufhebung des Grundgesetzes von 1833 durch den hannoverschen König protestiert hatten und von ihm daraufhin entlassen worden waren.

Am 30. Oktober 1839 wurde ein »patriotischer Club« in Ritzebüttel gegründet. Die Bürger fanden ihre Gedanken und Gefühle ausgedrückt in einer »Historisch-musikalischen Rhapsodie«, zusammengestellt von dem Redakteur der liberalen »Zeitung für das Amt Ritzebüttel«, Dr. Roeding. Sie wurde im »Deutschen Haus« vorgetragen und verband Höhepunkte deutscher Geschichte (Friedrich der Große, die Befreiungskriege) mit der Würdigung der Freiheitsbestrebungen verschiedener Völker (Amerikanischer Freiheitskrieg, Französische Revolution, französische Julirevolution, Polens Aufstand gegen Rußland).[4] Man las Bücher wie »Die Protestation und die Entlassung der sieben Göttinger Professoren«, herausgegeben von Dahlmann oder »Actenstücke über die Behandlung der gemischten Ehen in Preußen« u.a.[5]

5.1 Der Weg zur Gleichstellung der Juden

In diesem Klima wurde die jüdische Gemeinde aktiv. Sie schickte im September 1839 eine Supplik an den Hamburger Senat mit der Bitte um Abschaffung des Schutzgeldes.[6] Hier wie in allen folgenden Eingaben argumentierte die Gemeinde stets mit der Unzeitgemäßheit und der Unbilligkeit des Schutzgeldes – unzeitgemäß, weil nicht mehr der »größeren Humanität«[7] der Zeit entsprechend, unbillig, weil die jüdische Gemeinde alle Staats- und Gemeindelasten wie die Nichtjuden zu tragen hatte und zudem Kirchensteuer zahlen mußte. Die Forderung des Schutzgeldes erschien den Juden so als »rein persönliche Zurücksetzung«.[8] In dieser Formulierung drückte sich ein neues Bewußtsein innerhalb der Judenschaft aus, die sich jetzt als zur Gleichheit berechtigt sah.

---

[1] Vgl. Graupe, H.M., Entstehung, ²1977, S. 229.

[2] Riesser wurde am 2.4.1806 in Hamburg geboren und starb dort am 22.4.1863. 1848 wurde er Mitglied der Frankfurter Nationalversammlung. Zu seiner Person: Zimmermann, M., Patriotismus, 1979, besonders S. 36-42.

[3] Drewitz, Ingeborg, Bettina von Arnim, Düsseldorf, Köln 1969, S. 179. Die Quelle für diese Notiz konnte nicht ausfindig gemacht werden.

[4] Reye, H., Schloß, 1983, S. 53 f.

[5] Anzeige ZAR vom 4.4.1838.

[6] Das Schreiben ist nicht in den Akten enthalten. Aus der Antwort des Senats kann es aber rekonstruiert werden. AR I Abt. III Fach 2 Vol. L, 10.9.1839 und Senat Cl. III Lit. A-E No. 7b Vol. 2, 9.9.1839.

[7] Senat Cl. III Lit. A-E No. 7b Vol. 2, 23.6.1843.

[8] Senat Cl. III Lit. A-E No. 7b Vol. 2, a.a.O.

Amtmann Meier, vom Senat um Stellungnahme gebeten, reagierte wie seine zwei folgenden Amtskollegen ambivalent: Zwar fand er die Bitte der Gemeinde gerecht und billig, dem Rechtsgefühl der Zeit gemäß, aber zugleich beurteilte er die Aufhebung des Schutzgeldes als bedenklich, »ja fast unthunlich«. Zum einen würden nämlich die Lasten der Christen dadurch vergrößert, zum anderen die Einkünfte des Amtmanns geschmälert werden.[9] Dieses letztere Argument sollte bei der folgenden Diskussion die Hauptrolle spielen. Alles andere trat dahinter zurück. Über drei Amtsperioden erstreckte sich die Schutzgeldfrage, reduziert auf die Entschädigungsfrage des Amtmanns. Keiner der drei Amtmänner war bereit, auf diese »nicht unerhebliche Summe«[10] zu verzichten. Die Hamburgische Regierung war ebenfalls gegen die Abschaffung des Schutzgeldes, weil sie nicht bereit war, die Amtmänner aus ihren Mitteln zu entschädigen.

Die Haltung der Vertreter des Senats und der Reformkommission unter Senator Hudtwalcker, die sich der Judenfrage in Hamburg und Ritzebüttel angenommen hatten, erschien ebenso ambivalent wie die der Amtmänner. Zwar waren sich alle über den »mittelalterlichen Anstrich« des Schutzgeldes, das »in der form etwas anstößiges hat«[11] einig, d. h. über die Unabwendbarkeit der Gleichstellung der Juden in dieser Beziehung und über die Aufhebung des Schutzjudentums, aber niemand wollte dafür auf eigene Privilegien verzichten.

Der Amtmann schob die Angelegenheit dem Senat zu, der Senat der Reformkommission oder der Finanzkammer, diese wiederum dem Rat und der Bürgerschaft usw. Die Einziehung des Schutzgeldes wurde zunächst seit 1843 ausgesetzt[12], ohne daß eine Klärung auf gesetzlichem Weg erreicht werden konnte. Auf alle Eingaben hin wurde die Gemeinde mit dem Hinweis darauf vertröstet, daß die Sache nur im Zusammenhang mit der Hamburger Verfassungsreform verändert werden könnte.

Während man im großen nicht weiter kam – Ende 1844 scheiterte eine vom Hamburger Senat gebilligte Gesetzesvorlage zur Gleichstellung am Widerspruch der Oberalten[13] –, wurde in der Schutzgeldsache eine neue Taktik erwogen: die Ablösesumme (Aversionalsumme). Amtmann Meier hatte sie schon im September 1839 dem Senat vorgeschlagen, damals ohne Erfolg.[14] Jetzt bot sie sich als Möglichkeit an, die Schutzgeldfrage vom Tisch zu bekommen, ohne auf eine Gesamtreform warten zu müssen und zugleich das Problem der Entschädigung des Amtmanns lösen zu können. Daß dieser Weg genauso unzeitgemäß war wie das Schutzgeld, ja, nur eine andere Bezeichnung für das gleiche Prinzip, war dem Referenten der Judenkommission, Hudtwalcker, wohl klar. Nicht umsonst teilte er dem für das Amt Ritzebüttel zuständigen Senatsmitglied Kauffmann seine Idee zunächst »vertraulich« mit.[15]

Hudtwalckers Vorstellung war ebenso einfach wie logisch – vom Standpunkt der Hamburger Regierung aus gesehen: Die Entschädigung für den Amtmann mußten die Juden zahlen. Anstelle des Schutzgeldes sollten sie eine Ablösesumme in Form eines Kapitals an die Finanzkammer zahlen. Diese würde dann die Entschädigung des Amtmanns in entsprechender Höhe vornehmen. Das »ganze Geschäft«, so Kauffmann, würde so den Charakter einer Ablösung statt Abschaffung gewinnen. Ein »Geschäft« war dies in der Tat. Die finanzielle Ausnutzung der Juden sollte so weitergehen, möglicherweise mit einer etwas geringe-

[9] AR I Abt. III Fach 2 Vol. L, 13.9.1839.
[10] AR I Abt. III Fach 2 Vol. L, Schreiben Amtmann Sthamers vom 15.2.1849.
[11] AR I Abt. III Fach 2 Vol. L, Schreiben Senator Kauffmanns vom 10.9.1839.
[12] AR I Abt. III Fach 2 Vol. L, 1843 ff.
[13] Das einflußreiche Kollegium der Oberalten setzte sich aus den Kirchspielvertretern zusammen. Krohn, H., Hamburg 1848–1918, 1974, S. 16.
[14] AR I Abt. III Fach 2 Vol. L, 13.9.1839.
[15] AR I Abt. III Fach 2 Vol. L, Kauffmann an Senator Sieveking 13.1.1846.

ren Belastung, dafür aber für Generationen festgeschrieben. Es war an ein Kapital von 5000 Mark Banco gedacht, dessen Zinsen nicht ganz den jetzigen Einnahmen des Amtmanns durch das Schutzgeld entsprochen hätten. Das wollte man in Kauf nehmen, denn so schrieb Hudtwalcker an den neuen Amtmann Sthamer im November 1846[16], »die Sache kom̄t dan̄ aus der Welt, u. es wird für alle Zukunft eine Einnahme geliefert, die man doch schwerlich [in der alten Form] noch lange beibehalten kan̄«.

Dieser Weg der Ablösung nach dem Muster des den Juden gegenüber stets besonders repressiven Nachbarlandes Hannover[17] wäre durch das Verhalten Amtmann Sievekings kurz vor Ende seiner Amtszeit fast unmöglich gemacht worden. Sieveking forderte das Schutzgeld für 1846 ein, um für seinen Nachfolger keinen Präzedenzfall zu schaffen, stiftete das Geld aber der Gemeinde. Diese erwarb davon demonstrativ eine neue Tora, um zu zeigen, daß es ihr in erster Linie nicht so sehr um die finanzielle Belastung durch das Schutzgeld ging, sondern vielmehr um die erniedrigende Idee dahinter.[18] Die Gemeinde bat den Amtmann überdies, seinen Namen auf der Torarolle anbringen zu dürfen. Die Einweihung der Tora wurde in der Synagoge mit einem festlichen Gottesdienst begangen, dem der »Hr. Amtmann sam̄t seiner ganzen Familie, so wie die Landesstände und viele der angesehenen Bürger beiwohnten«. Die Hamburger orthodoxe Zeitung »Der treue Zionswächter« berichtete mit allen Einzelheiten des Anlasses und Verlaufs über das Fest – demnach war der Amtmann vom »ächt alten israelitischen Gottesdienst« so erbaut, »daß häufige Thränen der Rührung seinen Augen entquollen«.[19]

Ob die Gemeinde diese Publizität wünschte[20], ist nicht bekannt. Sie kam ihr aber keinesfalls ungelegen, denn, wie Hudtwalcker ungehalten an Kauffmann schrieb:

»Eine Aufhebung des Leibzolls, denn das ist doch dieses Schutzgeld eigentlich, ist bei der Art, wie der jetzige Amtmann die Sache behandelt hat, und die ich nicht billigen kan̄, und bei der Publicität, welche die Judenschaft, gewiß gegen den Wunsch desselben, diesem seinem Verfahren gegeben hat, fast zu einer moralischen Nothwendigkeit geworden. Die Stellung der neuen Amtmänner in dieser Beziehung ist sehr dadurch erschwert.«[21]

Dennoch gingen die Verhandlungen über eine Ablösesumme weiter. Da die Gemeinde behauptete, höchstens ein Kapital von 3000 Mark aufbringen zu können[22], wurde von Amtmann Sthamer im Oktober 1846 eine Prüfung der jüdischen Steuer- und Vermögensverhältnisse durchgeführt.[23] Offenbar war der Senat auch nach dieser Untersuchung nicht der Meinung, ein geringeres Kapital fordern zu müssen:

»Der Gemeinde bleibe es unbenommen, falls dieses Capital nicht ohne Weiteres liquide gemacht werden könne, das Schutzgeld und Aufnahmegeld ferner zu erheben, und auf diese Weise nach und nach das in diesem Falle aufzulassende Capital zu sammeln, und dem Darleher abzutragen.«[24]

Damit wäre der Gemeinde endgültig die Rolle des schwarzen Peters zugeschoben worden, indem sie das von den Hamburger Senatoren selbst als »mittelalterlich« und »anstößig« bezeichnete Schutzgeld einziehen sollte. Spätestens bei diesem Vorschlag muß man nicht nur an der Ernsthaftigkeit des Wunsches der Senatoren zweifeln, die Schutzgeldsache aus der

[16] Senat Cl. III Lit. A–E No. 7b Vol. 2, 7.11.1846.
[17] AR I Abt. III Fach 2 Vol. L, Sthamer an Kauffmann 20.4.1848.
[18] Vgl. AR I Abt. III Fach 2 Vol. L, 10.11.1846.
[19] Der treue Zionswächter vom 20.1.1846. – Vgl. auch ZAR vom 14.1.1846.
[20] Vgl. die folgende Bewertung durch Senator Hudtwalcker.
[21] Senat Cl. III Lit. A–E No. 7b Vol. 2, 13.2.1846.
[22] AR I Abt. III Fach 2 Vol. L, undat., ca. Juni 1846.
[23] AR I Abt. III Fach 2 Vol. L, 15.10.1846.
[24] AR I Abt. III Fach 2 Vol. L, undat., Schreiben der Gemeinde an Sthamer.

Welt zu schaffen, sondern an ihrer positiven Haltung zur Gleichstellung überhaupt. Sicherlich, der Zeitpunkt dieser anstehenden Reformen war in den Augen der Hamburger Regierungsbeamten äußerst ungünstig, trafen sie doch auf ein noch immer feudal geprägtes Beamtentum, das direkt aus den Abgaben der Untertanen finanziert wurde. Hier zeigte sich deutlich, daß die regierende Elite nur solange relativ projüdisch agierte (in Ritzebüttel z. B. bei der Etablierung von Geschäften und Gewerben aller Art[25]), solange dies Verhalten nicht den eigenen Interessen schadete.[26]

Inzwischen hatte sich die liberale Bewegung zur Revolution im März 1848 verdichtet. Der Hamburger Senat gab der Stimmung der Bevölkerung nach und setzte eine Reformdeputation ein. Am 16.4.1848 wurde entsprechend dem Beschluß des Frankfurter Vorparlaments jedem volljährigen Hamburger Staatsangehörigen unabhängig von Stand, Vermögen und Glauben das Wahlrecht zuerkannt.[27] Damit war ein wichtiger Teil der Gleichstellung vorweggenommen. Jetzt mußten sich die beteiligten Hamburger Beamten beeilen, die Ablösung des Schutzgeldes zu erreichen, sonst gab es »vielleicht anstatt einer Ablösung eine Abschaffung«, wie Sthamer befürchtete.[28] Außerdem war inzwischen am 4.4.1848 in Ritzebüttel der »Bürgerverein« gegründet worden, der sich ebenfalls für die Gleichstellung der Juden interessierte.[29] Die politischen Ereignisse zwangen also eine Lösung herbei. Man mußte sich mit den von der Gemeinde vorgeschlagenen 3000 Mark zufrieden geben.

Mit der Gründung des »Bürgervereins« stand den Ritzebütteler Juden erstmals ein Instrument zur Durchsetzung ihrer Interessen zur Verfügung. Der »Bürgerverein« konstituierte sich aus einer »zufälligen Vereinigung von Bürgern«, bei der immerhin über 100 Männer anwesend waren. Zweck des Vereins war:

»a) im Allgemeinen: das Interesse für die Reformen des Gesammtvaterlandes an Haupt und Gliedern zu heben. b) Im Besonderen: die Besprechung und Durchführung der für das Amt Ritzebüttel nothwendig erscheinenden Reformen.«[30]

Konkret hieß das die Bildung einer Reformkommission nach Hamburger Vorbild und Arbeit an einer neuen Verfassung.

Mitglieder des Vereins waren die Vertreter der liberalen Bewegung: Kaufleute, Schiffsoffiziere, Gastwirte, Lehrer, Geistliche, Ärzte, Verwaltungsbeamte – also jenes mittlere und gehobene Bürgertum, das auch bei der Wahl zur Hamburger Konstituante 1848 hauptsächlich von seinem Wahlrecht Gebrauch machte.[31] Außerdem gehörten zehn Juden zu den Gründungsmitgliedern. Der Lehrer und geistliche Beamte Hirsch Moses Kalisky wurde in den Vorstand gewählt.

Unter den Juden waren es vor allem die Jüngeren, geboren zwischen 1800 und 1821, und die älteren Angehörigen des guten Mittelstandes, die sich engagierten. Man darf schließen, daß die Gemeinde sich unter der Leitung Kaliskys von der strengen Orthodoxie wegentwickelt hatte hin zu einer Gemeinde, die die religiösen Traditionen wahrte (abzulesen z. B. an der Art des Tora-Einweihungsgottesdienstes), zugleich aber für den Fortschritt offen war. Für eine Kleinstadtgemeinde war diese Offenheit eher ungewöhnlich. In vielen Klein-

---

[25] Vgl. Kap. 2.4.
[26] Ähnlich verhielten sich die Regierungsvertreter auch anderswo: Guenter, M. Lippe, 1973, S. 139. – Toury, Jacob, Probleme jüdischer Gleichberechtigung auf lokalbürgerlicher Ebene in: Jahrbuch des Instituts für Deutsche Geschichte. Tel Aviv. Bd. 2, 1973, S. 272.
[27] Krohn, H., Hamburg 1848–1918, 1974, S. 20 und 22.
[28] AR I Abt. III Fach 2 Vol. L, Sthamer an Kauffmann 20.4.1848.
[29] AR I Abt. III Fach 2 Vol. L, a.a.O.
[30] ZAR vom 5.4.1848.
[31] Vitzthum, Karl-Heinz, Die Wahlen zur Hamburger Konstituante 1848 im Amt Ritzebüttel in: Jahrbuch. Männer vom Morgenstern. 50(1969), besonders S. 191-193. – Alle Einzelheiten zum »Bürgerverein« finden sich in AR I Abt. III Fach 1 Vol. D.

gemeinden z. B. in Posen, Baden, Bayern, Oberschlesien und Mecklenburg verhielt man sich entweder völlig passiv den politischen Ereignissen gegenüber oder wehrte sich von vornherein gegen mögliche religionsfeindliche Folgen der Gleichberechtigung.[32] Ob es Konflikte um diese politische Teilnahme gab, darüber könnten die verschollenen Gemeindearchivakten Auskunft geben. Wahrscheinlich ist es nicht. Denn die in der Gemeinde unbestrittene Führungspersönlichkeit Kalisky hatte zweifellos die Fähigkeit, zwischen den Vertretern religiöser Normen und den politisch engagierten Mitgliedern zu vermitteln.

Von den nichtjüdischen Mitgliedern des »Bürgervereins« gehörten ebenfalls viele der jüngeren Generation an – die Kinder ehemaliger Judenfeinde, die z. B. 1828 massiv in dem Prozeß gegen Amtmann Heise wegen der Lohgerberei des Juden Friedmanns aufgetreten waren.[33] Woher kam der Stimmungsumschwung, der so weitgehend war, daß Senator Kauffmann befürchtete, wenn die Tagespresse etwas vom Schutzgeld erführe, werde »sie nicht säumen [...], diese Einrichtung nach Analogie des türkischen Kopfgeldes zu interpretieren«.[34] Zum einen war es das erstmals vorhandene gemeinsame politische Interesse – Juden wie Nichtjuden kämpften um ihre Emanzipation im Staat und vom Staat, um mehr Freiheit, Gleichheit und Mitbestimmung. Zum andern war die jüdische soziale und wirtschaftliche Angleichung an die bürgerliche deutsche Umwelt[35] nicht mehr zu übersehen: »Der humanisierende Fortschritt der Zeit« habe »eine früher verworfene Classe je mehr und mehr veredelt [...], und so ihre Anforderung zur bürgerlichen Gleichstellung als völlig berechtigt dargestellt, für deren Erreichung wir schließlich unsere herzlichen Wünsche aussprechen«, so formulierte es 1846 die »Zeitung für das Amt Ritzebüttel«, das Sprachrohr des liberalen Bürgertums.[36]

Zudem entsprach es dem Zeitgeist der Revolutionszeit, in der Euphorie der eigenen Emanzipationsbestrebungen alle und jeden mitzuemanzipieren.[37]

Das Tauziehen um Aufhebung oder Ablösung des Schutzgeldes wurde durch die politischen Ereignisse überholt und schließlich überflüssig gemacht. Am 27.12.1848 verabschiedete das Frankfurter Parlament die Grundrechte des deutschen Volkes.[38] Der Artikel 16 der Grundrechte billigte den Juden die Gleichstellung zu.

Am 7.2.1849 veröffentlichte die »Zeitung für das Amt Ritzebüttel« einen Entwurf der Ritzebütteler Reformkommission vom 25.1.1849 zu den Rechten und Pflichten der Bürger. Der Entwurf plädierte für eine Anerkennung der Grundrechte auch im Amt Ritzebüttel. »Es fällt daher das bisher von den hiesigen Juden erhobene Schutzgeld weg« (Paragraph 2). Am 14.2.1849 schließlich teilte Amtmann Sthamer in der Zeitung mit, daß auf Beschluß des Senats vom 7.2.1849 das Schutzgeld in der Tat aufgehoben sei.

Am 21.2.1849 wurde in Hamburg die »Provisorische Verordnung Behufs Ausführung des §. 16 der Grundrechte des deutschen Volkes in Bezug auf die Israeliten« verabschiedet.[39] Sthamer modifizierte sie den Verhältnissen im Amt Ritzebüttel entsprechend und veröf-

---

[32] Toury, Jacob, Die Revolution von 1848 als innerjüdischer Wendepunkt in: Das Judentum in der deutschen Umwelt 1800–1850. Hrsg. von Hans Liebeschütz und Arnold Paucker. Tübingen 1977. (Schriftenreihe wissenschaftlicher Abhandlungen des Leo Baeck Instituts. 35.) S. 359.

[33] Siehe Kap. 2.4.

[34] AR I Abt. III Fach 2 Vol. L, 10.9.1839.

[35] Vgl. Toury, Jacob, Der Eintritt der Juden ins deutsche Bürgertum in: Das Judentum in der deutschen Umwelt 1800–1850. Hrsg. von Hans Liebeschütz und Arnold Paucker. Tübingen 1977. (Schriftenreihe wissenschaftlicher Abhandlungen des Leo Baeck Instituts. 35.) S. 233.

[36] ZAR vom 14.1.1846.

[37] Sterling, Eleonore, Er ist wie Du. München 1956, S. 147.

[38] ZAR vom 28.1. und 31.1.1849.

[39] AR I Abt. III Fach 2 Vol. L, 21.2.1849.

fentlichte sie am 21.3.1849.[40] Vor allem wandte sich Sthamer gegen den Paragraphen 4 der Provisorischen Verordnung, den der Senat für Ritzebüttel so formuliert hatte:

»durch die Erlangung des Bürgerrechts erlangen die Israeliten in Ritzebüttel alle Rechte, welche den Christlichen Amtsbürgern daselbst zustehen.«[41]

Sthamer schrieb:

»Mit dieser Fassung kann ich mich nicht ganz einverstanden erklären, weil nämlich, wenn ich den Rath & Bürgerschluß recht verstehe, eine völlige Gleichstellung noch nicht bewirkt werden soll.«[42]

Dieser Einwand wurde vom Senat aufgenommen und der Paragraph entsprechend einschränkend neu formuliert, denn in der Tat blieb ja die Fürsorge für die jüdischen Armen weiterhin alleinige Sache der jüdischen Gemeinden. Außerdem war jeder Jude nach wie vor den jüdischen Gemeindelasten wie denen der politischen Gemeinden unterworfen.[43]

Auch sollte der Bürgereid von Juden weiterhin »more judaico« geleistet werden.[44] Die Eidesformel lautete: »Bei dem wahren Gott Adonai«[45] bzw. »So wahr mir helfe der wahre Gott Adonai«.[46] Gegen diese offensichtliche Ungleichbehandlung protestierten zahlreiche Juden in Hamburg. Schließlich wurde durch Rat- und Bürgerschluß vom 29.6.1849 eine neue Formel unabhängig von der Konfession des Schwörenden eingeführt. Sie lautete: »So wahr mir Gott helfe.«[47]

Noch im März und April 1849 erwarben die ersten acht Ritzebütteler Juden das Amtsbürgerrecht.[48] 50 Courantmark hatten dafür diejenigen zu erlegen, die bisher kein Schutzgeld gezahlt hatten. 20 Mark kostete es für bisherige Schutzbriefinhaber oder solche Juden, die eine Ritzebüttelerin heiraten wollten.[49]

Die Verordnung vom 25.9.1851 erlaubte die Mischehe zwischen Christen und Juden.[50]

Damit waren wichtige rechtliche Schritte hin zur Gleichstellung getan, »wenn auch der That noch manches zur Verwirklichung fehlte«, wie die Ritzebütteler jüdische Gemeinde 1861 in einer Supplik an den Amtmann Gustav Kirchenpauer mit Recht feststellte.[51] »Eine Gleichstellung in Bezug auf die Armenpflege scheint gewißt wünschenswert.« In ihrer Supplik ging es der Gemeinde aber vorrangig um die christliche Kirchensteuer, von der sie sich ungerechterweise belastet fühlte. Außer den jüdischen Gemeindeabgaben hatte jeder Hausvater Steuern für die Kirchen in Ritzebüttel, Groden und Döse zu zahlen. Eine endgültige Lösung dieses Problems konnte erst durch die Trennung von Staat und Kirche erreicht werden. Sie erfolgte für Hamburg und damit für das Amt Ritzebüttel 1870.[52]

Zunächst gab es aber andere wichtige rechtliche Veränderungen, die die Provisorische Verordnung weiterführten bzw. ablösten. So gewährte die neue Hamburger Verfassung von 1860 die volle Glaubens- und Gewissensfreiheit (Artikel 10).[53] Schließlich brachte das

---

[40] Provisorische Verfügung vom 19.3.1849, ZAR vom 21.3.1849.

[41] AR I Abt. III Fach 2 Vol. L, 10.3.1849.

[42] AR I Abt. III Fach 2 Vol. L, a. a. O.

[43] Provisorische Verfügung, Paragraph 4, ZAR, a. a. O.

[44] Provisorische Verfügung, Paragraph 3, ZAR, a.a.O. – Provisorische Verordnung, Art. 3, AR I Abt. III Fach 2 Vol. L, 21.2.1849.

[45] Krohn, H., Hamburg 1848–1918, 1974, S. 36.

[46] AR I Abt. III Fach 2 Vol. L, 15.2.1849.

[47] Krohn, a.a.O.

[48] AR I Abt. II Fach 13 Vol. A6.

[49] AR I Abt. II Fach 13 Vol. B, 3.1.1863.

[50] Siehe Kap. 2.6.1.

[51] AR I Abt. VI Fach 5 Vol. B, 3.7.1861.

[52] Borrmann, H., Daten, ³1982, S. 82.

[53] Krohn, H., Hamburg, 1800–1850, 1967, S. 74.

»Gesetz betreffend die Verhältnisse der israelitischen Gemeinden« vom 7.11.1864 zwei wichtige Neuerungen. Zum einen führte es die freiwillige Mitgliedschaft in den Hamburger jüdischen Gemeinden ein. Zum anderen bestimmte es die Übernahme der jüdischen Armenpflege durch den Staat.[54]

In den Jahren der Reaktion nach 1848 wurden in Hamburg und andernorts[55] die Reformen Stück für Stück wieder abgebaut. »Die Judenemanzipation war das einzig greifbare Ergebnis der Verflechtung national deutscher und Hamburger Reformbestrebungen, das nach dem Scheitern der Revolution [...] nicht rückgängig gemacht wurde.«[56]

5.2 Assimilation und Integration nach 1849

Der Prozeß der Assimilation umfaßte qualitativ unterschiedliche Stufen von der »Annäherung« und »Anpassung« bis hin zur »Anbürgerung«, »Identifizierung« und »Eingliederung«.[57] Während die letzten Stufen im allgemeinen erst nach der Gleichstellung der Juden in erreichbare Nähe rückten, lief die Phase der Annäherung und Anpassung schon lange vorher. Auf Beispiele habe ich oben hingewiesen.[58]

Vereinzelt fand sogar schon eine frühe Eingliederung statt, so durch die an manchen Orten mögliche jüdische Teilnahme an der Selbstverwaltung[59] und durch den Militärdienst. Ritzebütteler Juden dienten von Anfang an im Bürgermilitär[60], während sie zur Selbstverwaltung erst nach der Gleichstellung herangezogen wurden. Das Bürgermilitär wurde 1814 nach Ende der Franzosenzeit im Hamburger Staat aufgestellt und 1868 bei der Neubildung des Bundesheeres aufgelöst. Nach dem Gesetz vom 14.9.1814 waren alle Bürger und Einwohner, also auch Juden, zum Militärdienst verpflichtet.[61] Im Offiziersrang fanden sich Juden nur ausnahmsweise. Als einziger Ritzebütteler Jude brachte es der Kaufmann Jacob Jacobsen zum Reserveoffizier[62], der sonst so erfolgreiche Bernhard Isaac Brady nur zum Korporal.[63] Im Dienst mit der Waffe gab es aber doch ein gleichberechtigtes Zusammenleben zwischen Juden und Christen.[64]

Auch im Bereich der Bildung war eine Annäherung schon seit Ende der 30er Jahre des 19. Jahrhunderts erkennbar. Seit 1838 schickten die gutsituierten Juden ihre Töchter auf die christliche Töchterschule in Ritzebüttel.[65] Dies entsprach einem allgemeinen Trend im wohlhabenderen städtischen, zumal großstädtischen Judentum. In Hamburg z.B. besuchten alle Töchter aus dieser Schicht und $5/6$ der Söhne die öffentlichen Schulen.[66] Bei der Töchterschule handelte es sich um eine »Standesschule« für die Kinder begüterter Bürger.[67] Die Möglichkeit der Assimilation in diesem wichtigen Bereich der Schulbildung hing vor der Gleichstellung noch ganz von der richtigen »Klasse« ab. Seit wann die Jungen die all-

54   Zimmermann, M., Patriotismus, 1979, S. 229.
55   Z.B. in Württemberg, Hannover, Hessen-Kassel, Anhalt und Mecklenburg. Toury, J., Revolution, 1977, S. 368.
56   Zimmermann, a.a.O.
57   Diese Stufenfolge stellt Toury auf. Toury, J., Eintritt, 1972, S. 286, Anm. 3.
58   Siehe Kap. 4.5.
59   Toury, J., Probleme, 1973, S. 267–286.
60   Provisorische Verordnung, S. 5, AR I Abt. III Fach 2, 21.2.1849.
61   Krohn, H., Hamburg 1800–1850, 1967, S. 16.
62   AR I Abt. II Fach 12 Vol. B, 29.3.1849.
63   7A Nr. 9724, Bildarchiv Sta Cux.
64   Toury, J., Eintritt, 1977, S. 173.
65   Siehe Kap. 3.2.
66   Graupe, H.M., Entstehung, ²1977, S. 239.
67   Dieckhoff, G., Töchterschule, o.J., S. 4 f.

gemeinen Schulen, z.B. die Höhere Bürgerschule, besuchten, ließ sich nicht feststellen. Spätestens in den 50er Jahren aber war der gemeinsame Schulbesuch jüdischer und christlicher Kinder in Ritzebüttel selbstverständlich.[68]

Eine relativ frühe Anpassung erfolgte im Bereich der Namensgebung.[69] Juden vor allem in den Städten begannen sich vom »Stigma des Namens« zu befreien.[70] Die Mädchen erhielten schon seit Beginn des 19. Jahrhunderts fast ausschließlich deutsche Vornamen, während sich bei den Jungen die jüdischen und deutschen Namen bis etwa 1850 die Waage hielten.[71] Erst in den 60er und 70er Jahren dominierten deutsche Männervornamen. Jüdische Namen gaben jetzt nur noch besonders religiöse Eltern wie z.B. der Lehrer Aron Stoppelmann und seine Frau Güttel. Unter den deutschen Männernamen war »Adolph« (»Adolf«) das ganze 19. Jahrhundert hindurch der bei weitem beliebteste, lange bevor er zum Modenamen[72] wurde. Hinter der Häufung dieses Vornamens stand die Substituierung des jüdischen Namens »Abraham«. Es war üblich, statt des jüdischen einen deutschen Namen zu wählen, der mit dem gleichen Buchstaben begann. So wurde aus »Abraham« »Adolph«.[73] In einem Fall aus dem Jahr 1842 findet sich im Geburtsregister ein ausdrücklicher Verweis von dem einen auf den anderen Namen: Abraham Jacobsen »genannt Adolph«.[74]

Die Praxis der Schulbildung und Namensgebung scheint darauf hinzudeuten, daß es den Mädchen gegenüber eine frühere Bereitschaft zu assimilatorischem Verhalten gab als gegenüber Jungen. Offenbar wurde auf die Beibehaltung jüdischer Traditionen in bezug auf Mädchen leichter verzichtet. Dies wirft noch einmal ein Licht auf die relativ unbedeutende Stellung der Frau im jüdischen Gemeindeleben.[75]

Neben dieser Annäherung eröffneten die politischen und sozialen Veränderungen der Gleichstellungszeit weitere Möglichkeiten der Assimilation bis hin zur Integration. Neu war vor allem die Möglichkeit politischer Teilnahme, etwa durch Wahlen oder durch die Übernahme von Ämtern, wie es die Provisorische Verordnung von 1849 ausdrücklich vorsah.[76] Es mußten jedoch erst die Jahre der Reaktion vorübergehen, bevor die jüdische Mitarbeit in der Gemeindeverwaltung realisiert wurde.[77] Einige Beispiele: 1867 wurde Bernhard Isaac Brady als erster Jude zum Korporal (Ortsvorsteher) ernannt.[78] Damit war er zugleich Mitglied der Landesversammlung. (Der Amtmann bildete zusammen mit den Schultheißen, Adjunkten und Korporälen die Landesversammlung.[79]) Brady blieb auch Mitglied, als aus der Landesversammlung ab 1873 eine gewählte Gemeindevertretung wurde. 1871 gehörte er zusammen mit seinem Bruder Ahron Isaac dem Repräsentantenausschuß an, der wegen der Zusammenlegung der Gemeinden Ritzebüttel und Cuxhaven ein neues Ortsstatut erarbeiten sollte.[80]

---

68 Peycke, R., Lebensgeschichte, 1933, S.120. Ms. Sta Cux.
69 Die Annahme »deutscher« Familiennamen hatte Abendroth schon 1816 verfügt. AR I Abt. III Fach 2 Vol. D.
70 Bering, Dietz, Der Name als Stigma. Antisemitismus im deutschen Alltag 1812-1933. Stuttgart 1987.
71 Im Oldenburger Münsterland z.B. gab es sogar schon seit dem 18. Jahrhundert deutsche Vornamen für jüdische Mädchen, für Jungen dagegen erst seit 1850. Schieckel, H., Oldenburger Münsterland, II, 1975, S.64.
72 Steinhausen, G., Leben, 1898, S.79.
73 Weitere Beispiele nennt Krohn, H., Hamburg 1848-1918, S.31.
74 Rep. 83b Nr. 4, NsStA Stade.
75 Vgl. Kap. 2.6.
76 AR I Abt. III Fach 2 Vol. L, 21.2.1849, S.5.
77 Toury spricht in diesem Zusammenhang von brüsker Zurückweisung der Juden. Toury, J., Geschichte, 1977, S.115.
78 ZAR vom 1.1.1868.
79 Borrmann, H., Bilder, Teil 1, 1983, S.206.
80 Drägert, Ernst, Zum kommunalpolitischen Werden Cuxhavens. (2.) in: Die Truhe. 68 (Jan. 1975), o. Pag. – 1872 schlossen sich die Gemeinden Ritzebüttel und Cuxhaven zur »Landgemeinde Cuxhaven« zusammen. Siehe Kap. 1.2.

1883 fungierte Bernhard Isaac Brady als Geschworener, 1890 Ferdinand Salomon West-phal.[81] 1905 kandidierte Isaak Meibergen bei den Gemeindewahlen.[82] Arthur Gotthelf war in den 20er und 30er Jahren des 20. Jahrhunderts Stadtverordneter.[83]

Mit der Einbeziehung in die örtliche Selbstverwaltung und mit dem wachsenden wirtschaft-lichen Erfolg[84] stellte sich allmählich auch die gesellschaftliche Anerkennung ein, zumin-dest für den bürgerlichen jüdischen Mittelstand. Juden wie der oben erwähnte Aron Stop-pelmann, der sich ein Zubrot durch Lumpenhandel[85] verdienen mußte, blieben dagegen auch weiterhin gesellschaftliche Außenseiter. Am Beispiel der goldenen Hochzeit Emma und Bernhard Isaac Bradys wurde die gesellschaftliche Integration sichtbar: Kostbare Ge-schenke kamen nicht nur von der Familie und den Geschäftsfreunden, sondern z. B. auch vom »Kegelclub Fidelitas« und dem »Dölleschen Stammtisch«; Amtsverwalter Kaemmerer gratulierte persönlich, seine Frau überreichte ein von ihr kunstvoll arrangiertes Blumenbu-kett; das Paar wurde »mit Glückwünschen von hiesigen Bürgern überschüttet«; an der ritu-ellen Einsegnung durch den Hamburger Oberrabbiner Leimdörfer und an dem anschließen-den Essen nahmen »außer den Hochzeitsgästen eine große Anzahl Freunde« teil; während des Festessens liefen »circa 300 Depeschen aus allen Himmelsrichtungen ein«; schließlich wurde den Bradys ein Ständchen »von der hiesigen Matrosen-Artillerie-Capelle darge-bracht«. »Bemerkt sei noch, daß Cuxhaven heute im reichsten Flaggenschmuck prangt.«[86]

Die Ritzebütteler bzw. Cuxhavener Juden identifizierten sich zweifellos im Laufe des 19. Jahrhunderts mit ihrem Wohnort und darüber hinaus mit Deutschland. Mochte das all-wöchentliche Gebet für den Amtmann in der Synagoge eine ihnen auferlegte Pflicht sein[87] – das Hoch auf die kaiserliche Familie bei Bradys goldener Hochzeit[88] war freiwillig. Man subskribierte das »Gedenkbuch des hamburgischen Amtes Ritzebüttel«[89] und begann sich seit der Gleichstellung 1849 immer mehr »teutsch« als »jüdisch« zu fühlen.[90] An der oben er-wähnten »Jubelfeier« des Amtes Ritzebüttel zur 500jährigen Zugehörigkeit zu Hamburg nahmen die jüdischen Bürger gemeinsam mit den christlichen teil. Die jüdischen Geschäfts-leute schmückten z. B. aus diesem Anlaß ihre Geschäfte in der Nordersteinstraße beson-ders aufwendig. Die Feier gab Gelegenheit, Ritzebütteler bzw. Cuxhavener, Hamburger und deutsches Heimatbewußtsein zugleich zu demonstrieren.[91]

Der Prozeß der Assimilierung stieß zumindest in der Kleinstadt des 19. Jahrhunderts von jüdischer Seite auf Grenzen. Die völlige »Verschmelzung« oder gar »Auflösung«[92] in der nichtjüdischen Umwelt wurde gar nicht gewünscht. Noch die jüdische Erwachsenengene-ration in der Zeit des Nationalsozialismus behielt bei aller Assimilierung die Ablehnung der Mischehe bei und bewahrte sich im allgemeinen einen religiös geprägten Lebensstil. Daß sich dies auch in der Kleinstadt hätte ändern können, wenn nicht der Nationalsozialismus zerstörend eingegriffen hätte, macht die positive Einstellung der jungen jüdischen Genera-tion um 1933 zur Mischehe und ihr sich vom Religiösen immer mehr entfernender Lebens-stil deutlich.[93] In der Großstadt war das anders. Dort verlief der Prozeß der Assimilierung

[81] AR I Abt. III Fach 1 Vol. Q.
[82] CT vom 30.5.1905.
[83] Siehe Kap. 6.1.1.
[84] Siehe Kap. 5.2.1. und 5.3.
[85] Höpcke, W., Einwohner, Heft 1. Ms. Sta Cux.
[86] Die Zitate stammen aus der ausführlichen Berichterstattung der Zeitung. CT vom 1.8. und 3.8.1901.
[87] AR I Abt. III Fach 2 Vol. L, 20.9.1839.
[88] CT vom 3.8.1901.
[89] Grandauer, G., Gedenkbuch, 1852.
[90] Vgl. Kap. 6.1.1. – Vgl. Toury, Jacob, »Deutsche Juden« im Vormärz in: Bulletin des Leo Baeck Instituts. 8 (1965), Nr. 29–32, S. 82.
[91] [Siebzig] 70 Jahre, 1964, S. 7 und 9.
[92] So bezeichnet Toury die Endstufen der Assimilation. Toury, J., Eintritt, 1972, S. 286, Anm. 3.
[93] Vgl. Kap. 6.1. und 6.1.1.

schneller und gründlicher. Größere soziale Mobilität und geringere soziale Kontrolle halfen, die noch vorhandenen Traditionsbarrieren zu überwinden. Schon zur Zeit Rahel Varnhagens (1771–1883) wollten zahlreiche Berliner Juden sich um jeden Preis aus dem Judentum lösen.[94]

Auch von nichtjüdischer Seite wurde in der Kleinstadt die völlige Assimilation nicht gewünscht. Sichtbarer Ausdruck war ebenfalls die weitere Tabuisierung der Mischehe.

Am Ende der Emanzipationszeit im Kaiserreich stand der weitgehend assimilierte, politisch loyale deutsche Bürger jüdischer Konfession, in seiner erfolgreichsten Ausprägung repräsentiert von Persönlichkeiten wie Bernhard Isaac Brady. Doch darf dies nicht darüber hinwegtäuschen, daß die Mehrheit der Deutschen die Juden auch weiterhin für anders hielt als sich selbst[95], und zwar für schlechter.[96]

5.2.1 Bernhard Isaac Brady – deutscher Bürger jüdischen Glaubens

Bernhard Isaac Brady wurde 1824 in Ritzebüttel geboren. Sein Vater Isaac Abraham Brady stammte aus Böhmisch Laipach. Ob der Familienname Brady auf eine ursprüngliche Herkunft aus dem galizischen Brody hinweist[97], ist ungewiß. Nach einer Familienanekdote nahm Isaac Abraham Brady den Namen eines Schiffskapitäns an, dem er von seinem Problem, einen festen Familiennamen finden zu müssen, erzählt hatte.[98] Isaac Abraham Brady kam 1806 aus Lehe nach Ritzebüttel und heiratete dort Rosette (Röschen) Aron. Von den elf Kindern starben drei früh. Bernhard war das jüngste Kind. Sein Zwillingsbruder Eduard wurde nur ein Jahr alt.[99] 1846 starb der erfolgreiche Schlachter und Mobilienhändler Isaac Abraham Brady. Zwei Jahre später, mit 24 Jahren, gründete Bernhard sein eigenes Geschäft in der Nordersteinstraße 53, ein Manufakturwarengeschäft für Bekleidung und Textilien.

Das Startkapital stammte aus seinem Erbe. Der vermögende Vater hatte jedem Kind je 100 Mark Louisdor, 1000 Mark Louisdor nach Gold und 100 Taler Preußisch Courant hinterlassen.[100] Das Geschäft entwickelte sich im Laufe der Jahre zum Kaufhaus, dem größten »Modewaren- und Konfektions-Etablissement am Platze« mit »eigenem Herren-Schneider-Atelier« und einer »Spezial-Abteilung für Damen-Konfektion«. Das Haus führte außerdem Betten und Aussteuerartikel, Leinen und Weißwaren, Stoffe und Heimtextilien wie Gardinen, Tischdecken und Teppiche. Es war zudem »Vertraglicher Lieferant der Marine-Offiziers-Kleiderkasse sowie der Kanalbeamten des Kaiserl. Kanalamtes, Kiel«.[101]

Mit etwa 67 Jahren zog Brady sich aus dem Geschäftsleben zurück. Sein Sohn Eduard und sein Schwiegersohn Julius Goldschmidt[102] übernahmen das Geschäft. Nach dem Tod Eduards 1909 wurden die Söhne Paul Jonas Brady und Bruno Goldschmidt die neuen Inhaber.[103] Die beiden strebten jedoch fort aus der Kleinstadt in die Großstadt Berlin. Am 31.12.1917 wandelten sie die Firma Brady in eine GmbH um und gliederten sie dem Kon-

---

94 Arendt, Hannah, Rahel Varnhagen. München 1959, S. 18.
95 Vgl. Peycke, R., Lebensgeschichte, 1933, S. 120, Ms. Sta Cux.
96 Vgl. Riehl, W.H., Pfälzer, ⁴1925, S. 293, zitiert in Kap. 4.5. – Toury, J., Geschichte, 1977, S. 210.
97 Kaganoff, B.C., Dictionary, 1977, S. 139.
98 Mitteilung von Eric Davidson vom 22.11.1982.
99 Rep. 83b Nr. 4, NsStA Stade.
100 AR I Abt. XI Fach 7a Vol. L Fasc. 1, Nr. 238.
101 Cuxhavener Adreßbuch 1912.
102 Cuxhavener Adreßbuch 1891.
103 CZ vom 26.3.1910.

zern Emden ein.[104] 1918 meldete sich Paul Brady aus Cuxhaven ab. 1919 folgte ihm Goldschmidt.[105]

Von den neun Kindern Bernhard Bradys und seiner Frau Emma aus der wohlhabenden Familie Friedmann hatten schon im 19. Jahrhundert fünf der sechs Söhne das Amtsgebiet verlassen. Drei Söhne wanderten nach Amerika aus[106], die anderen beiden ließen sich in Hamburg und Bielefeld nieder. Möglich, daß sie sich nicht neben der starken Persönlichkeit des Vaters behaupten konnten. Wahrscheinlicher ist aber, daß sie früh zur Einsicht kamen, daß für mehrere Geschäfte vom Format des väterlichen im Amt Ritzebüttel keine Überlebenschance bestand.

Nachdem der Karstadt-Konzern den Konzern Emden Söhne übernommen hatte, ging am 31.12.1926 auch die Firma Brady an Karstadt über. Karstadt konnte zufrieden sein, denn die Firma hatte »gerade in den letzten Jahren einen bedeutsamen Aufschwung genommen«.[107]

Bernhard Brady erwarb sich neben einem florierenden Geschäft im Laufe der Jahre einen stattlichen Grundbesitz: 1854 und 1858 kaufte er aus Konkursmassen das Grundstück Ritzebüttel Nr. 179 (Nordersteinstraße) mit Haus, Scheune und Garten und das Haus Groden Nr. 81[108]; 1883 den Siat'schen Hof[109]; 1887 das Haus neben seinem Geschäft aus dem Böye'schen Erbe in der Nordersteinstraße 54 für 17 500 Mark.[110] In der Folgezeit wurden die beiden Häuser mit einem Zwischenbau verbunden – das »Modehaus Bernhard Isaac Brady« erhielt damit Kaufhauscharakter.[111] Außerdem gehörten Brady der Weideplatz Nr. 209 und weitere Teile der Neufelder Ländereien.[112]

Die soziale Anerkennung für den Besitzbürger Brady ließ nicht auf sich warten.[113] Die Spannweite der Anerkennung reichte von der öffentlich-patriotischen zur geselligen und privat-persönlichen Ebene. So wurde er 1871 in das »Festkomité« gewählt, das die Friedensfeier am 25.3.1871 zur Beendigung des deutsch-französischen Krieges gestaltete.[114] Er war Mitglied des Schützenvereins, des Kegelklubs »Fidelitas« und des »Dölleschen Stammtischs«. Ab 1900 fungierte er als Vormund für die Kinder des 1899 verstorbenen Kaufmanns und Gemeindevorstehers Carl Ludwig Huene. Brady war ein großzügiger und nicht nur wegen der reichlichen Weihnachtsgeschenke beliebter Vormund.[115]

Wie kein zweites Mitglied der jüdischen Gemeinde war Brady auch in das politische Leben Ritzebüttel-Cuxhavens integriert. Einige seiner Ämter habe ich oben aufgeführt.[116] 1875 kletterte er in die höheren Ränge der Selbstverwaltung – er wurde zum Landesadjunkten gewählt.[117] Damit war er als erster Jude gewählter Vertreter der Einwohner der Gemeinde Cuxhaven.

Brady behielt eine gewisse Risikobereitschaft bei, wie sie eher die Ritzebütteler Juden der ersten Generation ausgezeichnet hatte. Wenn er Möglichkeiten zur wirtschaftlichen Wei-

---

[104] Borrmann, Hermann, Der Flecken Ritzebüttel. Cuxhaven, Teil 2, 1985. (Bilder zur Geschichte des hamburgischen Amtes Ritzebüttel. – Veröffentlichung des Archivs der Stadt Cuxhaven. 10.) S. 234.
[105] Einwohnermelderegister, Sta Cux.
[106] Siehe Kap. 5.4.
[107] CZ vom 20.12.1926.
[108] AR I Abt. XI Fach 5 Konvolut 1.
[109] Mitteilung von Jochen Halbey vom 4.12.1984.
[110] CT vom 3.4.1887.
[111] Siehe Abb. 14.
[112] AR I Abt. II Fach 1 Vol. C Bd. 1.
[113] Vgl. den Bericht über seine goldene Hochzeit, Kap. 5.2.
[114] ZAR vom 15.3.1871.
[115] Mitteilung von Jochen Halbey, a. a. O.
[116] Siehe Kap. 5.2.
[117] 7A Nr. 9724, Bildarchiv Sta Cux.

terentwicklung der Cuxhavener Region sah, war er bereit, neue Projekte mit seiner Person und seinem Vermögen zu unterstützen. So organisierte er 1881 zusammen mit dem Buchdrucker und Verleger Georg Rauschenplath, dem Hotelier Emil Dölle und dem Schultheiß Ferdinand Hinrich Segelcke eine »Seebad-Aktien-Gesellschaft«. Ziel war es, eine »den jetzigen Zeitforderungen entsprechende See-Bade-Anstalt für Damen und Herren zu errichten«.[118]

Diese konnte schon 1882 beim ehemaligen Fort Grimmershörn eingerichtet werden. Damit wurde der eigentliche Grundstein für das Seebad Cuxhaven gelegt[119], das nach ersten erfolgreichen Anfängen unter Amtmann Abendroth 1816 aus vielerlei Gründen[120] in den folgenden Jahrzehnten völlig heruntergekommen war.

Als Geschäftsmann erkannte Brady die wirtschaftliche Bedeutung einer Eisenbahnlinie nach Harburg und des Hafenausbaus. Für beides setzte er sich ein. Als Vertreter der Gemeindeversammlung führte er Verhandlungen mit der »Preußischen Bank-Anstalt« in Berlin wegen der nötigen Obligationen für die »Cuxhavener Eisenbahn-, Dampfschiff- und Hafen-Actien-Gesellschaft«.[121] Möglich, daß er diesen Bankkontakt selbst hergestellt hatte.

Abb. 13:
Bernhard Isaac Brady,
ca. 70er Jahre

Ein Foto Bradys aus den 70er Jahren etwa[122] zeigt das Gesicht eines selbstbewußten, arrivierten Bürgers. Die vollen Wangen und Lippen strahlen Wohlleben, Sicherheit und Zufriedenheit mit sich und der Umwelt aus. Die Augen verraten den Geschäftsmann, liebenswürdig, aber in der Sache hartnäckig. Soviel Sicherheit mochte Neid provozieren, auch Antisemitismus. Zwei solcher Reaktionen sind bekannt. So wurde der Beginn der politischen Karriere Bradys von »Anastasius Blasius«, einem regelmäßigen Glossenschreiber in der »Zeitung für das Amt Ritzebüttel« 1867–69 ins Lächerliche gezogen. (Wer sich hinter dem Pseudonym verbarg, ist bislang nicht bekannt.) Die Glosse beschäftigte sich mit Bradys Ernennung zum Korporal (Ortsvorsteher):

---

[118] AR I Abt. III Fach 8, Vol. H, 29.12.1881.
[119] CT vom 17.10.1905.
[120] Aichholz, H., Badewesen, 1939, S.70–73.
[121] AR I Abt. III Fach 3 Vol. M Bd. 1.
[122] Siehe Abb. 13.

»In der israelitischen Gemeinde herrscht großer Jubel, sie will das Ereigniß zu einem ewig Unvergeßlichen machen, und mit demselben eine neue Zeitrechnung beginnen. Ich wünsche dem neuen Corporal zum Neuen Jahr ein recht fröhliches Schneegestöber, damit er die Annehmlichkeiten und die Bedeutung seiner Ehrenstelle bald kennen lerne.«[123]

Hinter dem leichten Ton verbirgt sich Häme. Ein für die Ritzebütteler Juden in der Tat bedeutungsvoller Einschnitt wird kleingemacht und als Thema behandelt, das gerade gut genug für Klatsch und Tratsch ist: »Wie mir diesen Morgen mein Barbier erzählte [...].«

Abb. 14: Modehaus Brady, Nordersteinstr. 53 und 54, um 1910

Die andere Episode betraf Brady zu einem Zeitpunkt, als er schon auf vielfache Weise in das öffentliche Leben Cuxhavens eingebunden war. 1883 rief er offen antisemitische Reaktionen des Amtsverwalters Werner hervor. Anlaß war ein Streit zwischen jüdischer Gemeinde und Amtsverwalter um von diesem erhobene Friedhofsgebühren.[124] Ein Schreiben der Gemeinde an Werner, das diesen besonders erboste, trug die Handschrift des selbstbewußten Bürgers Brady, der nicht mehr bereit war, sich durch einen Vertreter des Staates als geduldeten »Israeliten« behandeln zu lassen. Werner sprach daraufhin von der »charakteristische[n] Unverschämtheit« des »Ruhestörers Brady« – charakteristisch für den »Israeliten« Brady.

Offenbar zog Brady sich nach 1868, dem Jahr, in dem er zuletzt Gemeindevorsteher war, von Funktionen in der jüdischen Gemeinde zurück. Der Schwerpunkt seines sozialen und politischen Engagements lag zweifellos außerhalb jüdischer Belange. Damit war er ein typischer Vertreter der neuen Generation deutscher Juden.[125] Dennoch pflegte er weiterhin einen religiösen Lebensstil – die Trauungszeremonie bei seiner goldenen Hochzeit weist darauf hin – und nahm, wie das obige Beispiel zeigt, intensiv Anteil an den jüdischen Gemeindeangelegenheiten.

[123] ZAR vom 1.1.1868. – Für den Hinweis auf diese Glosse danke ich Herrn Walter Steffens.
[124] Siehe Kap. 3.3.
[125] Vgl. Toury, J., Juden, 1965, S. 82.

118

Brady gehörte zur Schicht des Besitz- und Bildungsbürgertums, wie es sich im Laufe des 19. Jahrhunderts[126] auch im Amt Ritzebüttel bildete. Wie sehr er in das soziale, wirtschaftliche und politische Leben Cuxhavens integriert war, zeigt der Nachruf in der Cuxhavener Zeitung, in dem er zu den »alten Eingesessenen« gerechnet wurde.[127] Seine Zugehörigkeit zum Judentum wurde mit keinem Wort erwähnt.

5.3 Wirtschaftliche und soziale Lage nach der Gleichstellung

Die zweite Hälfte des 19. Jahrhunderts brachte im wesentlichen eine Fortsetzung der Entwicklung, wie sie sich um 1850 angebahnt hatte. Die Mehrzahl der einheimischen jüdischen Geschäftsleute spezialisierte sich im Facheinzelhandel des Textil- und Wohnbedarfs.[128] Meist übernahm ein Sohn das Geschäft des Vaters – die übrigen Kinder verließen das Amt. In den 50er Jahren konkurrierten neun jüdische Manufakturwarenhändler miteinander, darunter zum ersten Mal eine Geschäftsfrau, Frommet (genannt Friederike) Schwabe, die ihr eigenes Geschäft führte, nicht etwa das ihres Mannes.

Daneben wurde die Schlachterei Brady zusammen mit einer Steinkohlen- und Lederhandlung in der zweiten und dritten Generation fortgeführt. Bis etwa 1873 betrieb Nathan Philipp Freudenburg seine Gastwirtschaft in Cuxhaven und betätigte sich nebenbei als Lotteriekollekteur – Überbleibsel des jüdischen Wanderhandels.[129] Freudenburgs einziger Sohn starb in Dover. Niemand sonst wollte offenbar die wenig einträgliche Wirtschaft weiterführen. Auch für die Schusterwerkstatt Moses Hirsch Friedländers fand sich aus dem gleichen Grunde kein Nachfolger.

Ein Sohn des gutgestellten Kaufmanns Hirsch Nathan Freudenburg wurde Arzt.[130] Das Medizinstudium bot sich für Juden an, da es fast als einzige Studienrichtung bis zum Vormärz die Promotion ohne Religionswechsel erlaubte. Außerdem versprach der Arztberuf realistische Erwerbschancen, während es im philologischen oder juristischen Bereich so gut wie keine Berufsaussichten gab.[131] Dieser Akademiker war eine Ausnahme. Die Mehrzahl der Söhne der Ritzebütteler Kleinstadtjuden konzentrierte sich auch in der zweiten Hälfte des 19. Jahrhunderts ganz auf das kaufmännische Gewerbe.

Zu dieser Zeit gab es nur noch einen Trödler, Aron Stoppelmann, der zwischen 1866 und 1875 etwa mit Lumpen, Kurz- und Fettwaren handelte.[132] In den 60er und 70er Jahren war er neben Regine und Zadek Westphal die letzte jüdische Randexistenz auf der untersten Stufe der sozialen Leiter.[133]

Genaue Zahlen, die den sozialen Aufstieg der Juden nach 1850 belegen könnten, gibt es nicht. Erst für die Jahre 1907 bis 1910 liegen Steuerrollen vor.[134] Die deklarierten Einkommen der jüdischen Geschäftsleute in der Nordersteinstraße lagen 1907 jährlich z. B. zwischen 18000 Mark (Bankgeschäft Calmann) und 2000 Mark (Franziska Löwenstein). Zum Vergleich: Eine Putzmacherin hatte nur ein Einkommen von 600 Mark, ebenso ein Arbeiter, ein Gehilfe von 900 Mark, eine Verkäuferin zwischen 600 und 1080 Mark.[135]

---

[126] Toury, J., Eintritt, 1977, S. 150.
[127] CT vom 17.10.1905.
[128] Siehe Kap. 2.4.
[129] Schubert, E., Leute, 1983, S. 166.
[130] Rep. 83b Nr. 4 Leichenreg., NsStA Stade.
[131] Toury, J., Geschichte, 1977, S. 175.
[132] AR I Abt. III Fach 3 Vol. A Fasc. 12, 1874 u. 1875. – Gewerbescheine I. OA Cux.
[133] Vgl. Kap. 3.5.1.
[134] Steuerrollen, Sta Cux.
[135] Steuerrolle 1907, Sta Cux.

Ein anderes Indiz für den Aufstieg der Juden in die untere bis obere Mittelschicht war der Grundbesitz. Zwischen 1840 und 1885 besaßen sieben jüdische Kaufleute insgesamt 13 Grundstücke mit Häusern.[136]

Die Gründerjahre gaben neue Impulse. Bernhard Isaac Brady erweiterte sein Geschäft wie erwähnt zum Kaufhaus.[137] Auch Ferdinand Westphal tendierte in diese Richtung, als er neue und antike Möbel, später Nähmaschinen und Fahrräder in sein Warenangebot aufnahm.[138] Die Läden wurden modernisiert und erhielten große Spiegelglasscheiben.[139] Man beschäftigte mehr Angestellte. 1891 wurde die erste Privatbank durch das Hamburger Bankhaus E. Calmann eröffnet.[140]

Abb. 15:
Nordersteinstr. 55,
Geschäftshaus Ferdinand Westphals,
vorher seines Vaters
Salomon Philipp Westphal, um 1900

Auffallend ist, daß in der zweiten Jahrhunderthälfte zum ersten Mal jüdische Frauen ihre eigenen Geschäfte gründeten, während sie vor 1850 allenfalls den Laden des verstorbenen Mannes übernommen hatten. Überhaupt begannen sie, außerhalb von Familie und Haus berufstätig zu werden, zumindest, solange sie unverheiratet waren.

So eröffnete Frommet (Friederike) Schwabe 1848 ein Manufakturgeschäft in Cuxhaven. 1855 gab sie es wieder auf, wahrscheinlich unter dem Druck der Konkurrenz. Sie blieb aber weiter berufstätig als Näherin.[141] 1859 gründete Johanna Rosenthal eine Putzhandlung in Ritzebüttel. 1862 betrieb Susanna Rosenthal ein Handels- und Lotteriegeschäft. 1896 richteten Horwitz und Franziska Löwenstein ein »Sortiment-Putz, Mode- und Galanteriewarengeschäft« ein. Etwa zur gleichen Zeit führten die Schwestern Laura und Lotte Wolff ein Wollwarengeschäft in der Nordersteinstraße.[142]

136 AR I Abt. II Fach 11 Vol. N, 1840–1885.
137 Siehe Kap. 5.2.1.
138 Gewerbescheine I, OA Cux. – Siehe Abb. 15.
139 [Siebzig] 70 Jahre, 1964, S. 7.
140 Adreßbuch 1891. – Gewerbescheine I, OA Cux.
141 Adreßbuch 1848 und 1855. – Rep. 83 b Nr. 4 Leichenreg., NsStA Stade.
142 Alle Angaben entstammen dem Adreßbuch oder den Gewerbescheinen I, OA Cux.

Diese Geschäfte wurden allerdings nach der Heirat aufgegeben. Andere Frauen, die nicht das Geld hatten, einen Laden aufbauen zu können, verdienten sich ihren Lebensunterhalt mit typischer »Frauenarbeit« wie Waschen, Plätten und Nähen. Aber sie arbeiteten außerhalb der Familie und verfügten dadurch über ein eigenes Einkommen.

Voraussetzung für diese neue Art der Berufstätigkeit war einerseits die bessere Mädchenbildung, andererseits die Übernahme und Erleichterung weiblicher Hausarbeit durch Industrie und Technik[143] und eine gewisse Öffnung der Gesellschaft für die berufstätige Frau. Den »höheren Töchtern« z. B. der Familie Brady blieb dieser Weg in eine relativ eigenständige, wenn auch sicher nicht leichte Existenz vorerst noch als nicht standesgemäß verwehrt.[144] Sie hatten allenfalls vor der Ehe die Möglichkeit, als Haustochter zumindest einmal in eine andere Stadt zu gehen, oder, wenn sie sich nicht verheirateten, den Beruf der Gesellschafterin oder Hausdame auszuüben.[145]

Die zweite Hälfte des 19. Jahrhunderts brachte den deutschen Juden weitere wirtschaftliche und soziale Konsolidierung und Normalisierung. Die Mehrheit, nämlich mehr als 60 %, stieg in das mittlere und obere Bürgertum auf.[146] Die Gründe hierfür lagen einerseits in der zunächst noch auferzwungenen Reduzierung auf den Beruf, da trotz Gleichstellung eine aktive Beteiligung am politischen Leben den meisten weiterhin versagt blieb.[147] Andererseits wirkten sich die wirtschaftlichen Möglichkeiten der Industrialisierung und der Gründerjahre trotz »Gründerkrise« 1873 begünstigend aus.

5.4 Mobilitätsvorgänge

Von 1750 bis 1818 wuchs die Zahl der Juden im Amt Ritzebüttel auf 100 Personen in 18 Haushalten an.[148] Zwischen 1818 und 1851 blieben diese Zahlen von kleinen Abweichungen abgesehen konstant. Die Volkszählung von 1851 ergab wiederum 100 Personen in 18 Haushalten.[149] Diese Beschränkung der Zahl der ansässigen Juden im Amt war eindeutig auf die Politik der Amtmänner seit Abendroths Verordnung von 1819[150] zurückzuführen. Noch Amtmann Sieveking hielt es 1846 für »wünschenswert«, die Zahl der Juden gering zu halten[151], um Konflikte mit Nichtjuden zu vermeiden und eine Verarmung der Judenschaft durch zuviel Binnenkonkurrenz von vornherein zu verhindern.

Nach der Gleichstellung und der damit verbundenen Freizügigkeit begann die allmähliche Abwanderung aus dem Amtsgebiet, so daß 1880 nur noch 29 Juden dort wohnten.[152] 1861 waren 14 jüdische Familien im Amt gemeldet[153] – die Hauptabwanderung erfolgte also erst danach. Ein wichtiges Datum in diesem Kontext war die volle rechtliche Gleichstellung aller Juden im norddeutschen Bundesgebiet am 3.7.1869[154] und damit die unbeschränkte Freizügigkeit in den Staaten des norddeutschen Bundes.

---

[143] Steinhausen, G., Leben, 1898, S. 89.
[144] Vgl. auch Kaplan, Marion A., Die jüdische Frauenbewegung in Deutschland. Hamburg 1981. (Hamburger Beiträge zur Geschichte der deutschen Juden .7.) S. 57 f.
[145] Z. B. Frida Rosette Brady, geb. 1885, Gesellschafterin. Einwohnermelderegister, Sta Cux.
[146] Jüdisches Leben, Bd. 2, 1979, S. 24.
[147] Toury, J., Geschichte, 1977, S. 115.
[148] AR I Abt. III Fach 2 Vol. C, 12.11.1818.
[149] AR I Abt. II Fach 11 Vol. E Fasc. 3.
[150] Siehe Kap. 2.4.
[151] AR I Abt. III Fach 2 Vol. L, 15.1.1846.
[152] Statistik des Hamburgischen Staates, Heft 11, 1881. Volkszählung 1880, S. 149.
[153] AR I Abt. VI Fach 6 Vol. B, 3.7.1861.
[154] Cobet, Christoph, Der Wortschatz des Antisemitismus in der Bismarckzeit. München 1973. (Münchner Germanistische Beiträge. 11.) S. 11.

In erster Linie gingen die Söhne, vor allem nach Hamburg, aber auch nach Hannover, Bremen, Berlin. Dagegen vermehrte sich die nichtjüdische Bevölkerung des Amtes Ritzebüttel weiter stetig[155] – für die jüdische Abwanderung waren also allein innerjüdische Gründe ausschlaggebend. Diese Abwanderung aus dem Landgebiet und den Kleinstädten entsprach dem allgemeinen Trend der jüdischen Binnenwanderung dieser Zeit. Mit ihren Verkehrsanbindungen und Bildungseinrichtungen boten die größeren Städte bessere Möglichkeiten des sozialen Aufstiegs als das Land oder die Kleinstadt.[156]

Erst mit der Belebung der Cuxhavener Wirtschaft durch das Seebad, die Gründung der Marinegarnison 1893, die Einrichtung des Seefischmarkts 1907 und dem damit verbundenen Ausbau von Hochseefischerei und Fischindustrie[157] zogen wieder Juden seit den 1880er Jahren ins Amtsgebiet. 1916 wohnten dort 59 Juden.[158] Hinzu kam eine große Zahl, die sich nur vorübergehend dort aufhielt. Es handelte sich um Lehrlinge, Handelsgehilfen, »Stützen«, Verkäuferinnen und Angestellte des Hamburger »Israelitischen Kinderhospiz« in Sahlenburg bei Cuxhaven. Auch Reisende und einzelne Kaufleute der Fischindustrie wie die Brüder Mannheim und Cassel ließen sich für ein paar Jahre in Cuxhaven nieder. Wie groß diese Zahl war, konnte nicht ermittelt werden.[159] Insgesamt war die jüdische Bevölkerung mobiler geworden. Die Auflösung der jüdischen Gemeinden als Zwangsgemeinden, die Freizügigkeit, aber auch neue Berufe wie die des Angestellten waren dafür verantwortlich.

Die Wirtschaftskrise der 20er und 30er Jahre führte wiederum zur Abwanderung von Juden. 1925 lebten 49 Juden im Amt Ritzebüttel[160], 1933 noch 41 Juden.[161] Die starke Abwanderung hatte zur Folge, daß von den alten jüdischen Familien, die seit 1750 im Amt gelebt hatten, ab etwa 1920 fast niemand mehr dort wohnte.

Gegenüber der Binnenwanderung spielte die Auswanderung nach Übersee kaum eine Rolle, anders als z. B. für die armen Juden aus den Dörfern Süddeutschlands.[162] In den Entlassungsakten aus dem Hamburgischen Staatsverband sind nur wenige Fälle genannt. Die große Auswanderungswelle als Reaktion auf Überbevölkerung und Wirtschaftskrisen erfolgte zwischen 1845 und 1858. Mehr als 1,3 Millionen Menschen verließen damals Deutschland und gingen nach Übersee.[163] Während aus den süddeutschen Dörfern die Armen auswanderten (siehe oben), gingen aus Ritzebüttel die Söhne der Wohlhabenden in die Vereinigten Staaten: zwischen etwa 1868 und 1873 vier Brady-Söhne, 14 bis 17 Jahre alt, und der 16jährige Arnold Goldschmidt.[164] Sie trieb nicht die »pushing power« der sozialen Not. Vielmehr war es die »pulling power« der Neuen Welt, die sie zur Auswanderung motivierte.[165] In Chicago und New York trafen sie Verwandte an, die ihnen den Start erleichtern konnten. Seit ca. 1856 hielt sich in Chicago Eduard Hoffmann aus Bederkesa auf, der Mann ihrer Schwester bzw. Kusine Rosalie Brady. In New York lebte Abraham Freudenburg aus Neuhaus/Oste, der Mann ihrer Tante Susanne Brady.[166]

---

[155] Aichholz, H., Badewesen, 1939, S. 33.

[156] Jüdisches Leben, Bd. 1, 1976, S. 29 f.

[157] Aichholz, a.a.O., S. 40 f.

[158] Statistisches Jahrbuch für die Freie und Hansestadt Hamburg. 1916, S. 78.

[159] Die Angaben entstammen Stichproben aus dem alten Einwohnermelderegister, Sta Cux.

[160] Jahrbuch, 1925, S. 362.

[161] Jüdische Einwohner von Cuxhaven am 1.1.1933, Sta Cux. – Statistik des Deutschen Reiches. 451 (1936), Heft 5. Die Glaubensjuden im Deutschen Reich, S. 41, verzeichnete 39 »Glaubensjuden« und 4 »Rassejuden«. – Siehe auch Kap. 6.1.

[162] Vgl. Jeggle, U., Judendörfer, 1969, S. 196 ff.

[163] Marschalck, Peter, Bevölkerungsgeschichte Deutschlands im 19. und 20. Jahrhundert. Frankfurt a.M. 1984. (Neue Historische Bibliothek.) S. 32.

[164] AR I Abt. II Fach 13 Vol. D Fasc. 1, Nr. 33, 34, 35, 36, 95.

[165] Hansen, Christine, Die deutsche Auswanderung im 19. Jahrhundert – ein Mittel zur Lösung sozialer und sozialpolitischer Probleme? in: Deutsche Amerikaauswanderung im 19. Jahrhundert. Hrsg. von Günter Moltmann. Stuttgart 1976, S. 18.

[166] Rep. 83b Nr. 4, NsStA Stade. – Die beiden Frauen blieben in Deutschland.

In den 1860er Jahren konnte man die Passage über Hamburg nach New York mit der »Hamburg-Amerik. Packetfahrt-Actien-Gesellschaft« von Cuxhaven aus bei einem dortigen Agenten buchen.[167] Zwischen 80% und 90% der deutschen Auswanderer gingen in die Vereinigten Staaten.[168] Daß auch viele Nichtjuden aus dem Amt Ritzebüttel und den benachbarten Gebieten sich der Auswanderung dorthin anschlossen, davon zeugen eine Fülle noch heute aktiver Vereine in Brooklyn, New York, z.B.: »Cuxhavener K.U.-Verein«, »Wanna Vereen«, »Bederkesa Club«, »Brooklyn Otterndorfer Club«, »Amt Dorum Wurster Club« u.v.m.[169]

Als einzige jüdische Frau aus Ritzebüttel wagte Fanny Stettiner, Tochter eher armer Eltern, die Reise nach Toledo, um dort 1850 einen deutschen Juden zu heiraten.[170]

Vor der Jahrhundertmitte wanderten nur zwei Ritzebütteler Juden – allerdings nicht ganz freiwillig – nach Amerika aus. So flüchtete 1835 der Manufakturwarenhändler Heymann Levin Hildesheimer in aller Eile über Hamburg nach Bremerhaven und von dort nach New York. Er ließ 4000 Mark Schulden in Ritzebüttel zurück. Dazu kamen noch Schulden in unbekannter Höhe außerhalb des Amtes.[171] Sein Bruder Marcus Levin begleitete ihn.[172] Offenbar hatte Hildesheimer im Frühjahr 1835 mit geliehenem Geld ein Haus mit Laden, Scheune und Hofplatz in der Nordersteinstraße gebaut und war nicht in der Lage, seine Gläubiger zu bezahlen. Haus und Laden mitsamt Waren wurden zwischen Juni und Oktober 1835 zur Versteigerung gebracht.[173]

Während die ersten beiden Generationen der Juden im Amt Ritzebüttel mühsam um das Recht auf Ansässigkeit gekämpft hatten und die dritte Generation eben erst den sozialen Aufstieg und den Beginn der Integration erlebte, strebte die vierte Generation schon wieder aus der Beschränktheit des Amtes fort auf der Suche nach Freiheit und Vielfalt der wirtschaftlichen Möglichkeiten, wie andere Länder bzw. die großen Städte sie boten.

5.5 Antisemitismus im Kaiserreich

An eben diesen sozialen Aufstieg nach 1850 knüpften die Ideologen der antisemitischen Bewegung in den Jahren nach der Weltwirtschaftskrise von 1873 an. Ihre Hauptvertreter, die Publizisten Otto Glagau, Wilhelm Marr und Karl Eugen Dühring, der Historiker Heinrich von Treitschke und der Berliner Hofprediger Adolf Stoecker machten die angebliche jüdische Vormachtstellung in Wirtschaft und Presse für die ökonomische Krise direkt verantwortlich.[174] Der moderne Antisemitismus unterschied sich wesentlich von der traditionellen Judenfeindschaft.[175] Er richtete sich nicht mehr gegen die fremde Religion, sondern

---

[167] ZAR vom 7.7.1869.
[168] Marschalck, Peter, Deutsche Überseewanderung im 19. Jahrhundert. Stuttgart 1973. (Industrielle Welt. 14.) S. 50.
[169] CZ vom 28.1.1960.
[170] ZAR, Anzeige vom 11.9.1850.
[171] Tagebuch Georg Wilhelm Reye, Mitteilung von Hans Reye vom 3.6.1983.
[172] AR I Abt. III Fach 6 Vol. B Fasc. 2, 15.10.1840.
[173] Neptunus, 7.6., 30.8., 9.9. und 11.10.1835.
[174] Die wichtigsten Quellen sind abgedruckt in Vorurteile gegen Minderheiten. Hrsg. von Hans-Gert Oomen und Hans-Dieter Schmid. Stuttgart 1978. (Arbeitstexte für den Unterricht.) S. 50–111.
[175] Ich stütze mich auf Rürup, Reinhard, Emanzipation und Antisemitismus. Göttingen 1975, hier besonders S. 74–111. Bei ihm wird auch auf die wichtigste Literatur zum modernen Antisemitismus und die unterschiedlichen Forschungsansätze hingewiesen. – Neuere Aufsätze zum Thema finden sich in Juden im Wilhelminischen Deutschland. Hrsg. von Werner E. Mosse. Tübingen 1976. (Schriftenreihe wissenschaftlicher Abhandlungen des Leo Baeck Instituts. 33.) und in Antisemitismus. Herbert A. Strauss, Norbert Kampe (Hrsg.). Frankfurt a. M., New York 1985. – Einen Überblick über die ältere Forschung gibt Schorsch, Ismar, German Antisemitism in the Light of Post-War Historiography in: Yearbook Leo Baeck Institute. 19 (1974), S. 257–271.

gegen die fremde Rasse[176], die es aus dem Lande zu weisen, ja, zu vernichten galt – so die radikalsten antisemitischen Stimmen. Er entwickelte sich zu einer »Weltanschauung«, die die Schuld an allen wirtschaftlichen und politischen Fehlentwicklungen den Juden zuwies, und er wurde ganz bewußt als politisches Instrument eingesetzt, um die konservativen und nationalistischen Kräfte zu mobilisieren.

> »Das politische und soziale Klima dieser Krisenjahre [nach 1873] bot geradezu klassische Voraussetzungen für die Suche nach ›Sündenböcken‹, die das Unverstandene erklärbar und das Ungewollte revidierbar machen konnten.«[177]

Zu diesen Sündenböcken gehörten neben den Juden noch andere Gruppen wie z. B. die Sozialisten, die wiederum alle miteinander verschworen waren.[178] Das Scheitern der liberalen Bewegung und die Wendung des Nationalismus zum Chauvinismus trugen weiterhin dazu bei, daß diese Sündenbocktheorie breiten Anklang fand.[179]

Schließlich spielte auch das über Jahrhunderte negativ geprägte Bild der Juden, die festverwurzelten tradierten Stereotype im Denken und Sprechen der Nichtjuden über Juden[180], eine wichtige Rolle für den Erfolg des modernen Antisemitismus.[181]

Ein Vorfall von 1904 zeigt den Einfluß antisemitischer Stimmen in Döse. Die »Antisemiten, die neuerdings das dortige Gemeindeleben in terroristischer Weise zu beeinflussen verstehen«[182], setzten durch, daß die Mitwirkung von Jüdinnen an einem Kirchenkonzert in Döse zum Totensonntag verhindert wurde. Das antisemitische Hamburger »Deutsche Blatt« und die »Mitteilungen aus dem Verein zur Abwehr des Antisemitismus«, Berlin[183], griffen den Vorfall am 12. 11. bzw. 23. 11. 1904 auf und nahmen dazu Stellung, während das »Cuxhavener Tageblatt« sich aus dem Streit heraushielt.

Der Vorfall macht deutlich, wie weit einerseits die Integration von Juden selbst in christliche Institutionen fortgeschritten war und wie sehr andererseits gerade diese Integration von antisemitischer Seite angegriffen wurde. Außerdem wirft er ein Licht auf die Gleichgültigkeit der nichtbetroffenen Gemeinde- und Chormitglieder. Mit Ausnahme von zwei engagierten Mitwirkenden an dem Konzert, dem Döser Organisten Meyer und dem Otterndorfer Lehrer Trenkner, die sich beide in der Presse zu Wort meldeten[184], nahm die Mehrheit schweigend hin, daß die betreffenden Frauen »freiwillig und für die Zukunft«[185] aus dem Chor ausschieden.

Der neue Antisemitismus nahm mit seiner Ausgrenzungstendenz und seiner rassistischen Komponente nationalsozialistische Praktiken vorweg. Das Cuxhavener »Nordsee-Hotel« bestellte um 1904 Servietten mit der Aufschrift: »Judenreines Haus!«.[186] Schon in den 1890er Jahren kursierten in Hamburg Flugblätter und Handzettel der Antisemiten mit Parolen wie »Juden raus«.[187] Auch im »Nordsee-Hotel« gab es ein Schild mit der Aufschrift: »Jüdischer Besuch verboten!«[188] Ähnlich antisemitisch verhielt sich der damalige Eigentümer bzw. Pächter des Hotels »Kaiserhof« und des »Seepavillons« in Cuxhaven.[189]

---

[176] Auf die Anfänge rassistischer Ideologien zu Beginn des 19. Jahrhunderts wurde in Kap. 2.4 hingewiesen.
[177] Rürup, R., Emanzipation, 1975, S. 89.
[178] Vgl. z. B. Otto Glagau, Antisemitismus als soziale Frage, 1879, zitiert in Vorurteile, 1978, S. 50.
[179] Rürup, a. a. O., S. 88.
[180] Vgl. Kap. 4.5.
[181] Vgl. auch Cobet, Ch., Wortschatz, 1973, S. 250.
[182] Mitteilungen aus dem Verein zur Abwehr des Antisemitismus vom 23. 11. 1904.
[183] Der Verein wurde 1890 von linksliberalen nichtjüdischen Politikern gegründet. Suchy, Barbara, The Verein zur Abwehr des Antisemitismus in: Yearbook Leo Baeck Institute. 28 (1983), S. 205–239 und 30 (1985), S. 67–103.
[184] Deutsches Blatt vom 12. 11. 1904. – Mitteilungen vom 23. 11. 1904.
[185] Mitteilungen, a. a. O.
[186] Mitteilungen vom 18. 5. 1904.
[187] Krohn, H., Hamburg 1848–1918, 1874, S. 187.
[188] Mitteilungen vom 30. 5. 1906.
[189] Mitteilungen, a. a. O.

Der parteilich organisierte Antisemitismus spielte dagegen bis zum Ersten Weltkrieg in Cuxhaven und den benachbarten Gebieten[190] nur eine marginale Rolle. Es gab zwar seit den 90er Jahren einige antisemitische Vereinigungen und Parteien, z. B. die »Deutsch-soziale Reformpartei«, den »Deutschnationalen Handlungsgehilfenverband, Ortsgruppe Cuxhaven«[191] und den »Deutschnationalen Radfahrer-Verein«.[192] Auch kam aus Hamburg ideologische Unterstützung. Der Führer der dortigen Antisemiten, Friedrich Raab[193], hielt Vorträge auf Einladung des »Vereins der deutschsocialen Reformpartei«.[194] Bei einer in der Presse ausgetragenen Polemik anläßlich der Gemeindewahl 1905 meinten einige Leser, vor der Wahl von Antisemiten warnen zu müssen.[195] Doch noch blieb die Position der »Allgemeinen liberalen Vereinigung« unangefochten – sämtliche von ihr aufgestellten Kandidaten wurden gewählt.[196] 1924 dagegen gewann die antisemitische »Deutschnationale Volkspartei« 22,1 % der Stimmen und war damit nach der SPD mit 37,4 % die stärkste Partei im Amt Ritzebüttel.[197] Die »National-sozialistische Bewegung« jedoch spielte mit 3,5 % der Stimmen noch keine entscheidende Rolle.

Das Umschlagen des »bürgerlichen« in den »faschistischen Antisemitismus«[198], verursacht durch die tiefgreifende Krise des Ersten Weltkrieges, den Zusammenbruch des Kaiserreichs und die Inflation der 20er Jahre deutete sich in Cuxhaven 1920 durch den Einzug der »Ehrhardt-Leute« an, die hier eine neue Garnison bildeten. Es handelte sich dabei um Angehörige der ehemaligen »Brigade Ehrhardt«, unter Kapitän Ehrhardt das »berüchtigste aller Freikorps« der Weimarer Republik.[199] Die »Ehrhardt-Leute« repräsentierten in Cuxhaven als erste die Verbindung von Antisemitismus und Nationalsozialismus:

> »Die Herrschaften haben es sich zum Ziel gesetzt, auch eine Rassenpolitik in Cuxhaven einzuführen. Und diese Politik steht unter dem Zeichen des Hakenkreuzes. Vor dem Offizierskasino sind allerliebste Verzierungen in Muscheln und Steinchen angebracht worden, deren Sinnbild in ewiger Wiederkehr das Hakenkreuz bildet, zum Kennzeichen, daß es um Gottes willen keinem Juden einfallen soll, in den Kreisen der Ehrhardt-Leute einen Freund zu suchen.«[200]

Mit den »Ehrhardt-Leuten« kam in Cuxhaven auch der Umschlag von verbaler Aggression in gewalttätige Aggression. Als die sozialdemokratische Zeitung »Alte Liebe« sich kritisch mit ihnen zu befassen begann, umstellte ein Trupp von ihnen zunächst das Redaktionsgebäude und suchte den Redakteur. Nachdem er ihn weder in der Redaktion noch zu Hause in die Hände bekommen konnte, beschmierte er nachts das Redaktionshaus mit Hakenkreuzen und Inschriften.[201]

Antisemitisches Potential, auf dem die Nationalsozialisten nach 1933 aufbauen konnten, war also in Cuxhaven vorhanden. Daß die Cuxhavener Juden in der Zeit vor 1933 den Antisemitismus als wenig bedrohlich empfanden[202], lag einerseits daran, daß ihnen im Vergleich zu anderen Orten der alltägliche Cuxhavener Antisemitismus harmlos erschien, zum anderen daran, daß sie nicht wahrnehmen wollten, was nicht sein durfte.

---

[190] Noakes, Jeremy, The Nazi Party in Lower Saxony 1921–1933, Oxford, 1971, S. 6.
[191] AR II Abt. VIII Gruppe D.
[192] Mitteilungen vom 10. 9. 1898.
[193] Der Porzellanhändler Raab wurde 1897 für die Deutschsoziale Partei in die Hamburger Bürgerschaft gewählt. Krohn, H., Hamburg 1848–1918, 1974, S. 191.
[194] CT vom 19. 10. 1897.
[195] CT vom 30. 5. 1905.
[196] CT vom 31. 5. 1905.
[197] Jahrbuch 1926/27, S. 400 f.
[198] Rürup, R., Emanzipation, 1975, S. 94.
[199] Theweleit, Klaus, Männerphantasien. Frankfurt a. M., Bd. 1, 1977, S. 13.
[200] Israelitisches Familienblatt vom 12. 8. 1920.
[201] Familienblatt, a.a.O. – Der sozialdemokratische Redakteur Wilhelm Heidsiek wurde nach 1933 mehrmals verhaftet und im Zusammenhang mit dem Attentat des 20. Juli 1944 in das KZ Neuengamme gebracht, wo er einige Monate später starb. [Fünfzig] 50 Jahre danach. [Hrsg.] GEW-Arbeitsgruppe. Cuxhaven 1983, S. 9.
[202] Vgl. Kap. 6.1.1.

6 Die Zeit des Nationalsozialismus

Die folgenden Kapitel unterscheiden sich von den vorhergehenden dadurch, daß sie zum größten Teil auf Gesprächen und Briefwechseln mit Überlebenden der kleinen Cuxhavener Judenschaft von 1933 und mit nichtjüdischen Cuxhavenern basieren. Das Archiv der Synagogengemeinde, Gerichtsakten u. ä. sind weitgehend durch Kriegseinwirkung oder durch die Nationalsozialisten vernichtet worden.[1] Dort, wo noch Unterlagen vorhanden waren, wurden sie eingesetzt, um das »weiche« Material zu erhärten. Aus dieser Quellenlage konnte sich keine ausgewogene Darstellung ergeben.

Zu den nichtjüdischen Gesprächspartnern muß festgestellt werden, daß sie bei aller Aufgeschlossenheit dem Thema gegenüber als Nichtbetroffene im allgemeinen ungenaue Beobachter dessen waren, was in Cuxhaven mit den Juden geschah. Als Angehörige einer für die nationalsozialistischen Verbrechen mitverantwortlichen Generation neigen sie zudem dazu, das Beobachtete durch Legendenbildung zu überlagern. Die Juden erscheinen beispielsweise nun als »gute« Menschen ebenso pauschal wie im antisemitischen Vorurteil als »schlechte« Menschen: »Wir hatten ja nur gute Juden« – Schwierigkeiten der Vergangenheitsreflexion, auch und gerade im lokalen Bezugsfeld der »eigenen Geschichte« bis heute.

So ergab sich von selbst, daß hier die Perspektive der damaligen Opfer, ihre Erlebnisse und Einschätzungen dominieren, zusammengetragen mit der Methode der »oral history«.[2]

Schließlich mußte für diesen Teil die Definition des Personenkreises »Juden« neu bestimmt werden. Handelte es sich bisher dabei um Angehörige des jüdischen Glaubens, so fallen jetzt alle Personen darunter, die von den Nationalsozialisten als Juden betrachtet wurden und die als solche der Verfolgung und Ausrottung ausgesetzt waren. Nach den Bestimmungen der »Nürnberger Gesetze« vom September 1935 waren auch die Personen Juden, die nicht zur jüdischen Religionsgemeinschaft gehörten, die aber von mindestens drei jüdischen Großeltern abstammten.[3]

6.1   Gemeinde und Gemeindeleben 1933

Am 1.1.1933 gab es in Cuxhaven noch 43 Personen, die nach nationalsozialistischen Maßstäben als Juden galten.[4] Von ihnen stammte nur noch die Ehefrau eines zugezogenen Kaufmanns aus einer der alteingesessenen jüdischen Familien, die mehr als 100 Jahre lang den Kern der Gemeinde gebildet hatten. Alle übrigen Personen waren zwischen 1892 und 1932 zugezogen und hatten keine verwandtschaftlichen Beziehungen untereinander.[5]

Von diesen 43 Personen gehörten zwei nicht mehr der jüdischen Glaubensgemeinschaft an und galten den Nationalsozialisten demnach als »Rassejuden«. Zehn weitere Personen waren keine praktizierenden Juden. Zur Gemeinde zählten neun Familien mit zusammen

---

[1]   Siehe Kap. 1.1.
[2]   Aus Rücksicht auf die Informanten wurden diese im allgemeinen nicht kenntlich gemacht.
[3]   Adam, Uwe Dietrich, Judenpolitik im Dritten Reich. Königstein/Ts. 1979, S. 141 .– Siehe auch Kap. 6.3.2.
[4]   Jüdische Einwohner von Cuxhaven am 1.1.1933, Liste Sta Cux. – Einwohnermelderegister, Sta Cux.
[5]   Ob die Familie des Schlachters Bernhard Rosenthal, ab 1902 in Cuxhaven, mit der früher dort ansässigen Familie gleichen Namens verwandt ist, konnte nicht geklärt werden. Auch diese lückenhafte Überlieferung jüdischer Familiendokumente und -daten ist eine Folge der nationalsozialistischen Vernichtungspolitik.

31 Personen. Dazu kam noch die Familie eines jüdischen Viehhändlers, der seit etwa 1926 im Landgebiet, in Gudendorf, wohnte.[6]

Die »Israelitische Gemeinde Cuxhaven« war also eine der winzigen Synagogengemeinden[7], die 1932/33 in Deutschland 88,6% aller jüdischen Gemeinden ausmachten.[8] Trotz ihrer zahlenmäßigen Beschränktheit führte die Gemeinde mit Unterstützung aus Hamburg und Wesermünde-Bremerhaven ein religiöses Leben, das für die unterschiedlichen religiösen Haltungen ihrer Mitglieder einen Kompromiß finden mußte.

Neben »vollreligiösen« Familien gab es solche, für die die Religion eine geringe Rolle spielte. Als »streng religiös« wurde nur ein Gemeindemitglied ostjüdischer Herkunft betrachtet, das als einziges noch den Talmud studierte und das Gebot der Nichtarbeit am Sabbat beachtete. Das galt als Ausnahme, denn »wir waren gläubig, aber nicht orthodox.«[9]

Etwa fünf Familien führten einen koscheren Haushalt, bezogen geschächtetes Fleisch und hielten eine getrennte Milch- und Fleischküche, die zum Teil erst in der Emigration aufgegeben wurde.

Der Sabbat wurde zu Hause gefeiert. Für einen allwöchentlichen Synagogengottesdienst, bei dem zehn religiös mündige Männer hätten anwesend sein müssen, war die Gemeinde wohl auch zu klein. »Der Freitagabend war immer sehr feierlich. Mein Vater machte die Zeremonie mit viel Liebe und viel Kenntnis.«

> »Alle zogen wir uns dazu festlich an. Es wurden die beiden silbernen Leuchter auf den Tisch gestellt, und mein Vater zündete die Kerzen an, sprach die Gebete, ein Pokal mit Wein wurde herumgereicht (mein sel. Vater trank zuerst davon), auch schnitt mein Vater den ›Berches‹[10], und alle bekamen wir ein kleines Stück davon [...]. Nach der Zeremonie wurde gegessen. Am Sonnabend wurde, wenn es nötig war, gearbeitet. Mein Bruder und ich mußten ja auch zur Schule gehen.

> Am Sonnabend wurde immer besser gegessen, und dazu wurde oft ein christliches Schulkind (Knabe oder Mädchen) eingeladen am Mittag, und wenn es in der Weihnachtszeit war, wurden diese Kinder auch beschenkt [...], so wollte es mein Vater.«

Anläßlich Geburt, Hochzeit und Tod veranstaltete die Gemeinde Synagogenfeiern, ebenso an den hohen Feiertagen. Der Gottesdienst wurde abwechselnd von den männlichen Gemeindemitgliedern gehalten. Zu den höchsten Feiertagen, dem Neujahrs- und Versöhnungsfest, kamen verschiedentlich Vorbeter bzw. Vorsänger aus Hamburg. Zu diesen Gelegenheiten war auch für die weniger religiösen Familien der Synagogenbesuch im allgemeinen selbstverständlich. Zumindest gingen die männlichen Familienmitglieder, »wenn der zehnte Mann fehlte«. An diesen Tagen schlossen einige der traditionell religiös lebenden Kaufleute ihre Geschäfte.

Ohne Unterstützung benachbarter jüdischer Gemeinden konnte eine so kleine Gemeinde wie die Cuxhavener nicht existieren. So kam der Beschneider aus Hamburg und der Schächter einmal in der Woche aus Wesermünde-Bremerhaven (zuletzt Gerson Wachtel, Schächter, Vorbeter, Vorleser und Schofarbläser der dortigen Gemeinde 1929–1933).[11]

---

[6] Weitere Juden waren offenbar zu dieser Zeit im Cuxhavener Landgebiet nicht ansässig. Gemeindeblatt der Deutsch-Israelitischen Gemeinde zu Hamburg. 4 (1928), Nr. 6, S. 3.

[7] Synagogengemeinde bedeutet eine Korporation des öffentlichen Rechts im Gegensatz zu einer Kultusgemeinde, die eine Vereinigung von mindestens zehn religiös mündigen Männern ist. Löb, Abraham, Die Rechtsverhältnisse der Juden im ehemaligen Königreich und der jetzigen Provinz Hannover. Frankfurt a. M. 1908, S. 90 f.

[8] Ottenheimer, H., Disappearance, 1941, S. 193: Es sind Gemeinden mit 200 und weniger Seelen gemeint.

[9] Siehe auch Kap. 3. 4.

[10] Berches ist ein mit Mohn bestreutes Weißbrot, speziell für den Freitagabend zu Hause gebacken.

[11] Asaria, Z., Niedersachsen, 1979, S. 220. – Das Schächtverbot war im übrigen eines der ersten NS-Sondergesetze gegen die Juden. Blau, Bruno, Das Ausnahmerecht für die Juden in Deutschland, 1933–1945. Düsseldorf 1952, S. 20.

Geschächtet wurde in der Schlachterei Rosenthal, die koscheres Fleisch bis nach Stade lieferte. Zur Vorbereitung der Jungen auf Bar Mizwa kamen Religionslehrer aus Hamburg oder Wesermünde-Bremerhaven. Die Mädchen erhielten keinen Religionsunterricht.

Vor Jom Kippur (Versöhnungstag) wurde in allen Familien gefastet (ein Gemeindemitglied fastete sogar noch im KZ). Zu Pessach gab es Mazze, selbst gebacken oder aus Hamburg bezogen, und auch in den weniger religiös lebenden Familien traditionelle Gerichte wie »Mazzoballensuppe«, »Mazzokugel mit Himbeersaft« oder »Mazze-Lokschen mit Zitronencreme«.[12]

»Januca [= Chanukka] war bei uns so schön, wenn wir um den Tisch gingen mit den Eltern, Hand in Hand und sangen [. . .].« Gesungen wurde das hebräische Lied »ma' oz sur« über die Ereignisse der Makkabäerzeit.[13] »Gott wird gepriesen für die Rettung vom Feind. Dann vollende ich mit Liedes Sang die Chanukka des Altars.« Nach dem Singen gab es »bunte Teller«, »hübsche Pappteller mit Süßigkeiten und Knallbonbons; dann wurde gegessen.«

Eine Laubhütte hatte niemand mehr, auch nicht der Kaufmann Scharfstein, der neben der Familie des Viehhändlers de Levie in Gudendorf als »streng religiös« galt als selbst die weitgehend traditionell lebenden Familien. Das Anlegen von Laubhütten war schon zwei Generationen zuvor in Cuxhaven eher die Ausnahme gewesen. Die letzte Laubhütte hatte wahrscheinlich Salomon Philipp Westphal (1821–1908) im Garten seines Hauses in der Nordersteinstraße 55.[14]

Eine oder mehrere Mesusot waren für alle Gemeindemitglieder selbstverständlich und sei es deshalb, weil sonst der religiöse Schwiegervater etwa die Wohnung nicht betreten hätte.

Die Synagoge war offenbar im wesentlichen unverändert geblieben.[15] An der Ostseite des Betsaales stand der Tora-Schrank, ihm gegenüber in der Mitte des Raumes der Almemor mit einem Pult zum Auflegen der Tora-Rollen bei der Lesung. Vor der Bundeslade brannte das »ewige Licht«. An der Nord- und Südwand befanden sich die Bänke, die je drei Personen bequem Platz boten. In die Bänke waren kleine Schränke zum Aufbewahren der Gebetmäntel und -bücher eingearbeitet. Eine »Hühnerleiter« führte nach oben auf den »Balkon« für Frauen und Kinder über dem westlichen Teil des Saales. Von hier aus sahen auch manchmal christliche Kinder dem Gottesdienst zu. Die Decke war auf Vorschlag des Vorstehers Arthur Gotthelf mit Sternen auf blauem Grund ausgemalt worden.[16] Im Vorderhaus wohnte ein nichtjüdisches Hausmeisterehepaar, meist Arbeiter.

Eine Chewra Kadischa (Heilige Brüderschaft)[17] gab es in dieser kleinen Gemeinde nicht. Wenn ein Mann starb, vollzogen die männlichen Gemeindemitglieder die Totenwäsche im Hause des Verstorbenen (sonst machten es die Frauen) und trugen den Sarg vom Leichenwagen auf den Friedhof. Verwandte und Freunde kamen ins Trauerhaus zum »Schiwa Sitzen«[18], d. h. man saß an den ersten sieben Trauertagen mit den Trauernden zusammen.

---

[12] Ballen sind Klößchen, Kugel ist eine Art Auflauf und Lokschen sind breite Nudeln. Vgl. Sofer, Zvi, Das jüdische Kochbuch. Münster 1979.

[13] Soetendorp, J., Symbolik, 1963, S. 191.

[14] Höpcke, W., Einwohner, Heft 1. Hs. Sta Cux.

[15] Siehe Abb. 9, Kap. 3.2.

[16] Eine ähnliche Bemalung hatte z. B. die Synagoge von Hornburg bei Wolfenbüttel aus dem 18. Jahrhundert. Hammer-Schenk, H., Synagogen, Teil 1, 1981, S. 19. – In einem Zeitungsartikel von 1930 wird eine Orgel erwähnt. Da sich niemand der Befragten an ein solches Instrument, das in liberalen Synagogen zu dieser Zeit nicht selten war, erinnert, ist anzunehmen, daß es sich um ein für eine bestimmte Feier geliehenes Harmonium oder dergleichen handelte. CZ vom 17.3.1930.

[17] »Bei allen Verrichtungen im Zusammenhang von Tod und Beerdigung helfen Mitglieder der Heiligen Brüderschaft [. . .].« Was jeder, 1985, S. 91.

[18] Die ersten sieben Trauertage heißen »Schiwa« (hebräisch). Was jeder, a.a.O.

Die Verwaltung der Gemeinde lag in den Händen des jeweiligen gewählten Vorstehers. Eine regelmäßige Steuer wurde nicht erhoben. Vielmehr teilte der Vorsteher die anfallenden Kosten auf und sammelte zusätzlich eine »Kleinigkeit für Unvorhergesehenes« ein.

Am Vorabend des Nationalsozialismus präsentierte sich die Israelitische Gemeinde Cuxhaven als eine liberale Gemeinde, in der die unterschiedliche religiöse Praxis der einzelnen Mitglieder – von »streng religiös« über »traditionell« bis kaum noch religiös – wie auch etwaige regionale Varianten je nach Herkunft von allen akzeptiert wurden. Dies mag den konservativeren unter den Mitgliedern schwerer gefallen sein als denen, die in ihrer eigenen Religionsausübung traditionelle mit reformierten Anschauungen mischten. Als typisch kann hierfür die Familie Gotthelf gelten, die z. B. eine streng koschere Küche führte und für die Pessach-Tage spezielles Geschirr und Besteck verwandte[19], aber am Sabbat arbeitete. Arthur Gotthelf hatte auf seinem Schreibtisch ein Gedicht mit dem Titel »Mein Glaube« stehen, in dem sein liberales Credo unter anderem so ausgedrückt wurde:

> »Nicht glaub ich, daß der Dogmen blinder Glaube
> Dem Höchsten würdige Verehrung sei;
> Er bildet uns ja, das Geschöpf, von Staube,
> Von Irrtum nicht und nicht von Fehlern frei.«[20]

6.1.1 Berufliche und soziale Gliederung

Von den 43 Juden oder als Juden geltenden Personen 1933 waren 25 berufstätig oder befanden sich in einer Berufsausbildung. Im einzelnen sah die Berufsstruktur so aus:

6 Kaufleute (Möbel, Stoffe, Strümpfe und Wäsche, Obst- und Gemüsegroßhandel, Bekleidungskaufhaus, Produkten)
2 Schlachter
1 Hausierhändler (Textilien)
1 Bankier
1 Prokurist
1 Ingenieur
1 Maschinenschlosser
1 Schneiderin und Klavierlehrerin
1 »Fußpraktiker, Krankenbehandler« und Heilpraktiker.

Einer der obigen Kaufleute betrieb außerdem ein Kino, zeitweilig auch ein Pfandleihgeschäft und betätigte sich daneben als Hypothekenmakler.[21] Die Mehrzahl der Juden war demnach in den traditionellen jüdischen Berufsfeldern Handel, Geldwesen und Schlachtereigewerbe als selbständige Unternehmer tätig.

Die Söhne traten in die Fußstapfen der Väter. Unter ihnen gab es drei kaufmännische Angestellte und einen Banklehrling, der später Kaufmann wurde. Von den Söhnen, die vor 1933 die Stadt verlassen hatten, studierte einer Medizin, und einer erhielt eine kaufmännische Ausbildung.

Von den Töchtern absolvierte eine die Schneiderlehre. Die übrigen fünf waren »Haustöchter« (eine davon lebte 1933 bereits in Hamburg), befanden sich also noch ganz in den Geleisen der bürgerlichen Frauenbildung, denn die Tätigkeit als Haustochter bedeutete im allgemeinen die Vorbereitung auf die Rolle als Hausfrau und Mutter. Ein wichtiger Grund für die-

---

[19] Zu Pessach dürfen keine gesäuerten Speisen im Hause sein (z. B. Brot, süßes Gebäck, Nahrungsmittel mit Stärke). Orthodoxe Juden benutzen an diesen Tagen ein Geschirr, das eigens für Pessach verwahrt wird und nie mit Gesäuertem in Berührung kommt. Trepp, L., Judentum, 1970, S. 214.
[20] Der Verfasser des Gedichts ist nicht bekannt.
[21] Gewerbescheine I und II, OA Cux.

ses berufliche Retardieren zu einer Zeit, in der Nichtjüdinnen aus bürgerlichen Kreisen schon den Sprung in Sozial- und Lehrberufe geschafft hatten, lag darin, daß »der Antisemitismus den Jüdinnen die Türen zu vielen ›Frauenberufen‹ (Schule, Kinderpflege, Post- und Telegraphenamt) verschlossen« hatte.[22] Immerhin wurde eine der obigen Haustöchter später noch Krankenschwester. Zum andern hatte die wirtschaftliche Krisenlage der 20er und 30er Jahre dafür gesorgt, daß mehr und mehr Frauen wieder den Rückzug ins Haus angetreten hatten.[23]

Die neun Familien, die die Cuxhavener jüdische Gemeinde bildeten, gehörten ohne Ausnahme der mittleren bis oberen Mittelschicht an. Ihre Kinder besuchten die Oberrealschule (ab 1932 Gymnasium)[24] oder die Privatschule von Frau W.M. Prackmann. Vielfache Kontakte verbanden vor allem die selbständigen jüdischen Geschäftsleute mit der Cuxhavener Wirtschaftswelt, mit einzelnen Kunden und Geschäftspartnern, aber auch mit Behörden und der Industrie. Die Großfirmen der Fischindustrie waren zum Beispiel »die besten Kunden« des Obst- und Gemüsegroßhändlers Ehrlich. Schlachter Rosenthal belieferte mindestens seit dem Ersten Weltkrieg die in Cuxhaven stationierte Marine. Kaufmann Wallach, der seit 1909 einen ausgedehnten Schrott- und Rohproduktenhandel aufgebaut hatte – er exportierte Schrott bis nach Italien –, kaufte sein Material u. a. von der Marine, den Reedereien und Behörden in Cuxhaven und Hamburg. Bankier Gotthelf führte »das älteste Cuxhavener Privatbankinstitut«[25] seit der Inflationszeit zusammen mit einem nichtjüdischen Teilhaber. Ingenieur Weinberg schließlich war Direktor einer nichtjüdischen Werft.

Auch auf der geselligen Ebene gab es – inzwischen – vielerlei Kontakte. Man traf sich im Tennisklub »Schwarz-Weiß«, in den Kegelklubs, im Schützen-[26] und Heimatverein[27] und hatte teilweise gemeinsame »Damenkränzchen«. Außerdem war es »üblich in Cuxhaven unter der oberen Mittelklasse am Sonntag zwischen 11 und 1 Uhr mittags Besuche abzustatten. So erhielten wir oft sonntags Besuch von dem Direktor der Gasanstalten, dem schwedischen Direktor einer Fischdampfer-Reederei [...] und anderen christlichen **Freunden.«**

Engere Freundschaften wurden allerdings fast nur zwischen Kindern und Jugendlichen der unterschiedlichen Konfessionen geknüpft. Stärker noch als schon im 19. Jahrhundert schien sich hier in der Kleinstadt die Möglichkeit eines unbefangenen Umganges miteinander abzuzeichnen. Eine ganze Anzahl von Kinder- und Jugendfreundschaften, die die Zeit des Nationalsozialismus zum Teil bis heute überdauert hat, deutet darauf hin. Die Jugendlichen trafen sich in »Dölles Hotel« zum Tanzen. Die Kinder besuchten sich gegenseitig in den Familien und nahmen an den religiösen Festen der jeweils anderen Konfession teil. Von dem Vorsteher Arthur Gotthelf wurde dies ausdrücklich gefördert: Erziehung zur Toleranz durch Abbau von Fremdheit.

Auf familiärer Ebene, durch Heirat, waren die Juden nach wie vor in die alteingesessene Cuxhavener Gesellschaft »nicht eingedrungen«.[28] Diese Formulierung eines Nichtjuden aus alteingesessener Familie bezeichnet deutlich die soziale Barriere, die in der Kleinstadt noch immer zwischen Juden und Christen bestand. Es gab zwar eine ganze Reihe von Mischehen; deren nichtjüdische Partner stammten aber nicht aus alten Cuxhavener Familien. Auch gehörte keiner der jüdischen Partner aus diesen Ehen zur jüdischen Gemeinde. Für die ältere Generation unter den Gemeindemitgliedern war es ebenfalls noch weitgehend religiöse

---

[22] Kaplan, M. A., Frauenbewegung, 1981, S. 52.
[23] Kaplan, a. a. O., S. 307 f.
[24] [Einhundertfünfzig] 150-Jahrfeier des Gymnasiums für Jungen Cuxhaven. Cuxhaven 1960, S. 111.
[25] CZ vom 15.11.1956.
[26] Städtische Akten XXX b2 Nr. 1, Sta Cux.
[27] Nachlaß des Heimatvereins, Sta Cux.
[28] Handschriftliche Notiz von Walter Höpcke, undat., Sta Cux.

Selbstverständlichkeit, daß ihre Kinder einmal jüdische Ehepartner heiraten sollten. Die Kinder allerdings dachten zum Teil anders darüber.[29]

An der Identität als Deutsche bestand jüdischerseits keinerlei Zweifel, eher schon daran, wieweit die jüdische Identität noch reichte. Einige fühlten sich zu 95% »teutsch« und nur 5% jüdisch, andere als »Deutsche jüdischen Glaubens«. Über die Juden, die sich von der Gemeinde fernhielten, merkte ein jüdischer Gesprächspartner kritisch an: »Sie wollten nicht als Juden erkannt werden.« Gerade bei ihm zu Hause aber durfte das Wort »Jude« nicht fallen. Hier drückt sich die gebrochene Identität eines Teils der deutschen Juden aus, denen Antisemiten wie etwa Theodor Fritsch das Recht, Deutsche zu sein, schon seit Jahrzehnten absprachen.[30]

Zionisten gab es unter den Cuxhavener Juden nicht. Politisch betätigte sich nur Bankier und Gemeindevorsteher Gotthelf. Er war aktives Mitglied der Deutschen Demokratischen Partei (später: Deutsche Staatspartei) und engagierte sich in der Kommunalpolitik als Stadtverordneter und Mitglied verschiedener Ausschüsse (Finanzen, Verkehr u.a.)[31] bis zur Machtergreifung Hitlers.

Von jüdischer Seite wurde die Integration in die Kleinstadtgesellschaft als sehr hoch bewertet. Die guten Erfahrungen bei Kontakten mit Nichtjuden überwogen. »Natürlich gab es Ausnahmen.« Zum Beispiel Verbalantisemitismus: »Du Speckjude!« – unter Kindern; »heute ist bei B. wohl großes Schlachtfest!« – über die Beschneidung. »In der Schule hatte auch ich manchmal zu leiden [...]: ›Ihr Juden, die Christus ermordet habt.‹« Seltener kam es zu groben Anpöbeleien und Tätlichkeiten von Nazi-Seite. Weder das eine noch das andere wurde ernst genommen. Man legte solchen Zwischenfällen »keine große Bedeutung bei« und brachte sie nicht in Verbindung mit dem, was sich landesweit doch unübersehbar breit machte und schließlich auch für Cuxhaven die Bedingungen schuf, unter denen latent vorhandener Antisemitismus ausbrechen konnte.

Die Enthüllung einer Gedenktafel für die jüdischen Gefallenen des Ersten Weltkrieges in der Synagoge im März 1930, an der neben der jüdischen Gemeinde Vertreter der Stadt, der Kommandantur Cuxhaven, der Schulen und der evangelischen Geistlichen teilnahmen, illustrierte vielleicht am deutlichsten noch einmal den guten Willen aller Beteiligten, gegen die »antisemitische Hetze«[32] anzugehen. Wie folgenlos dieser gute Wille blieb, wie wenig auf ihn zu bauen war, zeigten spätestens die Ereignisse nach dem Boykott-Tag vom 1. 4. 1933.

6.2   Die nationalsozialistische Machtergreifung in Cuxhaven

Anders als in einigen benachbarten norddeutschen Ländern[33] spielte die NSDAP vor 1928 keine Rolle in Cuxhaven. Gründe dafür waren wohl die relativ stabile wirtschaftliche Lage – 1933 lag die Zahl der Arbeitslosen mit 16,2% unter dem Reichsdurchschnitt[34] – und die

---

[29] Mindestens zwei Söhne heirateten eine Nichtjüdin bzw. waren mit einer Nichtjüdin verlobt. Von den mir bekannten überlebenden Kindern und Jugendlichen von 1933 lebt im übrigen heute niemand mehr religiös. Die geglückte Integration in das jeweilige Emigrationsland scheint die restlichen religiösen Bindungen nach und nach gelockert zu haben.

[30] Fritsch, Theodor, Antisemiten-Katechismus. Leipzig [10]1891, z.B. S. 312–314: »Zehn deutsche Gebote der gesetzlichen Selbsthilfe.«

[31] CZ vom 5. 11. 1927 z.B.

[32] Beide Redner, Rabbiner Dr. Italiener und der Vorsitzende des Reichsbundes jüdischer Frontsoldaten aus Hamburg, klagten den wachsenden Antisemitismus an. CZ vom 17. 3. 1930.

[33] Die Länder Oldenburg und Braunschweig hatten schon vor 1933 nationalsozialistische Regierungen. Adam, U.D., Judenpolitik, 1979, S. 64, Anm. 206.

[34] Statistik des Deuschen Reiches. 455 (1936), Heft 17, S. 35.

starke SPD-Position. Noch bei der Reichstagswahl vom 5. 3. 1933 erhielt die SPD 34 % der Stimmen.[35] Inzwischen hatte die NSDAP zwar ihre Anhängerschaft erheblich erhöhen können, unterlag aber mit 32,7 % der Stimmen.[36] Dennoch regierten die Nationalsozialisten vom 18. 3. 1933 an faktisch die Stadt. An diesem Tag wurde der bisherige Bürgermeister Grube (Deutsche Volkspartei) aufgrund des Artikels 44 der Hamburger Verfassung vom Hamburger Senat zur »Aufrechterhaltung von Ordnung und Sicherheit«[37] seines Amtes enthoben und vorläufig beurlaubt. Mit der Wahrnehmung der Amtsgeschäfte wurde kommissarisch Baurat Schätzle (NSDAP) beauftragt. Das »Hamburger Tageblatt« meldete am 23. 3. 1933 »Cuxhaven ist erwacht! [...] Gauführer Wille stellte fest, daß die rote Festung Cuxhaven erobert sei.«

Zwar verfügte die SPD in der neuen Stadtvertretung über 8 Mandate, aber die NSDAP hatte zusammen mit dem Kampfblock Schwarz-Weiß-Rot eine Rechtsmehrheit von 13 Stimmen. Außerdem konnte die NSDAP mit der Stimme des Zentrum-Vertreters rechnen.[38] Bei der Wahl der Ratsmitglieder in die verschiedenen Ausschüsse wurden die Vorschläge der SPD-Fraktion sämtlich überstimmt, so daß sie darin nicht mehr vertreten war.[39]

Am 28. 5. 1933 führte man den neuen Bürgermeister Klostermann (NSDAP) in sein Amt ein. Im Juni wurde die SPD verboten. In der Stadtvertretersitzung vom 7. Juli traten die fünf Mandatsträger der Kampffront Schwarz-Weiß-Rot zur NSDAP über.[40] Damit war die NSDAP wenige Tage vor dem Gesetz über die Neubildung der Parteien[41] Alleinherrscherin der Cuxhavener Stadtvertretung geworden.

6.3   Antijüdische Aktionen

6.3.1   Der Boykott-Tag und die Folgen

Die Machtergreifung wurde von den Cuxhavener Juden mit Besorgnis registriert, aber wie viele Deutsche hielten sie den Nationalsozialismus zunächst für eine vorübergehende Erscheinung. »Natürlich empfanden wir alle das Drohende; mein sel. Vater sagte: Das kann nicht gutgehen und kann auch nicht dauern, denn es ist absolut unlogisch.« »Dann fing es an, schnell schlimm zu werden. Vor der Haustür lagen Papiere: Fahrt nach Palästina: Hinfahrt ohne Rückfahrt. [...] Schon damals sagte ich zu meinen Eltern: Es ist besser, wenn wir alle von Deutschland wegfahren [...].«

Spätestens nach dem Boykott-Tag am 1. 4. 1933 erloschen bei einem Teil der Juden etwaige Zweifel über die judenfeindlichen Absichten der neuen Machthaber und über ihre Möglichkeiten, diese Absichten in die Tat umzusetzen.

---

[35] CZ vom 6. 3. 1933. – Zum Vergleich: Im Deutschen Reich insgesamt erhielt die SPD 18,3 %. Burkhardt, Bernd, Eine Stadt wird braun. Hamburg 1980. (Historische Perspektiven. 15.) S. 157. – Im Hamburger Staat erhielt die SPD 26,9 %. Büttner, Ursula/Jochmann, Werner, Hamburg auf dem Weg ins Dritte Reich. Hamburg 1983, S. 79.

[36] CZ a. a. O.

[37] Staatliche Pressestelle I–IV, 4198, 18. 3. 1933.

[38] CZ vom 4. 5. 1933.

[39] CZ vom 6. 5. 1933.

[40] CZ vom 8. 7. 1933.

[41] Das Gesetz über die Neubildung der Parteien vom 14. 7. 1933 bestimmte die NSDAP zur einzig zugelassenen Partei. Büttner/Jochmann, a. a. O., S. 215.

Die CZ schrieb über den »Abwehr-Boykott«:

>»Allerdings wies das Straßenbild kaum eine wesentliche Veränderung gegenüber sonstigen gewöhnlichen Werktagen auf. Die jüdischen Geschäftshäuser in der Nordersteinstraße hatten es vorgezogen, für den heutigen Tag zu schließen. Vor den betr. Geschäften standen je zwei SA.-Posten. Das Warenhaus Karstadt ist von der Aktion nicht betroffen. Irgendwelche Zwischenfälle haben sich nicht ereignet.«[42]

In der Tat, außer beschmierten und eingeschlagenen Scheiben gab es keine für die Öffentlichkeit sichtbaren »Zwischenfälle«. Dennoch bedeutete der Boykott für die jüdischen Geschäftsleute, die mit städtischen Behörden, mit Industrie und Marine zusammengearbeitet hatten, die völlige Zerstörung ihrer bisherigen Existenz. So z.B. für den Produktenhändler Wallach: »Nach dem Boykott-Tage war unser Geschäft über Nacht erledigt, denn wir konnten von Behörden und Industrie nicht mehr kaufen und mußten deshalb unser Geschäft schließen... Unser Lagerhaus und Geschäftshaus übernahm ein Konkurrent für Ei und Butterbrot.«

Schlachter Rosenthal wurden die Lieferungen für die Marine entzogen. Ehrlich verlor seine Kunden in der Fischindustrie. Bankier Gotthelf mußte aus der Cuxhavener Bank ausscheiden, denn Gas- und Elektrizitätsgesellschaften und andere städtische Einrichtungen hoben sofort alles deponierte Geld ab. Daraufhin bekamen Privatleute Angst vor einem Zusammenbruch der Bank und begannen ebenfalls, ihre Konten aufzulösen. »[...] es bestand die Tatsache, daß die Bank zugrunde gerichtet worden wäre, wenn mein Vater nicht sofort gesagt hätte, er trete aus der Bank aus.« Gotthelf versuchte dann, sich als »Grundstücks-, Haus- und Hypothekenmakler«[43] durchzuschlagen. Außerdem durfte er Lebensversicherungen vermitteln. Aber »nur wenige trauten sich, mit einem Juden unter der Nazi-Regierung zu arbeiten [...].«

Noch gab es Mutige, die weiterhin in jüdischen Geschäften kauften oder für Juden arbeiteten und sich deswegen als »Judenknechte« beschimpfen lassen mußten. Doch für Cuxhaven wie für andere kleine Städte galt, daß hier der Druck und die Kontrolle durch die Partei besonders groß war.[44] So hatten lange vor der gesetzlichen »Ausschaltung der Juden aus dem Wirtschaftsleben«[45] nach der »Kristallnacht« im November 1938 acht der zehn selbständigen jüdischen Unternehmer ihre Geschäfte in Cuxhaven aufgeben müssen.

Diese wirtschaftlichen Auswirkungen des Boykotts waren typisch für die erste Phase der NS-Herrschaft, die mit einer »Welle illegaler Maßnahmen, die vom Berufsverbot über Diskriminierungen bis hin zu körperlichen Mißhandlungen reichten«[46], einherging. Terror »diente ergänzend als zweckdienliches Mittel, um politische Entscheidungen vorzubereiten oder voranzutreiben.«[47]

6.3.2 Der unorganisierte Terror

Der tschechoslowakische Kino- und Geschäftsbesitzer Oskar Dankner erfuhr als erster Jude in Cuxhaven den Terror am eigenen Leibe. Hierbei war vor allem das »Rollkommando« der Marine-SA beteiligt, die am 7.4.1933 auf Betreiben des damaligen Kreisleiters

---

[42] CZ vom 1.4.1933. – Karstadt hatte schon vor dem 1. April alle jüdischen Mitarbeiter entlassen, wie die CZ in derselben Ausgabe berichtete.
[43] Gewerbescheine II, OA Cux.
[44] Viele Beispiele dafür finden sich in Jüdisches Leben, Bd. 3, 1982, z.B. S. 239, 247 und 251.
[45] So hieß die Verordnung vom 12.11.1938. Blau, B., Ausnahmerecht, 1952, S. 51.
[46] Adam, U.D., Judenpolitik, 1979, S. 65.
[47] Adam, a.a.O., S. 46.

Morisse gegründet worden war.[48] Die meisten Mitglieder der rasch wachsenden Formation gehörten den seefahrenden Berufen an. Das »Rollkommando« bestand aus etwa sechs Männern, die sich bei Prügeleien besonders hervorgetan hatten. Angestiftet von Kreisleiter Morisse[49], verschleppte es vor allem im Sommer 1933 politische und persönliche Gegner in die Wurster Heide oder andere abgelegene Gegenden, um seine Opfer dort brutal zu mißhandeln.[50]

Im Falle Dankners beließ es die SA nicht bei dem obligaten nächtlichen Zusammenschlagen, sondern führte ihn mit seiner angeblichen »Maitresse« (Nichtjüdin) anderntags mit Schildern um den Hals durch die Straßen der Stadt. Der Text auf den Schildern lautete:

>»Ich bin am Ort das größte Schwein
>und laß mich nur mit Juden ein!«
>und
>»Ich nehm' als Judenjunge immer nur
>deutsche Mädchen mit aufs Zimmer!«[51]

Offenbar rechnete die SA bei dieser öffentlichen Anprangerung auf ein gewisses Einverständnis der Zuschauer. Die meisten Cuxhavener waren wohl von dem Vorfall eher peinlich berührt und abgestoßen, so sagten übereinstimmend alle Gesprächs- und Briefpartner. Sie verhielten sich aber völlig passiv, auch als sie sahen, daß die SA-Leute mit einem Seil auf die beiden Menschen einschlugen.

Diese Anprangerung[51] war der Höhepunkt einer gegen Dankner gerichteten Hetzkampagne, die ihn schon vor dem Boykott, Anfang März 1933, dazu veranlaßt hatte, sein Kino in der Deichstraße (ab Mai 1933 hieß sie Hindenburgstraße) zu verpachten. Am 3. April annoncierte Dankner dann den »Total-Ausverkauf« seines »Strumpf- und Wäschehauses«. Im Dezember 1933 verließ er mit seiner Frau Cuxhaven.

Warum gerade Dankner von der SA auf diese brutale Weise verfolgt wurde, ist heute nicht mehr zu klären. Ein Prozeß wurde deswegen nie geführt. Bei dem Vorgehen der SA mag eine Rolle gespielt haben, daß Dankner sowohl in der Stadt als auch in der jüdischen Gemeinde ein völliger Außenseiter geblieben war, ein Außenseiter zudem, der durch Aussehen und Verhalten exponiert war. »Sein Aussehen forderte den Antisemitismus heraus«, sagte mir ein jüdischer Gesprächspartner. In der Tat sah Dankner genau so aus, wie Antisemiten sich den Juden vorstellten.[53] Mit großsprecherischer Reklame für sein Kino (»Die Bühne von Weltruf.«[54]) zog er Aufmerksamkeit und Spott auf sich. Seine Geschäftsmethoden galten

---

[48] Die folgenden Einzelheiten über die Marine-SA und das »Rollkommando« stammen aus den Akten des Prozesses, der 1946/47 gegen die noch lebenden Mitglieder des »Rollkommandos« wegen »Verbrechen gegen die Menschlichkeit« vor dem Landgericht Stade geführt wurde und der mit Zuchthausstrafen für die Angeklagten endete. Das Foto, das eine unbekannte Person von der Anprangerung Dankners gemacht hatte, diente bei diesem Prozeß zur Identifizierung des »Rollkommandos«. Rep. 171a Stade Nr. 650, NsStA Stade.

[49] Morisse wurde wegen dieser Anstiftung zu Straftaten und wegen seiner Tätigkeit als Kreisleiter in Cuxhaven und Hamburg in einem abgetrennten Verfahren verurteilt. Rep. 171a Stade Nr. 660, NsStA Stade.

[50] Ähnliche »Rollkommandos« der SA und SS gab es überall. In Bremerhaven z. B. sollen sie 1933/34 an ca. 300 Fällen von Mißhandlungen beteiligt gewesen sein. Herbig, Rudolf, Nationalsozialismus in den Unterweserorten. Wolframs-Eschenbach 1982. (Schriftenreihe der Arbeiterkammer Bremen.) S. 42.

[51] Das Foto erschien nicht in Cuxhaven, sondern zuerst im Neuen Vorwärts, siehe Anm. zur Abb. 16. – Danach veröffentlichte es der Jewish Chronicle. London. No. 3398 vom 25. 5. 1934, S. 16, und Der Stürmer. Nürnberg. 1935, Nr. 37., S. 5. – Der Zeitungsartikel zu dem Vorfall gibt die Texte etwas anders wieder. Aus der Nordwestecke (Beilage zum Hamburger Tageblatt) vom 28. 7. 1933.

[52] Ähnliche Anprangerungen gab es in dieser Zeit an vielen Orten: Das Schwarzbuch. Hrsg. vom Comité des Délégations Juives, Paris 1934. Berlin 1983. S. 461 ff.

[53] Vgl. Dettmer, Frauke, Legende eines Bildes in: Der Spiegel. 1984, Nr. 13, S. 10–12.

[54] Hausakte Deichstr. 20, Bauordnungsamt Cux.

Abb. 16: Anprangerung am 27.7.1933[a]

als nicht zimperlich.[55] Möglicherweise verband sich all das mit einem privaten Rachefeldzug – ein Mitglied des Rollkommandos war als Kinovorführer bei Dankner angestellt.[56]

Der andere Jude, der in krasser Form von der SA terrorisiert wurde, war der angesehene Kaufmann Scharfstein. Immer wieder wurde gegen sein Bekleidungshaus zum Boykott aufgerufen, wurden Schaufensterscheiben eingeworfen und SA am Eingang postiert.[57] Das Kaufhaus stand mitten im Stadtzentrum am Adolf-Hitler-Platz[58], auf dem häufig nationalsozialistische Aufmärsche und Kundgebungen stattfanden. Schon von diesem Standort her mußte es der Partei ein Dorn im Auge sein. Schließlich wurde vor dem Kaufhaus eine Lumpenpuppe aufgehängt. Frau Scharfstein rannte voll Angst zu der als verläßlich bekannten Angestellten T.: »Sie wollen meinen Mann aufhängen!« Auf Druck des Kreisleiters mußte Scharfstein Ende 1935 Haus und Geschäft verkaufen. Die Familie zog nach Hamburg.

Neben nationalsozialistischem Terror gab es in dieser frühen Phase des Dritten Reiches noch rechtsstaatliche Relikte. Der Sohn des Bankiers Gotthelf, der für den neuen Kinobesitzer J. die Buchhaltung machte, wurde nach einem Monat ohne Gehalt entlassen. Werner Gotthelf klagte gegen J. – mit Erfolg. Eine Gegenklage von J. – Gotthelf und Dankner

[a]   Das Foto stammt aus dem Neuen Vorwärts. Karlsbad, Paris. Nr. 49. Beilage vom 20.5.1934.

[55] Ob die Behauptung des Nazi-Blattes Aus der Nordwestecke vom 28.7.1933 über ein Gerichtsverfahren gegen Dankner wegen »nächtliche[r] Schwarzfahrten« stimmt, konnte nicht überprüft werden. Entsprechende Akten des Amtsgerichts Cuxhaven sind im NsStA Stade nicht vorhanden.

[56] Rep. 171a Stade Nr. 650, NsStA Stade.

[57] Vgl. [Fünfzig] 50 Jahre danach, 1983, o.Pag.

[58] Vor und nach der NS-Zeit hieß der Platz Kaemmererplatz.

hätten ihm falsche Angaben über die Einnahmen des Kinos gemacht – wurde ebenfalls zugunsten der Juden entschieden.

Dennoch gaben sich die Cuxhavener Juden keinen Illusionen über ihre Bedrohung durch den Nationalsozialismus hin. Spätestens das Reichsbürgergesetz und das »Gesetz zum Schutze des deutschen Blutes und der deutschen Ehre« (= »Nürnberger Gesetze«), erlassen im September 1935, zeigten ihnen, daß sie in Deutschland fortan Menschen zweiter Klasse sowohl als Staatsangehörige als auch als »Rasse« waren. Es ist wohl als Reaktion darauf zu werten, daß im folgenden Jahr, 1936, fast ein Drittel der Cuxhavener Juden die Stadt verließ.

Zu den beruflichen und wirtschaftlichen Problemen trat die immer stärker werdende menschliche Isolierung. Selbst unter Bekannten war man vor antisemitischen Attacken nicht mehr sicher. »Ich war mit einem Sohn des Besitzers des 3-Sterne-Hotels D. befreundet und kannte die Eltern und er meine Eltern. Sein Bruder, der schon 1932 ein fanatischer Nazi war, spuckte vor meiner Mutter auf der Straße aus.«

Man setzte sich innerhalb der jüdischen Gemeinde zusammen und beriet, was zu tun sei. Arthur Gotthelf schlug vor, daß wenigstens die jungen Leute sich einmal in der Woche reihum treffen sollten, da die »öffentliche Freundschaft zwischen Juden und Christen [...] nicht mehr möglich [war].«

Immer wieder kam es zu antisemitischen Aktionen gegen die Gemeinde. Der Friedhof wurde seit 1933 mehrfach geschändet. »Es wurden Hakenkreuze in Steine eingekratzt, Steine umgeworfen, etc.« Eine ganze Reihe wertvoller Granitsteine wurde gestohlen. 1933 erschien die Polizei bei Vorsteher Gotthelf und fragte nach einem »Besitzausweis« für das Friedhofsgelände, »der nicht vorhanden war. Es kam nach unruhigen Abwartemonaten dann noch zu einer gütlichen Einigung.«[59]

Im September 1933, in der Nacht des jüdischen Neujahrsfestes, wurde die Synagoge demoliert. Tür und Fenster wurden eingeschlagen

> »und die Synagoge von den Tätern auf Geheimes durchsucht. Einer der Verbrecher war ein Sohn von G. B. und hat sich bald darauf selbst gerichtet. Die anderen wurden gering verurteilt und bald danach amnestiert. Auf vielseitigen Rat stellte die Gemeinde keinen Strafantrag resp. Schadensersatzansprüche, hat allerdings die Fenster und die Türen nicht reparieren lassen, wodurch die Lattenverschläge sichtbar blieben für die Einheimischen wie für Fremde.«[60]

Der Zerstörungsakt sollte so zu einem unübersehbaren Mahnmal werden. Daß dies alles erst der Anfang war, konnte sich damals wohl kaum jemand vorstellen, zumal auch die Cuxhavener Parteileitung mit dem Überfall auf die Synagoge nicht einverstanden war. Das nationalsozialistische »Cuxhavener Tageblatt« schrieb: »Daß ein derartiger Bubenstreich mit einem Kampf gegen das Judentum nichts zu tun hat, ist wohl jedem anständigen Nationalsozialisten klar.«[61] Damit formulierte es eine Meinung, die vor allem von der SS geteilt wurde, die diese Art des »Radau-Antisemitismus« ablehnte und statt dessen eine »rational-technokratische Lösung« der Judenfrage anzielte.[62]

---

[59] Brief von A. Gotthelf vom 24./28.6.1945, LBI, New York.

[60] Laut Arthur Gotthelf sollen darüber Berichte mit Foto in »ausländischen Blättern« erschienen sein. Brief von A. Gotthelf, a.a.O. – Eine Suche in den für ihre ausführliche Berichterstattung über die Vorgänge im nationalsozialistischen Deutschland bekannten Zeitungen wie Manchester Guardian und Times (vgl. Sharf, Andrew, The British Press and Jews under Nazi Rule. London [usw.] 1964) blieb erfolglos.

[61] CT vom 21.9.1933. – Mit dem Cuxhavener Tageblatt hatte Cuxhaven seit dem 1.8.1933 seine eigene NS-Zeitung.

[62] Martin, Bernd, Judenverfolgung und -vernichtung unter der nationalsozialistischen Diktatur in: Die Juden als Minderheit in der Geschichte. Hrsg. von Bernd Martin und Ernst Schulin. München 1981, S. 300.

6.3.3 Die »Kristallnacht«

Von den Ausschreitungen der »Kristallnacht« im November 1938 blieb Cuxhaven fast unberührt. Nach Augenzeugenberichten[63] soll es außer einigen angeschmierten Parolen und zerbrochenen Fensterscheiben keine Angriffe gegen die wenigen in der Stadt verbliebenen Juden gegeben haben. Die Synagoge wurde nicht angetastet, während im benachbarten Wesermünde, wo sich die »Empörung« der Bevölkerung »Luft gemacht« hatte[64], die Synagoge brannte, jüdische Geschäfte zerstört und jüdische Männer verhaftet wurden.[65]

Daß es in Cuxhaven ruhig blieb, mag daran gelegen haben, daß es keine lohnenden Objekte mehr für die »Empörung« gab. SA- und SS-Leute waren wahrscheinlich daher an anderen Orten »im Einsatz«.[66] Die Cuxhavener Synagoge war schon demoliert und wurde seitdem von der Gemeinde nicht mehr zum Gottesdienst genutzt. 1938 stand sie zum Verkauf. Von den 43 Juden lebten noch neun Erwachsene und zwei Kinder völlig zurückgezogen in der Stadt. Die »Israelitische Gemeinde Cuxhaven« existierte zwar noch, war aber für die Cuxhavener Öffentlichkeit fast unsichtbar geworden.

6.4 Abwanderung der Juden

»In den kleinen Städten war es nach dem 9.11.1938 nicht mehr möglich, zu wohnen (seelisch auszuhalten).« Am 15.11. verkündete das »Cuxhavener Tageblatt«: »Unser Kampf gegen das Judentum aber geht weiter, bis das Judentum in Deutschland völlig ausgemerzt ist.«[67] Spielende Kinder reimten auf die an der Synagoge angebrachten Buchstaben JJD-AMD: »Jood Jood du Aas must dod.«[68]

Bis zur »Kristallnacht« hatten 27 Juden die Stadt verlassen. Eine Person war von der Gestapo in »Schutzhaft« genommen worden. 1939 und 1940 zogen neun weitere Personen fort, eine Frau wurde inhaftiert. Als wahrscheinlich[69] letzter ging Anfang 1941 Hermann Blumenthal nach Hamburg. Er war Vorsteher der Gemeinde geworden, nachdem Arthur Gotthelf 1938 emigriert war. Cuxhaven war »judenrein«.[70]

In einem Prozeß gegen den ehemaligen Cuxhavener Gestapo-Beamten Priebe gab der Angeklagte 1948 zu Protokoll:

> »In Cuxhaven lebten in den Jahren 1942 bis 1945 keine Juden. Es waren aber etwa
> $1/2$ Dutzend Personen jüdischer Abstammung in unserem Dienstbereich, die nach
> den damaligen Begriffen als sogen. ›Mischlinge‹ galten und die sich regelmäßig auf
> der Dienststelle melden mußten, weil Cuxhaven Festungsgebiet und Grenzzone
> war.«[71]

---

[63] Cuxhavener Nachrichten (im folgenden CN) vom 9.11.1978.

[64] CZ vom 11.11.1938.

[65] Vgl. Freudenberger, Solveig, Antisemitismus in der Stadt Bremerhaven während der nationalsozialistischen Herrschaft. Examensarbeit 1967, S. 35 ff. Ms., Sta Bremerhaven. – In Bremen und dem Landkreis Osterholz wurden fünf Juden ermordet. Bruss, Regina, Die Bremer Juden unter dem Nationalsozialismus. Bremen 1983. (Veröffentlichungen aus dem Stadtarchiv der Freien und Hansestadt Bremen. 49.) S. 183.

[66] Häufig wurde gerade in kleinen Orten auswärtige SA und SS eingesetzt. Vgl. Bruss, a.a.O., S. 194 und Anm. 49.

[67] CT vom 15.11.1938.

[68] Auskunft eines der damaligen »Kinder«, Sommer 1984.

[69] Wann Erna Tiedemann ging und wohin, ist unklar. Auf jeden Fall muß dieses vor 1942 geschehen sein. Siehe die Aussage des Gestapo-Beamten unten. – Vgl. auch Tab. 3: Jüdische Einwohner von Cuxhaven am 1.1.1933, Liste Sta Cux, ergänzt von mir.

[70] Auch das Hamburgische Seehospital »Nordheimstiftung« in Sahlenburg bei Cuxhaven, gestiftet 1906 von dem Hamburger Juden Marcus Nordheim, kann zu diesem Zeitpunkt keine jüdischen Mitarbeiter mehr gehabt haben. Im September 1938 war den Juden die Krankenpflege als »Ariern« verboten worden. Blau, B., Ausnahmerecht, 1952, S. 50. – Die Krankenanstalt überstand »nahezu unangetastet« die Zeit des Nationalsozialismus. Der Name des Stifters durfte nicht genannt werden. [Fünfundsiebzig] 75 Jahre Seehospital Sahlenburg der Nordheimstiftung. Hrsg.: Vorstand der Nordheimstiftung. Hamburg 1981, S. 13.

[71] Rep. 171a Stade Nr. 698, NsStA Stade.

Diese »Halbjuden«, die unter bestimmten Bedingungen zunächst relativ geschützt waren (z. B. wenn sie mit einem »Arier« verheiratet waren)[72], wurden von dem zuständigen Gestapo-Beamten Priebe geschlagen, vergewaltigt und mit KZ bedroht, wenn sie sich ab 1942 vierteljährlich, später sogar monatlich bei ihm im ersten Stock des »Haus Atlantic« einfinden mußten.[73] Was sonst mit diesen Personen geschah, ob sie zur Zwangsarbeit herangezogen wurden[74] und ob einige von ihnen schließlich doch noch deportiert wurden[75], ist aus den Unterlagen nicht zu ersehen. Überlebt haben jedenfalls die Frau, die den Gestapo-Beamten anzeigte, und ein Mann, auf dessen Schicksal ich stellvertretend für diese Personengruppe im Kapitel 6.5.3 eingehen werde.

6.4.1 Die Auflösung der jüdischen Gemeinde

Als Vorsteher Gotthelf im September 1938 nach Chile auswanderte, gehörten noch neun Personen zur Gemeinde. Sein Nachfolger, Hermann Blumenthal, war offenbar entschlossen, die Gemeinde weiter zusammenzuhalten und noch nicht aufzulösen. Über die finanzielle Situation 1938 schrieb Gotthelf später:

> »Hypothekarisch war keine Belastung vorhanden. Die Gemeinde hatte keine Schulden. Bei meinem Wegzug sind nur wenige Reichsmark Barmittel vorhanden gewesen, die Herrn Blumenthal als dem von mir bestellten Nachfolger (Gemeindevorsteher) zugleich mit einer notariell beglaubigten Vollmacht behändigt wurden, wie ich ihm auch alle Bücher, Correspondenz, Dokumente und sämtliches Synagogeninventar übergab.«[76]

Das Inventar der Synagoge (Silber, Torarollen, Leuchter, Vorhänge, Decken, Bücher und Gestühl etc.) war mit 10 000 RM gegen Feuer und Einbruch versichert, das Gebäude mit 5000 RM.[77] Vor seiner Abreise bewertete Gotthelf das Grundstück mit 5000 RM und versuchte, es für diesen Preis zu verkaufen – vergeblich. 1939 beschlagnahmte die Stadt die ehemalige Hausmeisterwohnung in der Synagoge. Im Juli 1939 verkaufte Blumenthal die Synagoge für etwa 2000 RM, »ein Erlös, der nur unter dem Druck der Umstände so gering erklärlich sein konnte«.[78] Einzelne Gegenstände aus dem Inventar wurden an emigrierende Gemeindemitglieder verkauft oder verschenkt. Das übrige Inventar ist wie das Gemeindearchiv spurlos verschwunden.

Der neue Besitzer baute die Synagoge zu einer »Autogarage« um und vermietete sie später an einen kriegswichtigen Betrieb als Werkstatt. Nicht nur die Zerstörungen der »Kristallnacht«, sondern auch diese völlig selbstverständliche Zweckentfremdung und bauliche Veränderung einer Synagoge zeigen deutlich, welch gleichgültige und achtlose Haltung gegenüber der jüdischen Kultur herrschte. Das Ende des Zweiten Weltkrieges änderte daran nichts. 1946 wurde das durch Bomben 1944 schwer beschädigte Gebäude instand gesetzt und als Werkstatt und Wohnung genutzt. 1953 zog eine Wäscherei ein. 1969 baute ein neuer Besitzer die Synagoge zu einem Wohnhaus um. Nach all den Umbauten dürfte von dem ursprünglichen Baukörper nur noch das Fundament erhalten sein.[79]

---

[72] Über die komplizierte Gesetzeslage und den Kampf der verschiedenen Partei- und Staatsinstanzen um die »Mischlinge« informiert Adam, U.D., Judenpolitik, 1979, S. 135–144 und 316–333.

[73] Priebe wurde wegen »Verbrechen gegen die Menschlichkeit« in 7 Fällen zu einer Zuchthausstrafe verurteilt. Rep 171a Stade Nr. 698, NsStA Stade.

[74] Siehe Kap. 6.5.3.

[75] Die Lage der »Mischlinge« blieb bis zuletzt unklar, so daß offenbar nur wenige von ihnen deportiert wurden. Adam, a. a. O., S. 329 und Graml, Hermann, Zur Stellung der Mischlinge 1. Grades in: Gutachten des Instituts für Zeitgeschichte. Stuttgart. Bd. 2, 1966. (Veröffentlichungen des Instituts für Zeitgeschichte.) S. 31. –Vgl. auch Kap. 6.5.3.

[76] Brief von A. Gotthelf vom 24./28. 6. 1945, LB I, New York.

[77] Bei den Rechtsnachfolgerinnen der damaligen Versicherung sind keine Unterlagen darüber mehr vorhanden.

[78] Brief von A. Gotthelf, a. a. O.

[79] Alle Angaben zur Synagoge sind entnommen der Hausakte Westerreihe 16, Bauordnungsamt Cux.

Die nationalsozialistische Judenpolitik des Berufsverbots, der verschärften »Arisierung« jüdischer Betriebe und jüdischen Vermögens besonders nach der »Kristallnacht«[80] und weiterer ähnlicher Maßnahmen führte zu einer regelrechten Enteignung und Verarmung der Betroffenen.

Wie die Cuxhavener Juden die Zeit bis zur Auswanderung oder Deportation in finanzieller Hinsicht überstanden, darüber können nur Vermutungen angestellt werden. Wahrscheinlich erhielten die Gemeindemitglieder Unterstützung und Beratung von dem »Jüdischen Religionsverband Hamburg e. V.«[81], zu dem die Cuxhavener Gemeinde nach der Auflösung des »Verbandes jüdischer Gemeinden Schleswig-Holsteins und der Hansestädte, der Landesgemeinde Oldenburg und des Regierungsbezirks Stade« gehörte[82] oder von dem »Preußischen Landesverband jüdischer Gemeinden«, der z. B. in den Oldenburger Raum regelmäßig eine Sozialbeamtin schickte.[83]

Ein offizielles Auflösungsdatum der »Israelitischen Gemeinde Cuxhaven« ist nicht bekannt. Spätestens mit dem Wegzug Blumenthals existierte sie nicht mehr.

6.5 Schicksale der Cuxhavener Juden

6.5.1 Emigration

Von den 43 Juden, die zu Beginn der NS-Zeit in Cuxhaven wohnten, konnten 18 emigrieren; zehn wurden deportiert (davon überlebten zwei). Drei Personen starben in Cuxhaven eines natürlichen Todes, eine Person starb in Berlin unter ungeklärten Umständen. Nachforschungen über die übrigen elf Personen blieben ergebnislos.[84]

Zuerst wanderte die jüngere Generation aus. Ihr fiel es relativ leicht, in einem anderen Land eine neue Existenz aufzubauen. Erna Rosenthal ging im September 1933 als »Haustochter« in die Niederlande. Aus dem als vorübergehend geplanten Auslandsaufenthalt wurde bald eine erzwungene Emigration. Als sie zur Beerdigung ihrer Stiefmutter im Mai 1936 noch einmal nach Cuxhaven kam, drohte ihr die Gestapo, man werde sie nie wieder herauslassen, wenn sie nicht sofort abreise. Mit der »Elften Verordnung zum Reichsbürgergesetz« vom 25. 11. 1941 erlosch dann ihre deutsche Staatsangehörigkeit.[85]

Im Mai 1940 besetzten deutsche Truppen die Niederlande. 1942 wurde Erna Rosenthal zusammen mit ihrem Mann in das KZ Westerbork gebracht. Sie überlebten, stets bedroht von der weiteren Deportation nach Auschwitz.

Schon kurz nach der »Machtergreifung« hatte Werner Gotthelf mit dem Gedanken der Auswanderung gespielt. Nach vielen fehlgeschlagenen Versuchen erhielt er durch Vermittlung eines Freundes 1934 ein Visum für Chile als Vertreter einer Hamburger Exportfirma. Mit Hilfe eines anderen Freundes, des Cuxhaveners Ernst Goldschmidt, gelang es ihm, einen Arbeitsplatz zu bekommen. 1937 war er finanziell so gesichert, daß er seinen Bruder Kurt

---

[80] Vgl. Blau, B., Ausnahmerecht, 1952, S. 54 ff.
[81] 1937 nach dem »Groß-Hamburg-Gesetz« wurden die jüdischen Gemeinden Groß-Hamburgs zwangsweise zum »Jüdischen Religionsverband Hamburg e. V.« zusammengefaßt.
[82] Auskunft des StA HH. – Die jüdischen Gemeinden des Regierungsbezirks Stade, zu dem Cuxhaven durch das »Groß-Hamburg-Gesetz« nun gehörte, waren in diesem Hamburger Religionsverband zusammengefaßt. Hann. 122a XVII 374a, NsStA Hann.
[83] Trepp, Leo, Die Landesgemeinde der Juden in Oldenburg (1927–1938). Oldenburg 1965. (Kleine Oldenburger Hefte. 25–28). S. 33.
[84] Siehe Tab. 3.
[85] Blau, a. a. O., S. 93: »Ein Jude, der seinen gewöhnlichen Aufenthalt im Ausland hat, kann nicht deutscher Staatsangehöriger sein.«

nachholen konnte – die lateinamerikanischen Staaten erteilten wie viele andere ein Visum an Angehörige »unbrauchbarer« Berufe (Handel, Banken, Akademiker z.B.) nur dann, wenn Verwandte im Lande die Bürgschaft übernahmen.[86]

1938 besorgten die Brüder dann Visen für ihre Eltern und deren langjährige nichtjüdische »Hausstütze«. Die Eltern Gotthelf durften gemäß den deutschen Devisengesetzen[87] fast kein Geld mitnehmen, dafür aber ihren Haushalt mit wertvollen Gegenständen, die sie in Chile teilweise verkaufen konnten. Zwei Jahre später dagegen war den jüdischen Auswanderern nur noch das Nötigste an Hausrat, Wäsche und Kleidung als »Umzugsgut« erlaubt.[88]

Das jüdische »Netzwerk«, die Unterstützung durch Bekannte, Freunde und Verwandte und jüdische Organisationen hatte wieder ähnlich lebenswichtige Funktionen wie zu Zeiten des Schutzjudentums erhalten. Neben Visum, Bürgschaft und Hilfe bei Wohnungs- und Arbeitsplatzsuche war eine finanzielle Starthilfe unerläßlich. Im Falle der Eltern Gotthelf sprang erneut die Cuxhavener Familie Goldschmidt ein.[89]

Die Einwandererpolitik der lateinamerikanischen Staaten war, verglichen etwa mit der Quotenregelung der USA[90], relativ günstig, so daß weitere Personen aus Cuxhaven diese Chance nutzten. Im Frühjahr 1938 wanderte die zur Gemeinde gehörende Familie des Viehhändlers und Landwirtes de Levie aus Gudendorf in die jüdische landwirtschaftliche Kolonie Avigdor[91] in Argentinien aus. Einwanderer mit landwirtschaftlichen Berufen waren in Lateinamerika gern gesehen. Zu ihnen gehörte aber nur eine Minderheit der Juden.[92] Marie Dreßler emigrierte im November 1938 von Bremen aus nach Montevideo in Uruguay.[93] 1940 ging die vierköpfige Familie Bermann nach São Paulo in Brasilien, wo sie wieder ein Möbelgeschäft eröffnen konnte.

Im Februar 1939 wurde das sogenannte »Heilpraktikergesetz« erlassen, das nur noch »deutschblütigen« Personen die Ausübung einer Heilpraxis erlaubte.[94] Das mag für den u.a. als Heilpraktiker arbeitenden Hermann Sternberg der letzte Anstoß gewesen sein, an Auswanderung zu denken. Sein Ziel war Shanghai, der einzige Ort der Welt, für den kein Visum erforderlich war. Die Auswanderer durften nur 10 RM an Bargeld mitnehmen.[95] Die Reise dorthin dauerte etwa vier Wochen und führte bis Juni 1940 im allgemeinen per Schiff von Triest durch den Suezkanal über Bombay und Hongkong nach Shanghai.[96] Diese Zuflucht wurde nur dadurch ermöglicht, daß die Achsenmächte Japan und Italien die Auswanderung nach Shanghai erlaubten und ermutigten.[97] Frau Sternberg blieb mit ihren Kindern in Cuxhaven und zog im September 1940 nach Berlin. Ihr weiteres Schicksal ist unbekannt.

Die Auswanderung der Juden wurde bis 1941 offiziell von verschiedenen Institutionen des nationalsozialistischen Staates gefördert.[98] Göring richtete 1939 eigens im Reichsinnenministerium eine »Zentralstelle für jüdische Auswanderung« ein.[99] Der Beginn des Krieges

---

[86] Graml, Hermann, Die Auswanderung der Juden aus Deutschland zwischen 1933 und 1939 in: Gutachten des Instituts für Zeitgeschichte. München 1958, S. 83.
[87] Graml, a.a.O., S. 79.
[88] Bruss, R., Bremer Juden, 1983, S. 216.
[89] Mitglieder dieser Familie lebten zwischen 1892 und 1925 in Cuxhaven; die Familie ist nicht zu verwechseln mit der gleichnamigen aus Harpstedt, deren Mitglieder seit 1839 in Cuxhaven ansässig waren.
[90] Graml, a. a. O., S. 83.
[91] Jüdisches Leben, Bd. 3, 1982, S. 366, Anm. 15.
[92] Graml., a. a. O.
[93] Bruss, a. a. O., S. 281. Das Schicksal ihres Mannes ist nicht bekannt.
[94] Blau, B., Ausnahmerecht, 1952, S. 63.
[95] Gruenberger, Felix, The Jewish Refugees in Shanghai in: Jewish Social Studies. 12(1959), S. 330.
[96] Kranzler, David, Japanese, Nazis, and Jews. New York 1976, S. 86.
[97] In diesem Zusammenhang spricht Kranzler von der »incredible role« der Achsenmächte. Kranzler, a. a. O., S. 22.
[98] Adam, U.D., Judenpolitik, 1979, S. 226 ff. – Dokumente dazu veröffentlichte Vogel, Rolf, Ein Stempel hat gefehlt. München, Zürich 1977.
[99] Adam, a.a.O., S. 228.

erschwerte die Emigration, viele Länder schlossen ihre Grenzen.[100] Kurz vor Kriegsausbruch gelang es Alfred Wallach, nach England zu fliehen, dem einzigen Land, das zu diesem Zeitpunkt seine Grenzen unbeschränkt geöffnet hatte.[101] Dort wartete er zusammen mit zirka 3000 anderen jüdischen Flüchtlingen auf ein Visum für die USA. Mit Englands Kriegseintritt wurden diese Flüchtlinge als »feindliche Ausländer« interniert. Mit Schiffen brachte man die »deutschen Zivilinternierten« nach Kanada in ein Lager. Erst durch das Eingreifen jüdischer Organisationen in Montreal erhielten die Internierten ihre Anerkennung als »jüdische Flüchtlinge«. Etwa 1943 wurden sie freigelassen. Wallach wanderte 1946 von dort in die USA aus.

Kaum einer der Cuxhavener Juden schien Palästina als Auswanderungsland in Betracht zu ziehen, obwohl es schon seit September 1933 ein Abkommen (Haavara-Abkommen) zwischen dem Reichswirtschaftsministerium und Wirtschaftskreisen in Palästina gab, das durch ein kompliziertes Transfersystem die Überführung von Geld nach Palästina erlaubte.[102] Der Grund war wohl einfach der, daß die Cuxhavener Juden bis auf zwei Ausnahmen keine Beziehungen verwandtschaftlicher, freundschaftlicher oder politischer (Zionismus) Art mit Palästina verbanden. Nur das Ehepaar Scharfstein nutzte die Einrichtung der »Jugend-Alijah«[103], mit der ihre Söhne, 11 und 12 Jahre alt, im November 1939 von Berlin nach Palästina gelangten. Ein Sohn kam in das Kinderdorf Beschemen; der andere wurde von Verwandten[104] aufgenommen, die bis 1927 in Cuxhaven gelebt hatten.

Außerdem besuchte der Maschinenschlosser Jakob Rosenzweig 1940 das Hachscharach-Zentrum[105] Gut Neuendorf bei Berlin. Dieses Landgut diente seit 1933 der landwirtschaftlichen Umschulung nicht-zionistischer Juden, die nach Palästina auswandern wollten.[106] Ob Rosenzweig sein Ziel erreichte, ist aus den Unterlagen nicht zu ersehen.

Kurz bevor die Auswanderung aus Deutschland verboten wurde, gelang es dem Ehepaar Scharfstein 1941, im letzten offenen Hafen am Atlantik[107], Lissabon, Schiffsplätze für die USA zu bekommen. Der 72jährige Scharfstein war den Strapazen der Schiffsreise nicht mehr gewachsen. Er starb während der Überfahrt.

Insgesamt wanderten über 300 000 deutsche Juden aus dem »Altreich« zwischen 1933 und 1941 aus.[108] Im Oktober 1941 ließ Heinrich Himmler eine Anordnung bekanntmachen, wonach jegliche Auswanderung von Juden mit sofortiger Wirkung verboten sei.[109] Von nun an wurde die »Endlösung« Ziel der nationalsozialistischen Judenpolitik.

6.5.2 Gefängnis und Deportation

Bevor die Massendeportationen in die Gettos und Konzentrationslager im Oktober 1941 begannen, gab es schon einige größere Verhaftungsaktionen gegen Juden, so z.B. nach der »Kristallnacht«. Eine weniger bekannte Massenverhaftung fand im Juni 1938 statt. Etwa

---

[100] Adam, U.D., Judenpolitik, 1979, S. 303.
[101] Rosenstock, Werner, Exodus 1933–1939 in: Yearbook Leo Baeck Institute. 1(1956), S. 377.
[102] Vgl. Haavara-Transfer nach Palästina und Einwanderung deutscher Juden 1933–1939. [Von] Werner Feilchenfeld [u.a.]. Tübingen 1972. (Schriftenreihe wissenschaftlicher Abhandlungen des Leo-Baeck-Instituts. 26.).
[103] Vgl. Luft, Gerda, Heimkehr ins Unbekannte. Wuppertal 1977, S. 91–95. Alijah ist das hebräische Wort für die Palästinawanderung.
[104] Kaufmann Willi Spiegelberg und Irmgard Spiegelberg, geborene Scharfstein.
[105] Auskunft des StA HH. – Hachscharach ist das hebräische Wort für Vorbereitung.
[106] Jüdisches Leben, Bd. 3, 1982, S. 227, Anm. 5.
[107] Wischnitzer, Mark, To Dwell in Safety. Philadelphia 1948, S. 231.
[108] Wischnitzer, a. a. O., S. 346.
[109] Adam, a. a. O., S. 310. – Adam verfolgt die einzelnen Schritte, die von einer Politik der Entrechtung und Vertreibung zur »Endlösung« durch Massentötung führten. S. 303 ff.

1500 vorbestrafte Juden aus dem ganzen Reich wurden in »Schutzhaft« genommen.[110] Cirka 900 davon kamen nach Buchenwald, die übrigen nach Sachsenhausen, »wo sie unter grausamen Bedingungen die Lager ausbauen mußten«.[111] Die »Vorstrafen« stammten zum Teil erst aus der NS-Zeit oder bestanden in geringen Geldstrafen.[112]

Opfer dieser Verhaftungswelle wurde der Cuxhavener Großhändler Leo Ehrlich, der 1935 wegen eines »Eigentumsdeliktes« zu einer geringfügigen Gefängnisstrafe verurteilt worden war.[113] 1938 war eine Entlassung aus dem KZ oft noch aufgrund eines Ausreisevisums möglich.[114] Auch Ehrlich bemühte sich offenbar um seine Auswanderung. So stellte er 1939 seiner Mutter eine Vollmacht zur Auszahlung von 500 RM aus. »Das Geld wird für meine Auswanderung als Bezahlung der Passage benötigt.«[115] Möglicherweise zerstörte der Kriegsbeginn diese Hoffnung.

Bis mindestens Januar 1940 war Ehrlich in Sachsenhausen. Von dort wurde er dann nach Buchenwald verlegt. Über den Zeitpunkt geben die Unterlagen keine Auskunft.[116] Am 18. 3. 1942 starb er dort angeblich an einer Krankheit.[117] Seine Urne wurde zur Bestattung nach Hamburg geschickt, wohin Frau Ehrlich im November 1940 gezogen war. Ihr weiteres Schicksal konnte nicht ermittelt werden.[118]

Die zweite Person, die in die Hände der Gestapo[119] geriet, war die Schneiderin und Klavierlehrerin Hanna Erdmann.

Schon 1934 hatte eine Nachbarin sie wegen judenfreundlicher Äußerungen (»Ihr braucht die Juden auch noch einmal.«) angezeigt. Es kam zu einem Gerichtsverfahren. Frau Erdmann mußte 100 RM Strafe zahlen.

1940 wurde sie erneut denunziert, diesmal wegen Äußerungen gegen Hitler. Am 2.4.1940 durchsuchte die Gestapo die Wohnung, in der sie mit ihrem »arischen« Mann und den zwei Söhnen lebte. Kleidung, Lebensmittel, Bücher und das Radio[120] wurden beschlagnahmt, angeblich für die NSV.[121] Zwei Wochen später wurde sie verhaftet und in das Cuxhavener Gefängnis eingeliefert. Am 29.5.1940 brachte die Polizei sie nach Hannover, wo sie vor das Sondergericht gestellt wurde.

Wenige Minuten vor Beginn der Verhandlung erfuhr der jüdische Rechtsanwalt Horst Berkowitz[122], daß ihm die Verteidigung entzogen wurde. Nach 1945 schrieb er an Frau Erdmann:

> »Ich weiß aber andererseits, daß das Gericht alle von mir schriftsätzlich vorbereiteten Verteidigungs-Gesichtspunkte berücksichtigte, den Hauptpunkt der Anklage,

---

[110] Das Sonderrecht für die Juden im NS-Staat. Hrsg. von Joseph Walk. Heidelberg 1981. (Motive, Texte, Materialien. 14.) S. 227.

[111] Jüdisches Leben, Bd. 3, 1982, S. 280, Anm. 3.

[112] Jüdisches Leben, a. a. O.

[113] Nach Auskunft der Justizvollzugsanstalt Stade vom 28.3.1985. – Ob es sich dabei um eine vorgeschobene Anklage gegen Ehrlich handelte, der aus seiner Abneigung gegen die Nationalsozialisten keinen Hehl machte, kann nicht beantwortet werden.

[114] Vgl. z.B. Jüdisches Leben, a.a.O., S. 280.

[115] Rep. 72 Arbeitssign. 279, NsStA Stade. Die Vollmacht ist nicht genau datiert.

[116] Sein letztes in den Pfändungsakten (Rep. 72 Arbeitssign. 279) liegendes Schreiben stammt vom 27. 1. 1940.

[117] Vgl. Die jüdischen Opfer des Nationalsozialismus in Hamburg. Hamburg 1965, S. 88.

[118] In den Hamburger Deportationslisten (Opfer, 1965) ist sie nicht verzeichnet. Die Akten des Hamburger Einwohnermeldeamtes nach 1925 wurden 1943 zerstört, so daß ein möglicher Umzug aus Hamburg nicht nachgeprüft werden konnte.

[119] Die Gestapodienststelle in Cuxhaven, Lehmkuhle 2, unterstand zu dieser Zeit der Staatspolizei Wesermünde. Zur Organisationsstruktur der Gestapo im Regierungsbezirk Stade siehe Döscher, Hans-Jürgen, Geheime Staatspolizei und allgemeine Verwaltung im Regierungsbezirk Stade in: Stader Jahrbuch. 1976, S. 70–90.

[120] Rundfunkgeräte hatten laut Anordnung vom 23.9.1939 alle Juden abzugeben. Blau, B., Ausnahmerecht, 1952, S. 113.

[121] Nationalsozialistische Volkswohlfahrt.

[122] Zur Person von Berkowitz siehe Asaria, Z., Niedersachsen, 1979, S. 518 f.

nämlich Ihren Todeswunsch für Hitler, für nicht bewiesen erachtete und daß das Gericht für die damaligen Verhältnisse ein recht mildes Urteil verkündet hatte.«[123]

Am 11.10.1940 wurde Hanna Erdmann »wegen Vergehens gegen das Heimtückegesetz«[124] zu zwei Jahren Gefängnis verurteilt.

Frau Erdmann wurde nach Essen verlegt, wo sie unter den Gefängnisbedingungen (Einzelzelle, schikanöse Behandlung durch das Personal) psychisch erkrankte. Sie unternahm mehrere Selbstmordversuche. Daraufhin erfolgte eine Unterbrechung der Haft. Sie wurde von einer Nervenheilanstalt in die andere abgeschoben, bis sie schließlich in die jüdische Heil- und Pflegeanstalt Sayn bei Koblenz[125] kam, wo sie bis zum Herbst 1942 blieb.

Im Oktober 1942 ließ ihr Mann sich von ihr scheiden. Frau Erdmann wurde dabei für schuldig erklärt. Die Urteilsbegründung zeigt das Bemühen des Richters, einen kausalen Zusammenhang zwischen der politischen Haltung der Frau und dem Scheidungswillen des Mannes zu konstruieren:

»Als jüdische Ehefrau eines deutschblütigen Mannes hatte die Beklagte alle Ursache, in politischer Hinsicht äußerste Zurückhaltung zu üben. [...] Ihre Straftaten stellen zugleich Eheverfehlungen dar, die es dem Kläger unmöglich machen, die Ehe mit ihr fortzusetzen, zumal, nachdem der Kläger jetzt Soldat ist und mitkämpft in einem Kriege, der vom Judentum gegen Deutschland angezettelt worden ist.«[126]

Die Mischehe mit einem »Arier« hatte Hanna Erdmann bisher vor der Deportation geschützt.[127] Die Scheidung bedeutete für sie das Ende dieser privilegierten Stellung. Im November 1942 wurde sie in die geschlossene Polizeistation des Jüdischen Krankenhauses in Berlin verlegt. Inzwischen hatte sich ihr Gesundheitszustand so gebessert, daß »die angeordnete Pflegschaft aufgehoben werden konnte.«[128] Die Verlegung erfolgte aufgrund eines Erlasses des Reichsministers des Innern, nach dem alle jüdischen Psychiatriepatienten in Berlin zu sammeln waren[129], zweifellos mit der Absicht, sie von dort aus zu deportieren.

Hanna Erdmann wurde im November 1943 im Viehwagen nach Theresienstadt transportiert. Die ehemalige Festungsstadt war auf der »Wannsee-Konferenz« als »privilegiertes« Getto für Juden über 65 Jahre, Kriegsveteranen, »Halbjuden«, jüdische Ehepartner aus aufgelösten Ehen u. a. bestimmt worden.[130] Zur letzteren Kategorie zählte Erdmann. Sie lag in einem ehemaligen Pferdestall zusammen mit vier Frauen, einem Kind und vier Männern, von denen zwei an offener TBC starben. Hanna Erdmann überlebte und kehrte nach der Befreiung Theresienstadts durch die Soldaten der Roten Armee am 7.5.1945[131] nach Cuxhaven zurück.

---

[123] Brief von Horst Berkowitz vom 7.5.1947, im Besitz von Hanna Erdmann.

[124] Das »Heimtückegesetz« wurde am 20.12.1934 erlassen. Danach konnten Äußerungen gegen führende Persönlichkeiten von Staat und Partei mit dem Tode bestraft werden, wenn sie gehässig, ketzerisch oder von niederer Gesinnung waren. Herbig, R., Nationalsozialismus, 1982, S. 56.

[125] Laut Erlaß vom 12.12.1940 sollten alle jüdischen »Geisteskranken« in Sayn konzentriert werden. Blau, B., Ausnahmerecht, 1952, S. 81.

[126] Rep. 72 Cuxhaven Akzession 49/82, NsStA Stade. – Zur Politisierung der Rechtsprechung im Nationalsozialismus vgl. Johe, Werner, Die gleichgeschaltete Justiz. Frankfurt a.M. 1967. (Veröffentlichungen der Forschungsstelle für die Geschichte des Nationalsozialismus in Hamburg. 5.)

[127] Spätestens seit der »Wannsee-Konferenz« im Januar 1942 diskutierten die nationalsozialistischen Machtträger in Partei, SS und den Ministerien die Möglichkeit der Einbeziehung der jüdischen Mischehepartner in die »Endlösung«, ohne zu einer endgültigen Entscheidung zu kommen. Vgl. Adam, U.D., Judenpolitik, 1979, S. 316–330. – Das Schicksal der anderen in einer Mischehe lebenden Jüdin Erna Tiedemann konnte, wie oben gesagt, nicht geklärt werden.

[128] Rep. 72 Cuxhaven Akzession 49/82, NsStA Stade.

[129] Erlaß vom 18.11.1942, Blau, a. a. O., S. 107.

[130] Reitlinger, Gerald, Die Endlösung. Berlin 1979, S. 185 f.

[131] Adler, Hans G., Theresienstadt 1941–1945. Tübingen 1960, S. 213.

Tabelle 3: Jüdische Einwohner von Cuxhaven am 1. 1. 1933.[a]

Bermann, Paul Emil	Nordersteinstr. 22	1940 nach São Paulo emigriert
Bermann, Reline	Nordersteinstr. 22	1940 nach São Paulo emigriert
Bermann, Lisa	Nordersteinstr. 22	1940 nach São Paulo emigriert
Bermann, Helmut	Nordersteinstr. 22	1940 nach São Paulo emigriert
Blumenthal, Hermann	Poststr. 11	6. 12. 1941 deportiert nach Riga
Blumenthal, Selma	Poststr. 11	21. 10. 1938 in Cuxhaven verstorben
Blumenthal, Irma	Poststr. 11	Mai 1939 nach England emigriert
Blumenthal, Kurt	Poststr. 11	25. 10. 1941 deportiert nach Lodz, verstorben 15. 7. 1942
Cahn, Max	Strichweg 29	deportiert nach Theresienstadt, dort verstorben am 5. 5. 1943
Cahn, Gertrud	Strichweg 29	30. 3. 1935 verstorben in Cuxhaven
Dankner, Oskar	Deichstr. 20	5. 12. 1933 abgemeldet nach Warschau
Dankner, Helene	Deichstr. 20	5. 12. 1933 abgemeldet nach Stabe-Teplice (ČSSR)
Dressler, Josef	Am alten Hafen 3	8. 6. 1936 abgemeldet nach Bremen
Dressler, Marie	Am alten Hafen 3	Nov. 1938 emigriert nach Montevideo
Ehrlich, Leo	Poststr. 47	1938 in Sachsenhausen/Oranienburg inhaftiert, von dort nach Buchenwald gebracht, dort am 18. 3. 1942 verstorben
Ehrlich, Lieschen	Poststr. 47	Nov. 1940 nach Hamburg abgemeldet
Ehrlich, Herta	Poststr. 47	Nov. 1939 nach Güstrow abgemeldet
Ehrlich, Erika	Poststr. 47	29. 3. 1935 nach Deggendorf, Bayern, abgemeldet
Erdmann, Hanna	Steinmarner Str. 10	seit April 1940 inhaftiert, zeitweilig in psychiatrischen Anstalten, 1943 nach Theresienstadt deportiert, überlebte und zog 1961 nach Bremen
Gotthelf, Arthur	Holstenstr. 10	29. 8. 1938 nach Valparaiso emigriert
Gotthelf, Selma	Holstenstr. 10	29. 8. 1938 nach Valparaiso emigriert
Gotthelf, Werner	Holstenstr. 10	17. 10. 1934 nach Chile emigriert
Gotthelf, Kurt	Holstenstr. 10	25. 5. 1937 nach Chile emigriert

[a] Liste im Sta Cux; Emigrations- und Deportationsorte und Todesdaten wurden von mir ergänzt.

Rein, Leopold	Strandstr. 44	21.12.1935 abgemeldet(?) nach Berlin, dort am selben Tag verstorben
Rosenthal, Bernhard	Große Hardewiek 1	15.7.1942 nach Theresienstadt deportiert, dort am 20.12.1942 verstorben
Rosenthal, Selma	Große Hardewiek 1	26.5.1936 in Cuxhaven verstorben
Rosenthal, Erna	Große Hardewiek 1	30.9.1933 abgemeldet nach Enschede, Niederlande, 1942 inhaftiert im KZ Westerbork, NL, lebt heute in den Niederlanden
Rosenthal, Gerda	Große Hardewiek 1	1.7.1936 abgemeldet nach Hamburg, wahrscheinl. deportiert
Rosenzweig, Jakob	Bernhardstr. 2	13.3.1939 abgemeldet nach Hamburg. Vorbereitung auf die Auswanderung nach Palästina 1940 auf Gut Neuendorf bei Berlin
Sternberg, Hermann	Dohrmannstr. 1	17.4.1939 nach Shanghai emigriert
Sternberg, Augusta	Dohrmannstr. 1	2.9.1940 abgemeldet nach Berlin
Sternberg, Ruth	Dohrmannstr. 1	2.9.1940 abgemeldet nach Berlin
Sternberg, Gerd	Dohrmannstr. 1	2.9.1940 abgemeldet nach Berlin
Scharfstein, Jacob A.	Nordersteinstr. 35	1941 in die USA emigriert, während der Flucht verstorben
Scharfstein, Gertrud	Nordersteinstr. 35	1941 in die USA emigriert
Scharfstein, Manfred	Nordersteinstr. 35	Nov. 1939 nach Palästina, 1945 in die USA emigriert
Scharfstein, Heinz	Nordersteinstr. 35	Nov. 1939 nach Palästina, 1945 in die USA emigriert
Tiedemann, Erna	Steinmarner Str. 42	23.3.1954 abgemeldet nach Hamburg
Wallach, Benjamin	Holstenstr. 7	15.7.1942 nach Theresienstadt deportiert, von dort weiter nach Minsk oder Auschwitz deportiert, für tot erklärt
Wallach, Anna	Holstenstr. 7	15.7.1942 nach Theresienstadt deportiert, von dort weiter nach Minsk oder Auschwitz deportiert, für tot erklärt
Wallach, Alfred	Holstenstr. 7	1939 über England nach Kanada (interniert) in die USA emigriert
Weinberg, Bernhard	Kirchenpauerstr. 1	15.7.1942 nach Theresienstadt deportiert, dort am 18.1.1943 verstorben
Weinberg, Friederike	Kirchenpauerstr. 1	15.7.1942 nach Theresienstadt deportiert, überlebte und wanderte 1945 in die USA aus

Theresienstadt gehörte nicht zu den Vernichtungslagern wie etwa Auschwitz, Belzec, Sobibor oder Treblinka. In Theresienstadt starben die Menschen an den Krankheiten, die durch Unterernährung und das Zusammenleben auf engstem Raum unter denkbar primitiven Umständen verursacht wurden. Besonders ältere Menschen hatten hier nur geringe Überlebenschancen. Von dem Transport, der am 15.7.1942 von Hamburg nach Theresienstadt ging, starben die Cuxhavener Bernhard Rosenthal am 20.12.1942, Bernhard Weinberg am 18.1.1943. Max Cahn, von Wanne-Eickel aus deportiert, starb am 5.5.1943 in Theresienstadt.[132]

Auf eine andere Weise fand ein weiterer großer Teil der »privilegierten« Juden aus dem »Altersgetto« Theresienstadt den Tod: Sie wurden von dort in die Gaskammern und Gaswagen von Auschwitz, Treblinka und Minsk geschickt.[133] Auch das Ehepaar Wallach vom oben genannten Hamburger Transport gehörte dazu. Todesort (Minsk oder Auschwitz[134]) und -datum sind nicht bekannt. Sie wurden für tot erklärt.

Mit einem der ersten Transporte kam Kurt Blumenthal zusammen mit seiner Frau Käthe am 25.10.1941 von Hamburg aus in das Getto Lodz (Litzmannstadt).[135] Es war der erste »Evakuierungsbefehl« der Gestapo, der die in Hamburg wohnenden Juden traf.[136] Die Betroffenen durften 50 kg Gepäck und Nahrungsmittel für zwei Tage mitnehmen. Ihr Vermögen wurde beschlagnahmt, ihre Wohnungen versiegelt und später vom Oberfinanzpräsidenten zugunsten des Reichs eingezogen.

Insgesamt kamen mit dieser ersten Massendeportation vom Oktober und November 1941 über 19 000 Juden aus verschiedenen Städten des Reichs nach Lodz. Das Getto war überfüllt. »Drei Wochen lang mußten zusätzliche Wachen nachts durch das Lodzer Getto patrouillieren, während die ganz benommenen Menschen auf der Suche nach einem Obdach von einem Platz zum andern geschickt wurden.«[137]

Der größte Teil dieser Juden aus dem Reich wurde ab Januar 1942 in das Vernichtungslager Chelmno »ausgesiedelt«[138], wo sie in den »fahrbaren Gaskammern«[139] (Gaswagen) umkamen. Kurt Blumenthal wurde offenbar nicht auf diese Weise ermordet. Er starb am 15.7.1942 in Lodz.[140]

Sein Vater Hermann Blumenthal, der letzte Vorsteher der »Israelitischen Gemeinde Cuxhaven«, wurde am 6.12.1941 von Hamburg aus in das Rigaer Getto deportiert.[141] Dieser Transport kam am 12.12.[142], nach Aussage eines Überlebenden am 9.12.[143] in Riga an. »Der Dezember 1941 bezeichnet den Zeitpunkt, zu dem die endgültige Entscheidung über die physische Vernichtung des europäischen Judentums gefällt war.«[144] Um diese Zeit gab

---

[132] Nach Auskunft des BA Koblenz vom 26.4.1982. – Siehe auch Opfer, 1965, S. 61 und 63.
[133] Reitlinger, G., Endlösung, 1979, S. 188 ff.
[134] Nach Auskunft des BA Koblenz starben sie in Minsk, nach Auskunft des Sohnes Alfred Wallach in Auschwitz.
[135] Opfer, 1965, S. 2.
[136] Einzelheiten wie die folgenden finden sich in dem Bericht von Max Plaut, Vorsitzender der jüdischen Gemeinde in Hamburg von 1938 bis 1945 in: Opfer, a.a.O., S. XI-XII.
[137] Reitlinger, a. a. O., S. 98.
[138] Das Vernichtungslager Chelmno (Kulmhof) lag nordwestlich von Lodz in dem damaligen »Reichsgau Wartheland«. Zu den Massentötungen dort siehe Nationalsozialistische Vernichtungslager im Spiegel deutscher Strafprozesse. Hrsg. von Adalbert Rückerl, München ³1979, S. 243–294; zu den Transporten aus Lodz siehe S. 276–280.
[139] Reitlinger, a.a.O., S. 101.
[140] Nach Auskunft des BA Koblenz vom 26.4.1982.
[141] Opfer, a. a. O., S. 35.
[142] Reitlinger, a. a. O., S. 103.
[143] Der Bericht eines Überlebenden der Kieler Juden, die zu dem Transport gehörten, ist wiedergegeben bei Hauschildt, Dietrich, Juden in Kiel im Dritten Reich. Kiel 1980. Staatsexamensarbeit. S. 124–126.
[144] Adam, U.D., Judenpolitik, 1979, S. 311.

Hitler dem Reichsführer-SS Himmler den Befehl zur Massentötung.[145] In Chelmno begannen die Vergasungen[146] und in Riga wurde ein Teil der Deportierten sofort nach ihrer Ankunft Opfer von Massenerschießungen, so z. B. am »Rigaer Blutsonntag« vom 13. 12. 1941.[147]

Über den Transport vom 6. 12. schrieb der oben erwähnte Überlebende:

»Die meisten dieses Transports sollen bei Selektionen in Riga ausgesondert und vom Lager Jungfernhof aus in das angebliche Lager Dünamünde verbracht worden sein. Sie sollten angeblich dort in der Fischkonservenfabrik zur Arbeit eingesetzt worden sein. Wie ich aber damals hörte, sollen diese Selektierten alle getötet worden sein. Bereits auf dem Marsch von dem Ausladebahnhof in Riga nach dem Lager Jungfernhof und auch später im Lager selbst und im Getto fanden laufend Erschießungen oder Erhängungen von Juden statt, die bei irgendwelchen geringfügigen Zuwiderhandlungen getroffen waren. Darüber hinaus fanden auch Massenhinrichtungen von Juden in dem sogenannten Hochwald in der Nähe von Riga statt.«[148]

Ob auch Hermann Blumenthal unter den Opfern dieser Hinrichtungen war, konnte nicht festgestellt werden. Sein Todesdatum ist unbekannt.

6.5.3 Die Zwangssterilisierung

Die schlechte Quellenlage macht es unmöglich, auf die Situation der in Cuxhaven lebenden »Mischlinge«[149] einzugehen. Nicht einmal die Namen der Betroffenen sind erhalten.[150] Deshalb soll hier lediglich ein Schicksal vorgestellt werden, das beispielhaft die bisher wenig erforschte widerspruchsvolle Situation[151] der jüdischen »Mischlinge« im Dritten Reich zeigt. Nach den »Nürnberger Gesetzen« gehörte zu den »Mischlingen«, wer von einem (»2. Grades«) oder zwei (»1. Grades«) »der Rasse nach volljüdischen Großeltern abstammte.«[152]

Friedrich Wilhelm Lübbert wurde 1898 als Sohn des in Cuxhaven hochgeachteten Seefischmarktdirektors Julius Lübbert[153] geboren. Die Familie war national und kaisertreu eingestellt. Friedrich Wilhelm folgte 1917 seinem älteren Bruder Eduard als Kriegsfreiwilliger. Beide gehörten als Flieger der Richthofenstaffel an, deren letzter Kommandeur Hermann Göring war.[154] Eduard fiel 1917, während Friedrich Wilhelm schwer verwundet überlebte. Die Kameradschaft in der Richthofenstaffel wurde für ihn zum prägenden Erlebnis. In der NS-Zeit erwies sie sich darüber hinaus als lebensrettend.

---

[145] Adam, U. D., Judenpolitik, 1979, S. 313 und Anm. 51 auf S. 313 f. – Die einzelnen Schritte, die zu Hitlers Befehl führten, zeigt Adam S. 312 f.

[146] Adam, a. a. O., S. 312.

[147] Adam, a.a.O., S. 311.

[148] Zitiert bei Hauschildt, D., Kiel, 1980, S. 126.

[149] 1939 lebten noch 14 »Mischlinge 1. Grades« und 8 »Mischlinge 2. Grades« in Cuxhaven. Im ganzen Reich gab es 1939 71 126 »Mischlinge 1. Grades« und 41 456 »Mischlinge 2. Grades«. Statistik des Deutschen Reiches. 552 (1944), Heft 4, S. 18 und S. 6.

[150] Die Akten der Cuxhavener Gestapo sind nicht erhalten.

[151] Vgl. Adam, a. a. O., S. 135–138, 141–144, 265, 316–333. Ich folge hier der Untersuchung Adams, die die ausführlichste und genaueste zum Thema ist. – Vgl. auch Fauck, Verfolgung von Mischlingen in Deutschland und im Reichsgau Wartheland in: Gutachten des Instituts für Zeitgeschichte. Stuttgart. Bd. 2, 1966, S. 29–30. –Vgl. auch Graml, H., Stellung, 1966.

[152] Adam, a.a.O., S. 141 und 143.

[153] Er war bis 1930 Direktor in Cuxhaven. 1950 wurde er Ehrenbürger der Stadt. – Alle Angaben zu F. W. Lübbert verdanke ich seinem Sohn Eddy Lübbert.

[154] Vgl. Bodenschatz, Karl, Jagd in Flanderns Himmel. München 1938.

Das Reichsbürgergesetz von 1935 (»Nürnberger Gesetze«) stempelte Lübbert zum »Mischling ersten Grades«, da er von zwei »volljüdischen« Großelternteilen abstammte.[155] Die nationalsozialistische Machtergreifung hatte zunächst für die »Halbjuden« nicht solch einschneidende Eingriffe zur Folge wie für die »Volljuden«. So wurden sie z. B. nicht in gleichem Maße von dem organisierten Boykott des 1.4.1933 betroffen. Jedoch erlebte Lübbert, der inzwischen in Cuxhaven als Industrievertreter die Fischindustrie mit dem nötigen Zubehör belieferte, einen »stillschweigenden Boykott« durch einige Firmen.

Im April 1933 wurde er im Auftrag des kommissarischen Bürgermeisters lediglich dazu aufgefordert, sofort sein Amt als Vorsitzender des »Deutschen Luftschutzverbandes, Ortsgruppe Cuxhaven« niederzulegen. 1937 schloß ihn die »Cuxhavener Kühlhaus-GmbH« als Genossenschaftsmitglied aus.[156]

Wahrscheinlich erlebte Lübbert noch mehr Schwierigkeiten dieser Art, die ihn schon 1936 veranlaßten, seinen ehemaligen Staffelkameraden Karl Bodenschatz, jetzt Adjutant des Reichsmarschalls Göring, um Rat zu fragen.[157] Die Verbundenheit mit dem Jagdgeschwader lief unberührt von den antijüdischen Maßnahmen der nationalsozialistischen Regierung weiter. So wurde Lübbert 1936 von Göring zu einem Erinnerungstreffen geladen und noch 1941 zum Staatsbegräbnis eines Kameraden befohlen.

Im Dezember 1937 bekam der dritte Bruder, Hans, der in Hamburg als Kaufmann lebte, Schwierigkeiten aufgrund seiner jüdischen Herkunft.[158] Bodenschatz wurde eingeschaltet. Der legte dem Hamburger Kreisleiter der NSDAP nahe, Familie Lübbert in Anbetracht ihrer militärischen Leistungen für Deutschland in Ruhe zu lassen.[159] Politische Druckmittel standen Bodenschatz offenbar nicht zur Verfügung.

1938 verlagerte Friedrich Wilhelm Lübbert sein Geschäft nach Hamburg, um drohenden Denunziationen aus dem Wege zu gehen. Seinen Cuxhavener Wohnsitz behielt er bei. Als selbständiger Kaufmann war er nicht von Entlassung bedroht wie viele »Mischlinge«[160], doch zwangen ihn die Verhältnisse, sein Geschäft erheblich zu reduzieren.

Mit Beginn der »Endlösung« wurde auch die Lage für die »Mischlinge« äußerst kritisch. Auf der »Wannsee-Konferenz« im Januar 1942 brachte Heydrich[161] Vorschläge zur Diskussion, die die »Mischlinge ersten Grades«, von bestimmten Ausnahmen abgesehen, mit den »Volljuden« gleichstellten. Damit knüpfte er an alte Forderungen der Partei an, die 1935 durch geschicktes Argumentieren und Taktieren der Staatssekretäre vor allem des Reichsinnenministeriums hatten abgewehrt werden können.[162]

---

[155] Auf die Absurdität des nationalsozialistischen Judenbegriffs, der rassische und religiöse Definitionen miteinander vermischte, weist Adam, U.D., Judenpolitik, 1979, S. 142 f., hin.

[156] Der Vorsitzende L. bewies Mut, indem er Lübbert in demselben Schreiben »privat« mitteilte, daß er dafür sorgen werde, daß Lübbert das Kühlhaus jederzeit benutzen könne. – Dieses Schreiben und alle anderen genannten Unterlagen sind im Besitz von Eddy Lübbert.

[157] Worum es konkret ging, ist aus den Unterlagen nicht zu entnehmen.

[158] Welcher Art diese Schwierigkeiten waren, geht aus den Unterlagen nicht hervor. Ab Oktober 1944 mußte Hans Lübbert bei der Hamburger Müllabfuhr Zwangsarbeit leisten.

[159] Ein Schreiben dieses Inhalts von Bodenschatz ist erhalten.

[160] Siehe die Beispiele bei Seidler, Horst/Rett, Andreas, Das Reichssippeamt entscheidet. Wien, München 1982, S. 206–208, 234.

[161] Reinhard Heydrich, Chef der Sicherheitspolizei und des SD (Sicherheitsdienst des Reichsführers-SS), stellvertretender Reichsprotektor in Böhmen und Mähren. Starb am 5.6.1942 an den Folgen eines Attentats. Reitlinger, G., Endlösung, 1979, S. 584.

[162] Vgl. Adam, a. a. O., S. 135–142.

Heydrichs Vorschläge waren folgende:

- »Mischlinge ersten Grades« sind in Hinblick auf die »Endlösung der Judenfrage« den Juden gleichzustellen.
- Ausnahmen gelten für »Mischlinge«, die in einer Mischehe leben, aus der Kinder (»Mischlinge zweiten Grades«) hervorgegangen sind und für
- »Mischlinge«, die von den höchsten Partei- oder Staatsinstanzen Ausnahmegenehmigungen erhalten haben.
- Die von der »Evakuierung« auszunehmenden »Mischlinge« lassen sich »freiwillig« sterilisieren, »um jede Nachkommenschaft zu verhindern und das Mischlingsproblem endgültig zu bereinigen.«[163]

Die Sterilisierung gehörte seit dem »Gesetz zur Verhütung erbkranken Nachwuchses« vom 14.7.1933 zu den Maßnahmen des Dritten Reiches gegen Personen, die nicht seinem Ideal der »Herrenrasse« entsprachen. Nach diesem Gesetz wurden z. B. körperlich und geistig behinderte Menschen sterilisiert.[164] Die SS strebte die Massensterilisation außer für jüdische »Mischlinge« auch für die Ròm-Zigeuner und »Zigeunermischlinge« an.[165] Experimentelle Vorarbeiten für eine solche Massenaktion führten Ärzte in einigen Konzentrationslagern ab Oktober 1941 durch. Zu diesem Zweck wurden an jüdischen und anderen Inhaftierten verschiedene Sterilisationsmethoden erprobt.[166] Die Entwicklung der Kriegslage ab 1943 verhinderte schließlich die Massensterilisation, die einen nicht mehr zu leistenden personellen und organisatorischen Aufwand erfordert hätte.[167]

In den Monaten nach der »Wannsee-Konferenz« wurden Heydrichs Vorschläge von Partei und SS einerseits und den Vertretern des Reichsinnenministeriums und des Reichsjustizministeriums andererseits diskutiert. Zu einer Einigung kam es dank des »partiellen Widerstandes«[168] von seiten der Ministerialvertreter nicht.[169] Die unklare Situation wirkte sich teilweise offenbar zugunsten der betroffenen »Mischlinge« aus, da die Verwaltung noch immer »nach einem Mindestmaß an Rechtsbefehlen« verlangte.[170] Doch nicht jede Verwaltungsinstanz handelte so, und die unterschiedliche Behandlung der »Mischlinge ersten Grades« in der Familie Lübbert zeigt, wie unberechenbar die Lage für die Betroffenen war. So wurde z. B. Hans Julius Lübbert während der ganzen NS-Zeit nicht angetastet, während seine Söhne Friedrich Wilhelm und Hans dem Zugriff von Partei und Gestapo ausgesetzt waren.

Am 1.2.1944 wurde Friedrich Wilhelm Lübbert von der Gestapo verhaftet und in das Gefängnis Fuhlsbüttel eingeliefert. Die Familie wandte sich sofort an Bodenschatz, der inzwischen zum »General der Flieger und Chef des Ministeramtes Reichsmarschall« (Briefkopf) avanciert war. Bodenschatz handelte umgehend. Am 9.2.1944 bescheinigte er Lübbert in einem Schreiben, daß er bis zur restlosen Klärung seiner »deutschblütigen« Abstammung unter dem Schutz des Reichsmarschalls stehe. Daraufhin wurde Lübbert entlassen.

Die »Vereinbarung«, die schließlich zwischen Reichsmarschall Göring und Reichsführer-SS Himmler getroffen wurde, entsprach Heydrichs Vorschlägen auf der »Wannsee-Konfe-

[163] Poliakov, Léon/Wulf, Josef, Das Dritte Reich und die Juden. München 1978, S. 124.
[164] Vgl. Schorn, Hubert, Die Gesetzgebung des Nationalsozialismus als Mittel der Machtpolitik. Frankfurt a.M. 1963, S. 111 f.
[165] Döring, Hans Joachim, Die Zigeuner im nationalsozialistischen Staat. Hamburg 1964. (Kriminologische Schriftenreihe aus der Deutschen Kriminologischen Gesellschaft. 12.) S. 177.
[166] Vgl. Mitscherlich, Alexander, Medizin ohne Menschlichkeit. Frankfurt a.M. 1960, S. 236–247.
[167] Adam, U.D., Judenpolitik, 1979, S. 329.
[168] Diese Haltung zwischen »Kollaboration und partiellem Widerstand« bezeichnet Genschel als typisch für die Vertreter von Wirtschaft und Verwaltung, unter denen hundertprozentige Gegner des Nationalsozialismus ebenso selten waren wie hundertprozentige Nazis. Genschel, H., Verdrängung, 1966, S. 14, Anm. 6.
[169] Vgl. Adam, a.a.O., S. 321–330.
[170] Adam, a.a.O., S. 330.

renz«.[171] Lübbert mußte sich – auf eigene Rechnung – sterilisieren lassen. Am 17.10.1944 bestätigte ihm Bodenschatz, daß durch die Sterilisierung nach Mitteilung des Chefs der Sicherheitspolizei und des SD, unterzeichnet von SS-Obergruppenführer und General der Polizei Ernst Kaltenbrunner[172], »die Angelegenheit als erledigt zu betrachten und Lübbert von weiteren staatspolizeilichen Maßnahmen freizustellen« sei. Insbesondere habe die Gestapo Weisung, »für den Fall seines Wohlverhaltens« nichts weiter gegen ihn zu unternehmen.

Auf diese Weise war die Gefahr der Deportation für Lübbert endgültig gebannt. Auch entging er der Zwangsarbeit, die Himmler für alle »Mischlinge ersten Grades« im Oktober 1944 angeordnet hatte.[173]

Nach 1945 kehrten nur zwei der 43 1933 als Juden registrierten Personen für einige Jahre nach Cuxhaven zurück. An die fast 200jährige Geschichte der Juden im Amt Ritzebüttel und der Stadt Cuxhaven erinnern heute lediglich das Gebäude der ehemaligen Synagoge und der Friedhof in Brockeswalde.

---

[171] In welchem Umfang Heydrichs Vorschläge trotz Widerstandes einiger Ministerien in die Praxis umgesetzt wurden, darüber gibt die einschlägige Literatur keinen Aufschluß. Der Grund dafür ist wahrscheinlich die schlechte Quellenlage. Da es sich bei den erfolgten Sterilisationen um Einzelaktionen handelte, dürfte es nur verstreute Belege geben.
[172] Kaltenbrunner war als Chef der Sicherheitspolizei und des SD Nachfolger Heydrichs.
[173] Sonderrecht, 1981, S. 405. – Siehe auch Abb. 17.

Abb. 17: Formular für die Hamburger »Mischlinge« bei ihrer »Einberufung« zur Zwangsarbeit vom Hamburger Arbeitsamt.

```
                              Hamburg, den    Oktober 1944


                    E r k l ä r u n g


Ich bin Mischling I.Grades.
Meine Personalien lauten wie folgt:

Zuname:
Sämtliche Vornamen:
(Rufname unterstreichen)
Geburtsort und -tag:

Wohnung:  Ort:
          Strasse:
Staatsangehörigkeit:  + Deutsches-Reich/ staatenlos
                        sonstige Staatsangehörigkeit:
Familienstand: + verh. / ledig/
                verh.mit:
                       Geburtsname:
                       Geburtsort und -tag:
               + Ehefrau: deutschblütig/ Mischling/

Erlernter Beruf:
Zuletzt tätig gewesenals:
        bei der Firma  :

Welcher Wohnraum wird durch Ihre Einberufung frei?

.....................................................................

.....................................................................

Zum Bevollmächtigten (Verwalter) in vermögensrechtlicher Hin-
sicht habe ich während der Dauer meines Einsatzes bestellt:

        Vor- und Zuname:

        Wohnung: Ort:
                 Strasse:



                       ----------------------------
                          ( Unterschrift )


+ Nicht Zutreffendes ist zu durchstreichen.
```

7 Schlußbetrachtung

7.1 Zusammenfassung

Bei der folgenden Zusammenfassung der Ergebnisse der vorliegenden Arbeit sollen Überlegungen zur Typik norddeutscher Kleinstadtjuden im Mittelpunkt stehen.

Die Geschichte der Juden im ländlichen und kleinstädtischen Norddeutschland begann im allgemeinen spät. Erst seit etwa 1700 wanderten Juden verstärkt aus den traditionellen Niederlassungsgebieten in Süddeutschland und aus Osteuropa in den Norden auf der Suche nach Schutz und Erwerbsmöglichkeiten. Seßhaftigkeit war Voraussetzung für das Überleben der rechtlich und wirtschaftlich diskriminierten Minderheit – daher die bis ins 19.Jahrhundert dauernde Suche Tausender von Juden nach einem Schutzbrief.

Die Geschichte der norddeutschen Kleinstadtjuden begann zu einer Zeit, in der der Höhepunkt des Gettodenkens und des religiösen Judenhasses vorbei war. Denker der Aufklärung befaßten sich erstmals mit der Stellung der jüdischen Minderheit und erwogen Möglichkeiten einer Veränderung.[1] Die Juden profitierten von der Haltung der Obrigkeit und ihrer Vertreter, die sich in dieser Zeit überwiegend zwischen Toleranz und Laissez-Faire bewegte. In Ritzebüttel z. B. wurde keiner der Juden, die gegen die Schutzbriefregeln verstoßen hatten, aus dem Amt gewiesen.

Unter diesen Umständen konnten sich Juden mitten unter Nichtjuden eine Wohnung suchen. Anders als in süddeutschen Dörfern, in denen das Wohnen in der »Judengasse« obligatorisch war, ganz anders auch als in der Abgeschlossenheit des ostjüdischen »schtetl« war das Zusammenleben zwischen Juden und Nichtjuden damit von vornherein relativ eng, wenn auch keineswegs ohne Konflikte.

Während in Süddeutschland Juden vereinzelt sogar die Mehrheit am Ort bildeten[2], waren die jüdischen Gemeinden in den norddeutschen Kleinstädten durchweg sehr klein[3], teils auf Anordnung der Obrigkeit, teils aus eigenem Interesse.

Vom Gesetz darauf beschränkt, als Händler und Kaufleute tätig zu sein, gerieten die Juden zwangsläufig in die Schußlinie der nichtjüdischen Konkurrenz. Hier gab es die Hauptkonflikte.

Wie im Dorf stießen in der Kleinstadt des 18. und 19.Jahrhunderts mit Juden und Nichtjuden zwei traditionsgebundene Gruppen aufeinander. Aber durch die ähnliche städtische Berufsstruktur beider Gruppen gab es neben der Konkurrenz auch gemeinsame Interessen. Cahnmans Behauptung, daß ein Stadtjude und ein christlicher Bürger physisch und sozial weiter voneinander entfernt sind als ein Dorfjude und ein Bauer[4], trifft für die norddeutschen Kleinstadtjuden zumindest des 19. und 20. Jahrhunderts nicht zu.[5]

Neben dieser Interessenübereinstimmung blieben aber Normendivergenzen bestehen, die Konfliktstoff beinhalteten. In erster Linie war es das Geschäftsgebaren der Juden, das von den »rechtlichen« Kaufleuten mit Argwohn betrachtet wurde.

---

[1] Vgl. Rürup, R., Emanzipation, 1975, S.76 f.
[2] Daxelmüller, Christoph, Die deutschsprachige Volkskunde und die Juden in: Zeitschrift für Volkskunde. 83 (1987), S.17.
[3] Gemeint sind Gemeinden mit weniger als 200 Mitgliedern. Vgl. Zahlen bei Asaria, Z., Niedersachsen, 1979.
[4] Cahnman, W. J., Kleinstadtjude, 1974, S.183.
[5] Wie groß die Distanz zwischen Dorfjuden und Bauern sein konnte, dafür finden sich bei Jeggle, U., Judendörfer, 1969, zahlreiche Beispiele.

Das Fehlen von Ämtern und Zünften mit ihrer rigiden Regulierung und Kontrolle des Marktes erleichterte in einer Kleinstadt wie Ritzebüttel-Cuxhaven zweifellos das wirtschaftliche Überleben der Minderheit. Man braucht nur einen Blick nach Hamburg zu werfen, um zu sehen, wie sehr Ämter und Zünfte den Juden das berufliche Leben bis weit ins 19. Jahrhundert hinein erschwerten.[6]

Ähnlich wie die Dorfjuden vermittelten die Kleinstadtjuden Güter zwischen Stadt und Land. In erster Linie versorgten sie die immobilen Landbewohner mit städtischen Erzeugnissen aus erster und zweiter Hand und spielten damit eine wichtige Rolle in der ländlichen Infrastruktur.[7]

Daß die Nichtjuden bei aller Diskriminierung der Minderheit diese wirtschaftlichen Dienste nutzten, von der Risikobereitschaft der jüdischen Händler, ihrer Hinnahme kleiner Gewinne bei großem Arbeitsaufwand, ihrem Entgegenkommen im Zahlungsbereich gern profitierten – auch das ermöglichte das ökonomische Überleben der Kleinstadtjuden.

Die bedrängte Stellung als Minderheit mit wesentlichen rechtlichen und wirtschaftlichen Beschränkungen führte zur Entwicklung verschiedener sozialer Überlebensstrategien, wie sie sich teilweise auch bei anderen Minderheiten feststellen lassen:

- hohe Mobilität
- Innovationen im Bereich der Verkaufsstrategien
- Multiprofessionalität
- Ausnutzung des gewährten Rechtsraums bis an die Grenze der Legalität und teilweise darüber hinaus
- Ausbau des sozialen Netzwerkes im Verwandtschafts-, Geschäfts- und Kultusbereich: Je unsicherer die ökonomische und rechtliche Lage, desto wichtiger war das Netzwerk; je dichter das Netzwerk geknüpft war, desto weniger krisenanfällig stand die einzelne Person da
- Wahrung des religiösen Lebensstils.

In Anlehnung an den Begriff der »Kultur der Armut«[8] könnte man hier von einer »Kultur der Minderheit« sprechen. Diese Kultur brachte die Minderheit teilweise in Konflikt mit den herrschenden gesellschaftlichen Kräften. Es handelte sich dabei aber keineswegs um eine Gegenkultur im Sinne einer Kampfansage »erklärter Gegner« der Gesellschaft, wie Küther meint.[9] Die Kultur der jüdischen Minderheit tendierte nicht zu »gegengesetzlicher Ausformung.«[10] Die Juden in Deutschland, und so auch die Kleinstadtjuden, bemühten sich vielmehr um einen Platz im gegebenen gesellschaftspolitischen System. Anders als etwa die Räuberbanden des 18. und 19. Jahrhunderts bildeten sie keine Gegengesellschaft.

Allein dem Bereich des religiösen Lebensstils kann man Züge einer Subkultur zusprechen, einer Kultur also, die sich nach einem von der Mehrheit abweichenden Regel- und Normensystem richtete. Auf diese religiös fundierte Kultur vor der Assimilation bezog sich Klaus Guth, als er den Begriff der »Kultur der Absonderung« prägte.[11] Doch auch hier fehlte jedes aggressive Moment des Gerichtetseins gegen die Kultur der Mehrheit.

---

[6] Krohn, H., Hamburg 1800–1850, 1967, z.B. S. 10 ff., 20 ff. und 46 ff.
[7] Vgl. Daxelmüller, Ch., Volkskunde, 1987, S. 17 f.
[8] Mit diesem Begriff, den Oscar Lewis prägte, sollte gezeigt werden, daß auch deprivierte Menschen, die z.B. in großer Armut leben, Strukturen des Zusammenlebens mit bestimmten Werten und Normen entwickeln. Lewis, Oscar, The Culture of Poverty in: Scientific American. 215 (1966), S. 19–25.
[9] Küther, C., Räuber, 1976, S. 145.
[10] Küther, a.a.O., S. 26. – Gegen eine solche Bewertung jüdischen Verhaltens wendet sich auch Toury, J., Eintritt, 1972, S. 185, Anm. 1.
[11] Guth, Klaus, Landjudentum in Franken in: Archiv für die Geschichte von Oberfranken. 65 (1985), S. 363–378, besonders S. 374.

Es war der religiöse Lebensstil als wesentlicher Bestandteil der »Kultur der Minderheit« bis in die Mitte des 19. Jahrhunderts, der letzten Endes dazu beitrug, die Juden als »die Anderen« im Bewußtsein der Mehrheit zu fixieren – wichtige Voraussetzung dafür, daß Judenhaß und Antisemitismus als kulturelle Selbstverständlichkeit tradiert werden konnten.

Im 19. Jahrhundert begann der soziale Aufstieg der Kleinstadtjuden, so daß sich bis zur Jahrhundertmitte eine Mittelschicht herausbildete. Die Schicht der Kleinhändler, die am Rande des Existenzminimus lebte, ging entsprechend zurück. Die allmähliche Assimilation in Aussehen, Sprache und Bildung förderte den Aufstieg.

In dieser Zeit der »Verbürgerlichung« und »Eindeutschung« intensivierten sich die Kontakte der Kleinstadtjuden zu den nichtjüdischen Bürgern auf vielerlei Ebenen. Anders als in der Großstadt blieben aber der gesellige Verkehr und die Mischehe zunächst noch ausgenommen. Zugleich bestand das negative Fremdbild »des Juden« fort, ja, es wurde Teil der Volkskultur. Mit Hilfe sprachlicher Redewendungen und Stilisierungen, von Generation zu Generation weitergegeben, verfestigte sich die »totale Rolle« der jüdischen Minderheit derart, daß es auch nach Gleichstellung und weitgehender Assimilation kaum ein Entkommen aus dieser Rolle gab. Je kleiner der Ort, desto aussichtsloser war es, aus der fremdbestimmten Rolle schlüpfen zu können. Die Macht der Sprache und des Rollenbildes konstruierten über die Jahrhunderte eine zweite Wirklichkeit, die neben der faktischen Realität existierte, ohne mit ihr viel zu tun zu haben. Von daher erklärt sich auch das Phänomen des heute in der Bundesrepublik Deutschland zu beobachtenden »Antisemitismus ohne Juden«.[12]

Der Emanzipationsprozeß in Deutschland war zum einen durch Ungleichzeitigkeit geprägt. Er zog sich in den verschiedenen Teilen Deutschlands von etwa 1808 bis zur Reichsgründung hin.[13] Zum andern handelte es sich um einen Prozeß der Verspätung. Die Zeit reichte nicht aus, um die Gleichstellung der Juden im Bewußtsein der Nichtjuden zu einer Selbstverständlichkeit werden zu lassen. Kurz nach Abschluß der Emanzipation wurde sie schon von dem neu entstehenden modernen Antisemitismus attackiert.[14]

Immerhin herrschte während des Höhepunktes der Emanzipationszeit, im Vormärz, ein politisches Klima, in dem auch Kleinstadtjuden zum ersten Mal als Subjekte ihrer Geschichte handeln konnten – ein wichtiges Erlebnis auf dem Wege der politischen Einbürgerung.

Die Gleichstellung hatte einschneidende Folgen für die Judenschaft in der Kleinstadt. Dank der neuen Freizügigkeit wanderten Juden allmählich aus der Kleinstadt in die größeren Städte, die ihnen mehr wirtschaftliche Aufstiegsmöglichkeiten versprachen.

Wenn auch mit der förmlichen Landflucht[15] aus den süddeutschen Dörfern nicht zu vergleichen, hatte die Abwanderung dennoch zur Folge, daß nach der Jahrhundertwende kaum noch eine der alten Schutzjudenfamilien in der Kleinstadt zu finden war.

Mit dem weiteren sozialen Aufstieg in die bürgerliche Mittelschicht nach der Gleichstellung begann endlich auch die gesellschaftliche Integration der Kleinstadtjuden, während das Tabu der Mischehe als letzte Schranke bestehen blieb.

Assimilation und Integration führten mindestens eine Generation später als in der Großstadt zur allmählichen Lockerung und Individualisierung des religiösen Lebensstils, so daß die jüdische Kleinstadtgemeinde am Vorabend des Nationalsozialismus zwischen den ganz unterschiedlichen religiösen Haltungen der einzelnen Mitglieder einen Kompromiß finden mußte, um das religiöse Gemeindeleben aufrecht erhalten zu können.

---

[12] Siehe dazu die Studie von Silbermann, Alfons, Sind wir Antisemiten? Köln 1982.
[13] Toury, J., Geschichte, 1977, S. 384–388.
[14] Rürup, R., Emanzipation, 1975, S. 87.
[15] Jeggle, U., Judendörfer, 1969, S. 195.

Die Wirtschaftskrisen der Gründerjahre begünstigten das Entstehen des modernen Antisemitismus, nach dessen rassistischer Ideologie und Sündenbocktheorie die Vorherrschaft der Juden an allen Krisen der Gesellschaft schuld sei. Juden boten sich als Sündenböcke zum einen aufgrund des durch Tradition und Sprache verfügbaren negativen Fremdbildes an. Zum andern paßte das Feindbild Jude in das Weltbild gleich mehrerer gesellschaftlicher Gruppen. Sowohl die Kleinbürger, die sich von der industriellen und kapitalistischen Entwicklung übergangen sahen, als auch die bürgerliche Mittelschicht mit ihrem erst kürzlich errungenen politischen und wirtschaftlichen Status, sahen sich durch den Aufstieg der Juden bedroht. Dieses antisemitische Potential gab es auch in der Kleinstadt.

Die positiven Erfahrungen des relativ engen Zusammenlebens zwischen Juden und Christen als Nachbarn, Geschäftsleute und schließlich als Bürger mit der Möglichkeit der persönlichen Beobachtung und Meinungsbildung erwies sich gegenüber dem durch Jahrhunderte gewachsenen Negativbild des Juden letztes Endes als machtlos.

Kleinstadtjuden in Norddeutschland haben Alltagsleben und -kultur mitgeprägt, wenn auch sicher nicht in dem Maße wie die zahlenmäßig ungleich stärkere und viele Jahrhunderte länger ansässige Judenschaft in Süddeutschland. Heute zeugen im wesentlichen nur noch die Friedhöfe und die wenigen erhaltenen Synagogen sowie die archivalischen Quellen vom deutsch-jüdischen Zusammenleben.

7.2 Die deutsche Volkskunde und die Juden

Um die Erforschung der jüdischen Kultur hat sich die deutsche Volkskunde jahrzehntelang nicht gekümmert – in durchaus antisemitischer Ignoranz.[16] Es blieb Juden vorbehalten, eine Volkskunde der Juden in Deutschland ins Leben zu rufen. Führend war hier Max Grunwald (1871–1953), Rabbiner in Hamburg und Wien. 1898 gründete er die »Gesellschaft für jüdische Volkskunde«. Er gab die »Mitteilungen der Gesellschaft für jüdische Volkskunde« heraus[17] und richtete in Hamburg ein »Museum für jüdische Volkskunde« ein.[18] Diese intensive Beschäftigung mit der jüdischen Kultur entstand aus dem Gefühl der Entfremdung von eben dieser Kultur und aus der Angst, daß durch die weitgehende Assimilation der Juden in Deutschland die überlieferten Traditionen und Gegenstände ganz verlorengehen könnten.[19] Im Ostjudentum mit seiner nichtassimilierten Kultur fand die jüdische Volkskunde ihren »Bauern«.[20]

Es gab von nichtjüdischer Seite vereinzelte Arbeiten zur Volkskunde der Juden, so 1969 von Utz Jeggle[21] und 1976 von Hermann Arnold.[22] Ein Ende der Ausklammerung der jüdischen Kultur durch die deutsche Volkskunde deutete sich aber erst seit den 80er Jahren an. So wird seit 1983 an dem Projekt zur jüdischen Kultur in Oberfranken im 19. und 20. Jahrhundert unter der Leitung von Klaus Guth am Institut für Volkskunde der Universität Bam-

---

[16] Die Geschichte dieser ideologischen und realen Ausklammerung zeichnete Daxelmüller 1987 nach: Daxelmüller, Ch., Volkskunde, 1987.

[17] Sie erschienen unter leicht variierendem Titel bis 1929.

[18] Zur Geschichte der jüdischen Volkskunde in Deutschland siehe Daxelmüller, Christoph, Jüdische Volkskunde in Deutschland vor 1933 in: Volkskunde als akademische Disziplin. Wien 1983, S. 117–142.

[19] Daxelmüller, a.a.O. S. 123.

[20] Daxelmüller, a.a.O., S. 126.

[21] Jeggle, U., Judendörfer, 1969.

[22] Arnold, Hermann, Materialien zur Volkskunde der pfälzischen Juden in: Blätter für pfälzische Kirchengeschichte und religiöse Volkskunde. 43 (1976), S. 59–67. – Einiges volkskundliche Material wurde von ihm auch in seinem Buch über Juden in der Pfalz verarbeitet. Arnold, H., Pfalz, 1967. – Einige wenige weitere Autoren nennt Daxelmüller, Ch., Volkskunde, 1987, S. 2, Anm. 11.

berg gearbeitet.[23] Guth befaßte sich außerdem mit den Lebensformen von fränkischen Landjuden im 18. Jahrhundert.[24]

Besonders aktiv und initiativ ist Christoph Daxelmüller, seit 1990 an der Universität Regensburg tätig. Die Ergebnisse seines sechsjährigen Forschungsprojektes zum jüdischen Alltag in Franken liegen inzwischen vor.[25] Als erster deutscher Volkskundler beschäftigte er sich mit der Geschichte der jüdischen Volkskunde in Deutschland[26] und bereitet eine umfassende Geschichte der jüdischen Volkskunde in Mittel- und Osteuropa vor.[27]

Daxelmüller forderte ebenfalls als erster ausdrücklich die Einbeziehung der Kultur der jüdischen und anderer Minderheiten in den Kanon der deutschen Volkskunde, denn die Ausklammerung dieser Kulturen räche sich, »da sie zwangsläufig zu einer Einschränkung der Erkenntnisfähigkeit kultureller Prozesse« führen müsse.[28]

Daß die Impulse zu einer Aufarbeitung der jüdischen Kultur gerade von Volkskundlern in Süddeutschland ausgehen, ist nicht verwunderlich – die jüdische Bevölkerung hat dort besonders viele Spuren hinterlassen. Es wäre wünschenswert, daß die Volkskundler in Norddeutschland diese Anregungen aufnehmen.

[23] Guth, K., Landjudentum, 1985, S. 365.
[24] Guth, a. a. O.
[25] Daxelmüller, Ch., Jüdische Kultur in Franken. Würzburg 1988.
[26] Daxelmüller, Ch., Jüdische Volkskunde, 1983.
[27] Daxelmüller, Ch., Volkskunde, 1987, S. 4.
[28] Daxelmüller, a. a. O., S. 17. – Weitere Arbeiten von Daxelmüller: Ders., Jüdische Kleider- und Schnittwarenhändler in: Fränkisches Volksleben im 19. Jahrhundert. (Hg.) Wolfgang Brückner. Würzburg 1985. S. 177–181. – Ders., Kulturvermittlung und Gütermobilität. Anmerkungen zur Bedeutung des jüdischen Handels für die ländliche und kleinstädtische Kultur. (Im Druck). – Ders., Fränkische Dorfsynagogen, 1981.

Anmerkungen

Die Schreibweise der zitierten Vorlage wurde beibehalten. Nur die Unterscheidung von gotischen und lateinischen Lettern blieb unberücksichtigt.

[ ]   Ergänzungen der Verfasserin
› ‹   Wiedergabe von Anführungszeichen in der Vorlage
[?]   Unsichere Lesung
[!]   Versehen in der Vorlage

Alle Abbildungen stammen, sofern nicht anders angegeben, aus dem Bildarchiv des Stadtarchivs Cuxhaven. Abb. 12: Peter Schulze, Hannover. Abb. 16: Keystone Pressedienst.

Abkürzungen

Abb.	Abbildung
AdN	Aus der Nordwestecke
AR	Bestand Amtsarchiv Ritzebüttel im Staatsarchiv Hamburg
BA Koblenz	Bundesarchiv Koblenz
Bl.	Blatt
CN	Cuxhavener Nachrichten
CT	Cuxhavener Tageblatt
CZ	Cuxhavener Zeitung
Hs.	Handschrift
JG	Bestand Jüdische Gemeinden im Staatsarchiv Hamburg
LBI	Leo Baeck Institute, New York
Ms.	Manuskript
NsStA Hann.	Niedersächsisches Staatsarchiv Hannover
NsStA Stade	Niedersächsisches Staatsarchiv Stade
OA Cux.	Ordnungsamt Cuxhaven
Senat	Bestand Senat im Staatsarchiv Hamburg
Sp.	Spalte
Sta Bremerhaven	Stadtarchiv Bremerhaven
Sta Cux.	Stadtarchiv Cuxhaven
StA Detmold	Nordrhein-Westfälisches Staatsarchiv Detmold
StA HH	Staatsarchiv Hamburg
undat.	undatiert
ZAR	Zeitung für das Amt Ritzebüttel, dessen Hafen und Umgebung

Quellen- und Literaturverzeichnis

I. Archivalische Quellen

Staatsarchiv Hamburg
Bestand Amtsarchiv Ritzebüttel I:

Abt. I Fach 7 Vol. C (Preußische Agenten)
Abt. I Fach 12 Vol. G (Bettel- und Armenvögte)
Abt. II Fach 1 Vol. C Bd. 1 (Landbuch des Amtes Ritzebüttel)
Abt. II Fach 7 Vol. F (Zollverstöße)
Abt. II Fach 11 Vol. C (Volkszählungen)
Abt. II Fach 11 Vol. N (Hauseigentümer)
Abt. II Fach 12 Vol. A Fasc. 5 (Personenstandsregister der jüdischen Gemeinde)
Abt. II Fach 12 Vol. G 1,2 (Uneheliche Geburten)
Abt. II Fach 13 Vol. A 6 (Bürgerregister)
Abt. II Fach 13 Vol. B (Einlagen zu Bürgerprotokollen)
Abt. II Fach 13 Vol. D Fasc. 1 (Entlassung aus dem Staatsverband)
Abt. II Fach 14 Vol. M (Mischehe)
Abt. III Fach 1 Vol. D (Bürgerverein von 1848)
Abt. III Fach 1 Vol. Q (Vereine)
Abt. III Fach 2 Vol. A–L (Verhältnisse der Judenschaft)
Abt. III Fach 3 Vol. A Fasc. 3 und 12 (Hausierhandel)
Abt. III Fach 3 Vol. D (Märkte)
Abt. III Fach 3 Vol. M Bd. 1 (Hafen- und Eisenbahn-Aktiengesellschaft)
Abt. III Fach 5 Vol. A (Lohgerbereien)
Abt. III Fach 6 Vol. B Fasc. 2 (Gewerbe und Handwerk)
Abt. III Fach 7 Vol. A (Schenkwirtschaften) `
Abt. III Fach 7 Vol. H (Harmonie)
Abt. III Fach 7 Vol. J (Theater)
Abt. III Fach 8 Vol. H (Seebad-Aktiengesellschaft)
Abt. III Fach 14 Vol. A (Bettelbriefe und Kollektenbücher)
Abt. III Fach 14 Vol. L (Hilfeleistungen für Hamburg nach dem Brand von 1842)
Abt. III Fach 15 Vol. F (Nicolai-Armenhaus)
Abt. IV Fach 11 Vol. F und G (Lotterie, Glücksspiel)
Abt. VI Fach 6 Vol. A (Bau der Ritzebütteler Kirche)
Abt. VI Fach 6 Vol. B (Kirchensteuer)
Abt. VII Fach 12 Vol. E Fasc. 1 (Armeelieferungen)
Abt. X Fach 7 Vol. D Fasc. 4 (Grodener Kirchenkapitalien)
Abt. XI Fach 5 Konvolut 1 (Konkurse)
Abt. XI Fach 6 D9, J1, J2, J3 und Lit. F13 (Prozesse)
Abt. XI Fach 6 M1, S1 und S2 (Armeelieferungen)
Abt. XI Fach 7a Vol. L (Testamente)
Abt. XII Fach 14 Vol. B1 (Strandungsdiebstähle)
Abt. XII Fach 20 Vol. E Fasc. 7 und 8 (Beamtenbeleidigungen)
Abt. XII Fach 21 Vol. A (Schmähgedichte)
Abt. XII Fach 23 (Steckbriefe)

Bestand Amtsarchiv Ritzebüttel II:

Abt. VIII Gruppe D (Vereine)

Bestand Senat:

Cl. III Lit. A–E No. 7b Vol. 2 und Vol. 6 Fasc. 1 und 2 (Juden im Amt Ritzebüttel)
Cl. III Lit. Hd No. 6 Vol. 4a 1816 (Abendroth an Heise)

Bestand Jüdische Gemeinden:

287 (Briefwechsel)

Staatliche Pressestelle:

I–IV 4198 (Hamburger Landgebiet und Stadt Cuxhaven)

Niedersächsisches Staatsarchiv Stade

Rep. 72 Cuxhaven Akzession 49/82 (Akte Erdmann)
Rep. 72 Arbeitssign. 279 (Akte Ehrlich)
Rep. 83b Nr. 4 (Jüdische Personenstandsregister Amt Ritzebüttel)
Rep. 171 Stade Nr. 650, 660 und 698 (Staatsanwaltschaft)

Stadtarchiv Cuxhaven

Städtische Akten XXX b2 Nr. 1 (Schützenverein)
I 9–34 = AR I Abt. I Fach II Vol. A 1 und 2 (Handbuch für die Amtsführung des Amtmannes von Ritzebüttel)
Steuerrollen
Liste der Schulkinder der Mädchenschule in Ritzebüttel 1833–1845
Jüdische Einwohner von Cuxhaven am 1.1.1933
Einwohnermelderegister
Nachlaß des Heimatvereins
Höpcke, Walter, Ritzebüttels Einwohner seit 1875. Heft 1–2. 1940–44 (Nachlaß Höpcke)
Höpcke, Walter, Verzeichnis der Meister in Cuxhaven-Ritzebüttel 1825–1884. 1945 (Nachlaß Höpcke)
Peycke, Richard, Meine Lebensgeschichte. Berlin 1933 (Nachlaß Peycke)

Bauordnungsamt Cuxhaven

Hausakten

Ordnungsamt Cuxhaven

Gewerbescheine I und II

Stadtarchiv Bremerhaven

Freudenberger, Solveig, Antisemitismus in der Stadt Bremerhaven während der nationalsozialistischen Herrschaft. Examensarbeit 1967.
Kremin, –, Die Stellung der Juden in Lehe, Geestendorf, Geestemünde und Wulsdorf während der hannoverschen Zeit (1719–1866). o. O. o. J.

Nordrhein-Westfälisches Staatsarchiv Detmold

L 77A Nr. 5394 (Stiftung Salomon Joel Herford)

Niedersächsisches Staatsarchiv Hannover

Hann. 122a XVII 374 a (Rechtsverhältnisse der Juden)

Leo Baeck Institute, New York

AR 4420/XXIVI (Brief von Arthur Gotthelf vom 24./28.6.1945)

II. Gedruckte Quellen

Hamburgisches Adreßbuch. Hamburg 1806 ff.
Cuxhavener Adreßbuch. Cuxhaven 1890 ff.
Aus der Nordwestecke (Örtliche Beilage des Hamburger Tageblatts für Cuxhaven)
Cuxhavener Nachrichten
Cuxhavener Tageblatt
Cuxhavener Zeitung
Deutsches Blatt
Gemeindeblatt der Deutsch-Israelitischen Gemeinde zu Hamburg
Israelitisches Familienblatt
Jewish Chronicle
Mitteilungen aus dem Verein zur Abwehr des Antisemitismus
Neptunus. Wöchentlicher gemeinnütziger Anzeiger von und für Ritzebüttel, Cuxhaven und Umgegend
Neuer Vorwärts
Der Stürmer
Der treue Zionswächter
Zeitung für das Amt Ritzebüttel, dessen Hafen und Umgegend

III. Mündliche Quellen und Briefe

Interviews und Briefwechsel mit zehn von der nationalsozialistischen Judenverfolgung betroffenen Cuxhavenern (zwischen 60 und 93 Jahre alt) und mit 48 nichtjüdischen Cuxhavenern (zwischen 65 und 83 Jahre alt).

IV. Sekundärliteratur

Abel, Wilhelm
    Massenarmut und Hungerkrisen im vorindustriellen Deutschland.
    Göttingen 1972.

Abendroth, Amandus Augustus
    Ritzebüttel und das Seebad zu Cuxhaven. Reprint der Ausg. I von 1818 und des Teiles II von 1837.
    Cuxhaven 1982.

[Abendroth, Amandus Augustus]
Wünsche bey Hamburgs Wiedergeburt im Jahre 1814. Seinen patriotischen Bürgern gewidmet von A.
Kiel o.J. [1814].

Adam, Uwe Dietrich
Judenpolitik im Dritten Reich.
Königstein/Ts. 1979.

Adler, Hans G.
Theresienstadt 1941-1945. Das Antlitz einer Zwangsgemeinschaft. Geschichte, Soziologie, Psychologie.
Tübingen ²1960.

Aichholz, Hans
Badewesen, Garnison und Fischwirtschaft als Wirtschaftsgrundlage der Stadt Cuxhaven. Diss. Rechts- und Staatswiss. Fak. Hamburg.
Hamburg 1939.

Allerbeck, Klaus R.
Eine strukturelle Erklärung von Studentenbewegungen in entwickelten Industriegesellschaften in: Kölner Zeitschrift für Soziologie und Sozialpsychologie. 23 (1971), S. 478-493.

Allgemeine Deutsche Biographie.
Leipzig. 1 (1875), S. 19 (Artikel über Abendroth).

Antisemitismus.
Von der Judenfeindschaft zum Holocaust. Herbert A. Strauss, Norbert Kampe (Hg.).
Frankfurt a.M., New York 1958.

Arendt, Hannah
Rahel Varnhagen.
München 1959.

Arnold, Hermann
Materialien zur Volkskunde der pfälzischen Juden in: Blätter für pfälzische Kirchengeschichte und religiöse Volkskunde. 43 (1976), S. 59-67.

Arnold, Hermann
Von den Juden in der Pfalz.
Speyer 1967.

Asaria, Zvi
Die Juden in Niedersachsen.
Leer 1979.

Aschkewitz, Max
Zur Geschichte der Juden in Westpreußen.
Marburg 1967.
(Wissenschaftliche Beiträge zur Geschichte und Landeskunde Ost- und Mitteleuropas. 81.)

Bartels, Elisabeth
Doch hängt mein ganzes Herz an Dir, Du kleine Stadt.
Hermannsburg 1920.

Bering, Dietz
Der Name als Stigma. Antisemitismus im deutschen Alltag 1812–1933.
Stuttgart 1987.

Blau, Bruno
Das Ausnahmerecht für die Juden in Deutschland, 1933–1945.
Düsseldorf 1952.

Bodenschatz, Karl
Jagd in Flanderns Himmel. Aus den 16 Kampfmonaten des Jagdgeschwaders Freiherr von Richthofen.
München 1938.

Boehn, Max von
Die Mode. [Neuausg.] Bd. 2.
München 1976.

Bohmbach, Jürgen
Die Juden im alten Regierungsbezirk Stade in: Stader Jahrbuch. N.F. 67 (1977), S. 31–75.

Bohmbach, Jürgen
Der politische, wirtschaftliche und soziale Zustand des Landrosteibezirks Stade bis 1849 in: Die Herzogtümer Bremen und Verden und das Land Hadeln in späthannoverscher Zeit (1848–1866). Stade 1981, S. 9–38.

Bohner, Theodor
Der offene Laden. Aus der Chronik des Einzelhandels.
Frankfurt a. M.[2] [um 1958].

Bolte, Karl Martin/Kappe, Dieter
Struktur und Entwicklung der Bevölkerung.
Opladen 1964.
(Struktur und Wandel der Gesellschaft. Reihe B. 2.)

Borrmann, Hermann
Bilder zur Geschichte des hamburgischen Amtes Ritzebüttel und der Stadt Cuxhaven. Teil 1–2.
Cuxhaven 1983.
(Veröffentlichung des Archivs der Stadt Cuxhaven. 9.)

Borrmann, Hermann
Daten zur Geschichte des Amtes Ritzebüttel und der Stadt Cuxhaven.
Cuxhaven[3]1982.
(Veröffentlichung des Archivs der Stadt Cuxhaven. 5.)

Borrmann, Hermann
Der Flecken Ritzebüttel. Teil 2.
Cuxhaven 1985.
(Bilder zur Geschichte des hamburgischen Amtes Ritzebüttel und der Stadt Cuxhaven).
(Veröffentlichung des Archivs der Stadt Cuxhaven. 10.)

Borrmann, Hermann
Kurzgefaßte Geschichte des Hamburgischen Amtes Ritzebüttel und der Stadt Cuxhaven.
Cuxhaven[2]1980.
(Veröffentlichung des Archivs der Stadt Cuxhaven. 6.)

Brandt, Hartwig
  Stufen der Judenemanzipation im 18. und 19. Jahrhundert in: Mitteilungen. Gymnasium Abendrothstraße Cuxhaven. 1981, S. 76–84.

Brilling, Bernhard
  Die ältesten Grabsteine des jüdischen Friedhofs von Herford 1680–1808. Ein Beitrag zur Geschichte der Juden in Herford in: Herforder Jahrbuch. 6 (1965), S. 33–54.

Brinker-Gabler, Gisela
  Fanny Lewald in: Frauen. Hrsg. von H. J. Schultz.
  Stuttgart, Berlin 1981, S. 72–86.

Brockes, Barthold Hinrich
  Landleben in Ritzebüttel.
  Hamburg 1748.
  (Brockes: Irdisches Vergnügen in Gott. 7.)

Brunner, Otto
  Neue Wege der Verfassungs- und Sozialgeschichte.
  Göttingen [2]1968.

Bruss, Regina
  Die Bremer Juden unter dem Nationalsozialismus.
  Bremen 1983.
  (Veröffentlichungen aus dem Staatsarchiv der Freien und Hansestadt Bremen. 49.)

Bühler, Wilhelm
  Katholisch-evangelische Mischehen in der Bundesrepublik nach dem geltenden katholischen und evangelischen Kirchenrecht.
  Heidelberg 1963.
  (Heidelberger rechtswissenschaftliche Abhandlungen. N. F. 11.)

Büttner, Ursula/Jochmann, Werner
  Hamburg auf dem Weg ins Dritte Reich. Entwicklungsjahre 1931–1933.
  Hamburg 1983.

Burkhardt, Bernd
  Eine Stadt wird braun.
  Hamburg 1980.
  (Historische Perspektiven. 15.)

Cahnman, Werner J.
  Der Dorf- und Kleinstadtjude als Typus in: Zeitschrift für Volkskunde. 70 (1974), S. 169–193.

Cahnman, Werner J.
  Village and Small-Town Jews in Germany. A Typological Study in: Yearbook Leo Baeck Institute. 19 (1974), S. 107–130.

Clausen, Lars
  Jugendsoziologie.
  Stuttgart [usw.] 1976.

Cobet, Christoph
  Der Wortschatz des Antisemitismus in der Bismarckzeit.
  München 1973.
  (Münchner Germanistische Beiträge. 11.)

Cohn, Gustav
Der jüdische Friedhof. Seine geschichtliche und kulturgeschichtliche Entwicklung.
Mit besonderer Berücksichtigung seiner ästhetischen Gestaltung.
Frankfurt a. M. 1930.

Daxelmüller, Christoph
Die deutschsprachige Volkskunde und die Juden. Zur Geschichte und den Folgen
einer kulturellen Ausklammerung in: Zeitschrift für Volkskunde. 83 (1987),
S. 1-20.

Daxelmüller, Christoph
Fränkische Dorfsynagogen in: Volkskunst. 4 (1981), S. 234-241.

Daxelmüller, Christoph
Jüdische Kleider- und Schnittwarenhändler in: Fränkisches Volksleben im 19. Jahrhundert. (Hg.) Wolfgang Brückner. Würzburg 1985, S. 177-181.

Daxelmüller, Christoph
Jüdische Volkskunde in Deutschland vor 1933 in: Volkskunde als akademische Disziplin. Studien zur Institutionenausbildung. Wien 1983, S. 117-142.

Dettmer, Frauke
Jüdische Hausierer im Amt Ritzebüttel in: Heimat und Kultur zwischen Elbe und
Weser. 2 (1984), S. 8-10.

Dettmer, Frauke
Legende eines Bildes in: Der Spiegel. 1984, Nr. 13, S. 10-12.

De Vries, S. Ph.
Jüdische Riten und Symbole.
Wiesbaden²1982.

Dieckhoff, Gerhard
Von der Töchterschule in Ritzebüttel zum Gymnasium für Mädchen in Cuxhaven
1817-1967. 150 Jahre Geschichte einer Schule.
o. O. [Cuxhaven] o. J.

Döring, Hans Joachim
Die Zigeuner im nationalsozialistischen Staat.
Hamburg 1964.
(Kriminologische Schriftenreihe aus der Deutschen Kriminologischen Gesellschaft.
12.)

Döscher, Hans-Jürgen
Der Fall »Behrens« in Stade in: Stader Jahrbuch. 1976, S. 103-144.

Döscher, Hans-Jürgen
Geheime Staatspolizei und allgemeine Verwaltung im Regierungsbezirk Stade. Eine
Dokumentation in: Stader Jahrbuch. 1976, S. 70-90.

Drägert, Erich
Zum kommunalpolitischen Werden Cuxhavens (II und III.) in: Die Truhe. Heimat-
kundliche Beilage der Neuen Cuxhavener Zeitung und der Niederelbe-Zeitung.
Nr. 68 (Jan. 1975) und Nr. 69 (Febr./März 1975), o. Pag.

Drewitz, Ingeborg
Bettina von Arnim.
Düsseldorf, Köln 1969.

Dundes, Alan/Hauschild, Thomas
  Kennt der Witz kein Tabu? Zynische Erzählformen als Versuch der Bewältigung nationalsozialistischer Verbrechen in: Zeitschrift für Volkskunde. 83 (1987), S. 21–31.

[Einhundertfünfzig] 150-Jahrfeier des Gymnasiums für Jungen Cuxhaven.
  Cuxhaven 1960.

Elbogen, Ismar/Sterling, Eleonore
  Die Geschichte der Juden in Deutschland. Eine Einführung.
  Frankfurt a. M. 1966.
  (Bibliotheca Judaica.)

Elsass, B.
  Der Haushalt eines Rabbiners im 18. Jahrhundert in: Mitteilungen der Gesellschaft für jüdische Volkskunde. 16 (1905), S. 95–103.

Encyclopaedia Judaica.
  Vol. 12.
  Jerusalem 1971.

Fauck, –
  Verfolgung von Mischlingen in Deutschland und im Reichsgau Wartheland in: Gutachten des Instituts für Zeitgeschichte. Bd. 2. Stuttgart 1966. (Veröffentlichungen des Instituts für Zeitgeschichte.) S. 29–31.

Freimark, Peter
  Eruw/›Judentore‹. Zur Geschichte einer rituellen Institution im Hamburger Raum (und anderswo) in: Judentore, Kuggel, Steuerkonten. Untersuchungen zur Geschichte der deutschen Juden, vornehmlich im Hamburger Raum. [Von] Peter Freimark [u. a.]. Hamburg 1983. (Hamburger Beiträge zur Geschichte der deutschen Juden. 9.) S. 10–69.

Freimark, Peter
  Jüdische Friedhöfe im Hamburger Raum in: Zeitschrift des Vereins für Hamburgische Geschichte. 67 (1981), S. 117–132.

Freimark, Peter
  Sprachverhalten und Assimilation. Die Situation der Juden in Norddeutschland in der 1. Hälfte des 19. Jahrhunderts in: Saeculum. 31 (1980), S. 240–261.

Friedländer, Michael
  Die jüdische Religion. Nachdruck von 1936.
  Basel 1971.

Frisch, Max
  Gesammelte Werke in zeitlicher Folge. Bd. II, 2.
  Frankfurt a. M. 1976

Fritsch, Theodor
  Antisemiten-Katechismus.
  Leipzig [10]1891.

[Fünfundsiebzig] 75 Jahre Seehospital Sahlenburg der Nordheimstiftung. Hrsg.: Vorstand der Nordheimstiftung.
  Hamburg 1981.
[Fünfzig] 50 Jahre danach.
  [Hrsg.] GEW-Arbeitsgruppe.
  Cuxhaven 1983.

Geisel, Eike
Im Scheunenviertel.
Berlin 1981.

Genschel, Helmut
Die Verdrängung der Juden aus der Wirtschaft im Dritten Reich.
Göttingen 1966.

Glanz, Rudolf
Geschichte des niederen jüdischen Volkes in Deutschland. Eine Studie über histori-
sches Gaunertum, Bettelwesen und Vagantentum.
New York 1968.

Goldberg, Jacob
Getaufte Juden in Polen-Litauen vom 16. bis zum 18. Jahrhundert in: Die Juden als
Minderheit in der Geschichte. Hrsg. von Bernd Martin und Ernst Schulin.
München [2] 1982, S. 161–183.

Goldberg, Kurt
Das Getto der Juden in: Westermanns Monatshefte. 1982, Heft 3, S. 76–87.

Graml, [Hermann]
Die Auswanderung der Juden aus Deutschland zwischen 1933 und 1939 in: Gutach-
ten des Institus für Zeitgeschichte.
München 1958, S. 79–85.

Graml, [Hermann]
Zur Stellung der Mischlinge 1. Grades in: Gutachten des Instituts für Zeitge-
schichte. Bd. 2. Stuttgart 1966.
(Veröffentlichungen des Instituts für Zeitgeschichte.) S. 31–32.

Grandauer, G.
Gedenkbuch des hamburgischen Amtes Ritzebüttel.
Ritzebüttel 1852.

Graupe, Heinz Mosche
Die Entstehung des modernen Judentums. Geistesgeschichte der deutschen Juden.
Hamburg [2] 1977.
(Hamburger Beiträge zur Geschichte der deutschen Juden. 1.)

Grimm, Jacob / Grimm, Wilhelm
Deutsches Wörterbuch. Bd. 4,2.
Leipzig 1877.

Groth, Klaus
Quickborn.
Hamburg 1853.

Grulms, Eva / Kleibl, Bernd
Jüdische Friedhöfe in Nordhessen. Bestand und Sicherung.
Kassel 1984.

Gruenberger, Felix
The Jewish Refugees in Shanghai in: Jewish Social Studies. 12 (1959), S. 329–348.

Grunwald, Max
Hamburgs deutsche Juden bis zur Auflösung der Dreigemeinden 1811.
Hamburg 1904.

Guenter, Michael
Die Juden in Lippe von 1648 bis zur Emanzipation 1858.
Detmold 1973.
(Sonderveröffentlichungen des Naturwissenschaftlichen und Historischen Vereins
für das Land Lippe. 20.)

Guth, Klaus
Landjudentum in Franken. Lebensformen einer Minderheit im 18.Jahrhundert in:
Archiv für die Geschichte von Oberfranken. 65 (1985). S.363–378.

Haarbleicher, M.M.
Zwei Epochen aus der Geschichte der Deutsch-Israelitischen Gemeinde in Hamburg.
Hamburg 1867.

Haavara-Transfer nach Palästina und Einwanderung deutscher Juden 1933–1939. [Von]
Werner Feilchenfeld [u.a.]. Tübingen 1972.
(Schriftenreihe wissenschaftlicher Abhandlungen des Leo-Baeck-Instituts. 26.)

Hammer-Schenk, Harold
Synagogen in Deutschland. Geschichte einer Baugattung im 19. und 20.Jahrhundert
(1780–1933).Teil 1.
Hamburg 1981.
(Hamburger Beiträge zur Geschichte der deutschen Juden. 8.)

Hansen, Christine
Die deutsche Auswanderung im 19.Jahrhundert – ein Mittel zur Lösung sozialer und
sozialpolitischer Probleme? in: Deutsche Amerikaauswanderung im 19.Jahrhundert. Hrsg. von Günter Moltmann. Stuttgart 1976, S.9–61.

Hauschildt, Dietrich
Juden in Kiel im Dritten Reich.
Kiel 1980.
Staatsexamensarbeit.

Heckmann, Friedrich
Minderheiten. Begriffsanalyse und Entwicklung einer historisch-systematischen Typologie in: Kölner Zeitschrift für Soziologie und Sozialpsychologie. 30 (1978),
S.761–779.

Herbig, Rudolf
Nationalsozialismus in den Unterweserorten. Zum Wesen und Begriff des Nationalsozialismus und zum Widerstand im Dritten Reich.
Wolframs-Eschenbach 1982.
(Schriftenreihe der Arbeiterkammer Bremen).

Herz, Henriette
Henriette Herz in Erinnerungen, Briefen und Zeugnissen. (Hrsg. von Rainer
Schmitz.)
Frankfurt a.M. 1984.

Holzapfel, Otto
›Kartoffeltysker und Speckdäne‹. Aspekte volkskundlicher Vorurteilsforschung in:
Schweizerisches Archiv für Volkskunde. 83 (1987), S.23–40.

Homann, Horst
Die Harburger Schutzjuden 1610–1848 in: Harburger Jahrbuch. 7 (1957),
S.43–96.

Jacobeit, Wolfgang
Gedanken zur ›Lebensweise‹ als volkskundliche Forschungskategorie in: In Memoriam António Jorge Dias. Vol. 2. Lisboa 1974, S. 273–282.

Jeggle, Utz
Judendörfer in Württemberg.
Tübingen 1969.
(Volksleben. 23.)

Johe, Werner
Die gleichgeschaltete Justiz. Organisation des Rechtswesens und Politisierung der
Rechtsprechung 1933–1945 dargestellt am Beispiel des Oberlandesgerichts-
bezirks Hamburg.
Frankfurt a. M. 1967.
(Veröffentlichungen der Forschungsstelle für die Geschichte des Nationalsozialis-
mus in Hamburg. 5.)

Juden im wilhelminischen Deutschland 1890–1914. Ein Sammelband hrsg. von Werner E.
Mosse unter Mitw. von Arnold Paucker.
Tübingen 1976.
(Schriftenreihe wissenschaftlicher Abhandlungen des Leo-Baeck-Instituts. 33.)

Judenfeindschaft in Altertum, Mittelalter und Neuzeit. Geschichte der Stigmatisierung
einer religiösen Minderheit. Hrsg. von Anneliese Mannzmann.
Königstein/Ts. 1981.
(Historie heute. 2.)

Jüdische Friedhöfe in Berlin. [Von] Alfred Etzold [u. a.]
Berlin 1987.

Die jüdischen Opfer des Nationalsozialismus in Hamburg.
Hamburg 1965.

Jüdisches Fest – jüdischer Brauch. Ein Sammelwerk. Unter Mitw. von Else Rabin hrsg. von
Friedrich Thieberger. Nachdruck von 1937.
Königstein/Ts. 1979.

Jüdisches Leben in Deutschland.
Hrsg. und eingel. von Monika Richarz.
Stuttgart.
(Veröffentlichungen des Leo-Baeck-Instituts.)
Bd. 1. Selbstzeugnisse zur Sozialgeschichte 1780–1871. 1976.
Bd. 2. Selbstzeugnisse zur Sozialgeschichte im Kaiserreich. 1979.
Bd. 3. Selbstzeugnisse zur Sozialgeschichte 1918–1945. 1982.

Kaemmerer, Gustav
Cuxhaven einst und jetzt in: Cuxhavener Zeitung vom 9. 3. 1928.

Kaganoff, Benzion C.
A Dictionary of Jewish Names und their History.
London 1977.

Kaplan, Marion A.
Die jüdische Frauenbewegung in Deutschland. Organisation und Ziele des Jüdischen
Frauenbundes 1904–1938.
Hamburg 1981.
(Hamburger Beiträge zur Geschichte der deutschen Juden. 7.)

Kaplan, Marion A.
For Love or Money. The Marriage Strategies of Jews in Imperial Germany in: Yearbook Leo Baeck Institute. 28 (1983), S. 263–300.

Kellenbenz, Hermann
Sephardim an der unteren Elbe. Ihre wirtschaftliche und politische Bedeutung vom Ende des 16. bis zum Beginn des 18. Jahrhunderts.
Wiesbaden 1958.
(Vierteljahrschrift für Sozial- und Wirtschaftsgeschichte. Beih. 40.)

Die Kirchen des hamburgischen Landgebietes. Hrsg. vom Verein Hamburger Landprediger.
Hamburg 1929.

Kopečný, Angelika
Fahrende und Vagabunden. Ihre Geschichte, Überlebenskünste, Zeichen und Straßen.
Berlin 1980.

Kramer, Karl-S.
Gemeinschaft, Volkskultur, Volksleben und Lebensstil in: Volkskultur der Moderne. Probleme und Perspektiven empirischer Kulturforschung. Utz Jeggle [u. a.] (Hrsg.). Reinbek 1986, S. 430–441.

Kramer, Karl-S.
Volksleben im Hochstift Bamberg und im Fürstentum Coburg (1500–1800). Eine Volkskunde auf Grund archivalischer Quellen.
Würzburg 1967.
(Beiträge zur Volkstumsforschung. 15.)

Kramer, Karl-S.
Zur Erforschung der historischen Volkskultur. Prinzipielles und Methodisches in: Rheinisches Jahrbuch für Volkskunde. 19 (1968), S. 7–41.

Kranzler, David
Japanese, Nazis, and Jews. The Jewish Refugee Community of Shanghai 1938–1945.
New York 1976.

Kraus, Antje
Die Unterschichten Hamburgs in der ersten Hälfte des 19. Jahrhunderts.
Stuttgart 1965.
(Sozialwissenschaftliche Studien. 9.)

Krohn, Helga
Die Juden in Hamburg 1800–1850. Ihre soziale, kulturelle und politische Entwicklung während der Emanzipationszeit.
Frankfurt a. M. 1967.
(Hamburger Studien zur neueren Geschichte. 9.)

Krohn, Helga
Die Juden in Hamburg. Die politische, soziale und kulturelle Entwicklung einer jüdischen Großstadtgemeinde nach der Emanzipation 1848–1918.
Hamburg 1974.
(Hamburger Beiträge zur Geschichte der deutschen Juden. 4.)

Das Kruzifix der Martinskirche in: Die Martinskirche zu Ritzebüttel. Cuxhaven 1969, S. 32 ff.

Kühne, Karl B.
    Cuxhaven – Hafen am Meer.
    Norderstedt 1981.

Kühner, Hans
    Der Antisemitismus der Kirche. Genese, Geschichte und Gefahr.
    Kilchberg 1976.
    (Essenz und Evidenz).

Küther, Carsten
    Räuber und Gauner in Deutschland. Das organisierte Bandenwesen im 18. und
    frühen 19.Jahrhundert.
    Göttingen 1976.
    (Kritische Studien zur Geschichtswissenschaft. 20.)

Lehmann, Ascher (Lämle ben Aron Weldtsberg)
    Urgroßvaters Tagebuch. Aufzeichnungen von Ascher Lämle Weldtsberg, gen. Leh-
    mann, Verden a. d. Aller 1769 bis 1858. [Hrsg.] Max Lehmann.
    Gerwisch b. Magdeburg 1936.

Lehr, Stefan
    Antisemitismus – religiöse Motive im sozialen Vorurteil.
    München 1974.
    (Abhandlungen zum christlich-jüdischen Dialog. 5.)

Lemmermann, Holger
    Geschichte der Juden im alten Amt Meppen bis zur Emanzipation (1848).
    Meppen 1975.

Lewald, Fanny
    Meine Lebensgeschichte.
    Frankfurt a.M. 1980.
    (Die Frau in der Gesellschaft. Lebensgeschichten.)

Lewis, Oscar
    The Culture of Poverty in: Scientific American.
    215 (1966), S. 19-25.

Lexikon des Judentums.
    Gütersloh 1971.

Lichtenberg, Georg Christoph
    Warum hat Deutschland noch kein großes öffentliches Seebad? in: Göttinger
    Taschen Calender. 1793. S. 92-109.

Lindemann, Mary
    140 Jahre Israelitisches Krankenhaus in Hamburg.
    Hamburg 1981.

Löb, Abraham
    Die Rechtsverhältnisse der Juden im ehemaligen Königreich und der jetzigen Provinz
    Hannover.
    Frankfurt a.M. 1908.

Luft, Gerda
    Heimkehr ins Unbekannte. Eine Darstellung der Einwanderung von Juden aus
    Deutschland nach Palästina vom Aufstieg Hitlers zur Macht bis zum Ausbruch des
    Zweiten Weltkrieges 1933-1939.
    Wuppertal 1977.

Markreich, Max
Die Beziehungen der Juden zur Freien Hansestadt Bremen von 1065 bis 1848.
Frankfurt a. M. 1928.
(Schriften der Gesellschaft zur Förderung der Wissenschaft des Judentums. 32.)

Marschalck, Peter
Bevölkerungsgeschichte Deutschlands im 19. und 20. Jahrhundert.
Frankfurt a. M. (1984).
(Neue Historische Bibliothek).

Marschalck, Peter
Deutsche Überseewanderung im 19. Jahrhundert. Ein Beitrag zur soziologischen Theorie der Bevölkerung.
Stuttgart 1973.
(Industrielle Welt. 14.)

Martin, Bernd
Judenverfolgung und -vernichtung unter der nationalsozialistischen Diktatur in: Die Juden als Minderheit in der Geschichte. Hrsg. von Bernd Martin und Ernst Schulin. München [2]1982, S. 290-315.

Meinhold, Peter
Ehe im Gespräch der Kirchen.
Essen-Werden 1968.

Michaelis, Hans-Thorald
Schützengilden. Ursprung – Tradition – Entwicklung.
München 1985.
(Keysers kleine Kulturgeschichte.)

Mitscherlich, Alexander
Medizin ohne Menschlichkeit.
Frankfurt a. M. 1960.

Müller, K. von
Das Konnubium als Maß der psychischen und sozialen Einwurzelung von Flüchtlingsgruppen in: Raumforschung und Raumordnung. 1950, S. 72-74.

Nationalsozialistische Vernichtungslager im Spiegel deutscher Strafprozesse. Belzec, Sobibor, Treblinka, Chelmno. Hrsg. von Adalbert Rückerl.
München [3]1979.

Neidhardt, Friedhelm
Die Familie in Deutschland. Gesellschaftliche Stellung, Struktur und Funktion.
Opladen [4]1975.
(Beiträge zur Sozialkunde. Reihe B. 5.)

Nicklas, Hans
Die politische Dimension von Vorurteilen in: Antisemitismus, Nationalsozialismus und Neonazismus. Michael Busch (Hrsg.). Düsseldorf 1979. (Geschichte und Sozialwissenschaften.) S. 13-23.

Noakes, Jeremy
The Nazi-Party in Lower Saxony 1921-1933.
London 1971.

Obermann, Heiko A.
Wurzeln des Antisemitismus. Christenangst und Judenplage im Zeitalter von Humanismus und Reformation.
Berlin 1981.

Ottenheimer, Hilde
The Disappearance of Jewish Communities in Germany, 1900–1938 in: Jewish Social Studies. 3 (1941), S. 189–206.

Pädagogisches Zentrum, Berlin
Zur Geschichte der Juden. Probleme einer Minderheit.
Berlin 1976.

Pessler, Willi
Der volkstümliche Wohnbau an der Niederelbe vornehmlich im Hamburgischen Amte Ritzebüttel.
Hamburg 1909.
(Mitteilungen aus den Museen für Hamburgische Geschichte. 1.)
(Jahrbuch der Hamburgischen wissenschaftlichen Anstalten. Beih. 5.)

Poliakov, Léon/Wulf, Josef
Das Dritte Reich und die Juden. (Nachdruck der Ausg. 1955.)
München 1978.

Poliakov, Léon
Geschichte des Antisemitismus. Bd. 1–6.
Worms 1979–1987.

Pollack, Herman
Jewish Folkways in Germanic Lands (1648–1806). Studies in Aspects of Daily Life.
Cambridge, Mass; London 1971.

Die Privilegien der Juden in Altona.
Hrsg. und eingel. von Günter Marwedel.
Hamburg 1976.
(Hamburger Beiträge zur Geschichte der deutschen Juden. 5.)

Reintges, Theo
Ursprung und Wesen der spätmittelalterlichen Schützengilden.
Bonn 1963.

Reitlinger, Gerald
Die Endlösung. Hitlers Versuch der Ausrottung der Juden Europas 1939–1945.
Berlin 1979.

Reuter, Fritz
Meine Heimatstadt Stavenhagen in: Reuter, Fritz, Gesammelte Werke und Briefe. Bd. 1.
Neumünster 1976, S. 341–469.

Rexhausen, Anton
Die rechtliche und wirtschaftliche Lage der Juden im Hochstift Hildesheim.
Hildesheim 1914.
(Beiträge für die Geschichte Niedersachsens und Westfalens. 44.)

Reye, Hans
Zwischen Schloß und Kaufmannshaus. Cuxhaven-Ritzebüttel zur Biedermeierzeit.
Cuxhaven 1983.

Richert, Harald
Hamburgs Blutegelhandel zwischen den Vierlanden und Rußland in: Zeitschrift des Vereins für Hamburgische Geschichte. 65 (1979), S. 53–71.

Richter, Arwed
Das hamburgische Amt Ritzebüttel und die Elbmündung in den Jahren 1795–1814. Hauptsächlich auf Grund von Archivalien dargestellt.
Cuxhaven 1892.
(Bericht über das I. Schuljahr 1891/92. Staatliche Höhere Bürgerschule zu Cuxhaven.)

Riehl, Wilhelm Heinrich
Die bürgerliche Gesellschaft.
Stuttgart, Berlin[11] 1930.
(Riehl: Die Naturgeschichte des Volkes als Grundlage einer deutschen Sozialpolitik. 2.)

Riehl, Wilhelm Heinrich
Die Familie.
Stuttgart[13] 1925.
(Riehl: Die Naturgeschichte des Volkes als Grundlage einer deutscher Sozialpolitik. 3.)

Riehl, Wilhelm Heinrich
Die Pfälzer.
Stuttgart und Berlin[4] 1925.

Rixen, Carl
Geschichte und Organisation der Juden im ehemaligen Stift Münster.
Münster 1906.

Rosenbaum, Heidi
Formen der Familie. Untersuchungen zum Zusammenhang von Familienverhältnissen, Sozialstruktur und sozialem Wandel in der deutschen Gesellschaft des 19. Jahrhunderts.
Frankfurt a. M. 1982.

Rosenstock, Werner
Exodus 1933–1939. A Survey of Jewish Emigration from Germany in: Yearbook Leo Baeck Institute. 1 (1956), S. 377–390.

Rürup, Reinhard
Emanzipation und Antisemitismus. Studien zur ›Judenfrage‹ der bürgerlichen Gesellschaft.
Göttingen 1975.
(Kritische Studien zur Geschichtswissenschaft. 15.)

Sammlung der hamburgischen Gesetze und Verfassungen in bürgerlichen, auch Cammer-, Handlungs- und übrigen Policey-Angelegenheiten und Geschäften samt historischen Einleitungen. [Hrsg. von Johann Klefeker.] Theil 2.
Hamburg 1766.

Schepansky, Ernst W.
Ein Beispiel zur Sozialgeschichte des Fremden. Mennoniten in Hamburg und Altona zur Zeit des Merkantilismus in: Hamburger Jahrbuch für Wirtschafts- und Gesellschaftspolitik. 24 (1979), S. 219–234.

Schieckel, Harald
Die Einwanderung fränkischer Juden im Lande Oldenburg im 18. und 19. Jahrhundert in: Genealogisches Jahrbuch. 20 (1980). S. 189–197.

Schieckel, Harald
Die Juden im Oldenburger Münsterland I und II in: Jahrbuch für das Oldenburger
Münsterland. 1974, S. 160–175 und 1975, S. 62–85.

Schieckel, Harald
Die oldenburgischen Juden in Wirtschaft und Gesellschaft im 19.Jahrhundert in:
Niedersächsisches Jahrbuch für Landesgeschichte. 44 (1972), S. 277–303.

Schmitz, Edith
Leinengewerbe und Leinenhandel in Nordwestdeutschland (1650–1850).
Köln 1967.
(Schriften zur rheinisch-westfälischen Wirtschaftsgeschichte. 15.)

Schnee, Heinrich
Die Hoffinanz und der moderne Staat. Bd. 1–3.
Berlin 1955.

Schorn, Hubert
Die Gesetzgebung des Nationalsozialismus als Mittel der Machtpolitik.
Frankfurt a. M. 1963.

Schorsch, Ismar
German Antisemitism in the Light of Post-War Historiography in: Yearbook Leo
Baeck Institute. 19 (1974), S. 257–271.

Schubert, Ernst
Arme Leute, Bettler und Gauner im Franken des 18. Jahrhunderts.
Neustadt/A. 1983.
(Veröffentlichungen der Gesellschaft für fränkische Geschichte. Reihe 9. 26.)

Schuchhardt, Carl
Vorgeschichte von Deutschland.
München³ 1935.

Schulze, Peter
Die Berliners – eine jüdische Familie in Hannover (1773–1943) in: 100 Jahre Schall-
platte. Von Hannover in die Welt. Unter Mitarb. von Peter Becker [u. a.].
Hamburg 1987, S. 75–81.

Schwabacher, Isaac S.
Geschichte und rechtliche Gestaltung der Portugiesisch-Jüdischen und der Deutsch-
Israelitischen Gemeinde zu Hamburg.
Berlin 1914.

Das Schwarzbuch.
Tatsachen und Dokumente. Die Lage der Juden in Deutschland 1933. Hrsg. vom
Comité des Délégations Juives, Paris 1934. [Reprint.]
Berlin 1983.

Seidler, Horst/Rett, Andreas
Das Reichssippenamt entscheidet. Rassenbiologie im Nationalsozialismus.
Wien, München 1982.

Sharf, Andrew
The British Press and Jews under Nazi Rule.
London [usw.] 1964.

[Siebzig] 70 Jahre Verein der Fleckenpüster von 1894 e. V.
(Cuxhaven 1964).

Silbermann, Alphons
Latenter Antisemitismus in der Bundesrepublik Deutschland in: Antisemitismus,
Nationalsozialismus und Neonazismus. Michael Bosch (Hrsg.). Düsseldorf 1979.
(Geschichte und Sozialwissenschaften.) S. 41-54.

Silbermann, Alphons
Sind wir Antisemiten? Ausmaß und Wirkung eines sozialen Vorurteils in der Bundes-
republik Deutschland.
Köln 1982.

Smith-Rosenberg, Carroll
Weibliche Hysterie in: Listen der Ohnmacht. Zur Sozialgeschichte weiblicher Wider-
standsformen. Hrsg. von Claudia Honnegger und Bettina Heintz. Stuttgart 1984,
S. 191-215.

Social Networks in Urban Situations.
Ed. by J. Clyde Mitchell.
Manchester ²1975.

Soetendorp, Jacob
Symbolik der jüdischen Religion. Sitte und Brauchtum im jüdischen Leben.
Gütersloh 1963.

Sofer, Zvi
Das jüdische Kochbuch.
Münster 1979.

Sombart, Werner
Die Juden und das Wirtschaftsleben.
Nürnberg 1928.

Das Sonderrecht für die Juden im NS-Staat.
Eine Sammlung der gesetzlichen Maßnahmen und Richtlinien. Hrsg. von Joseph
Walk.
Heidelberg 1981.
(Motive, Texte, Materialien. 14.)

Statistik des Deutschen Reiches.
Berlin.
Bd. 451. Volks-, Berufs- und Betriebszählung vom 16. Juni 1933. Heft 5. Die Glau-
bensjuden im Deutschen Reich. 1936.
Bd. 455. Volks-, Berufs- und Betriebszählung vom 16. Juni 1933. Heft 17. Land
Hamburg. 1936.
Bd. 552. Volkszählung [...] 1939. Heft 4. Die Juden und jüdischen Mischlinge im
Deutschen Reich. 1944.

Statistik des Hamburgischen Staates.
Hamburg.
Heft 11. Volkszählung 1880. 1881.

Statistisches Jahrbuch für die Freie und Hansestadt Hamburg.
Hamburg
1916.
1925.

Die Statuten der drei Gemeinden Altona, Hamburg und Wandsbek.
Quellen zur jüdischen Gemeindeorganisation im 17. und 18. Jahrhundert. Hrsg. von Heinz Mosche Graupe. Teil 1. Hamburg 1973.
(Beiträge zur Geschichte der deutschen Juden. 3.)

Die Statuten der ›Hamburg-Altonaer Gemeinde‹ von 1726 in: Mitteilungen der Gesellschaft für jüdische Volkskunde. 1903, Heft 11, Nr. 1, S. 1–64.

Steinhausen, Georg
Häusliches und gesellschaftliches Leben im neunzehnten Jahrhundert.
Berlin 1898.

Sterling, Eleonore
Er ist wie Du.
München 1956.

Sterling, Eleonore
The Hep-Hep Riots in Germany in 1819: A Displacement of Social Protest in: Historia Judaica. 12 (1950), S. 105–142.

[Stöver, J. H.]
Niedersachsen. (In seinem neuesten politischen, civilen und literarischen Zustande.) Ein [..] Reisejournal. Hrsg. von Quintus Aemilius Publicola. 3 Bdchen. Rom, bey Ore-Chiaro [d. i. Berlin] 1789.

Suchy, Barbara
The Verein zur Abwehr des Antisemitismus in: Yearbook Leo Baeck Institute. 28 (1983), S. 205–239 und 30 (1985), S. 67–103.

Suhr, Christoffer
Der Ausruf in Hamburg. Vorgestellt in 120 colorirten Blättern. Nachdruck [von] 1808.
Hamburg 1979.

Teut, Heinrich
Hadeler Wörterbuch. Der plattdeutsche Wortschatz des Landes Hadeln (Niederelbe). Bd. 2.
Neumünster 1959.

Theweleit, Klaus
Männerphantasien. 1. Bd.
Frankfurt a. M. 1977.

Toury, Jacob
›Deutsche Juden‹ im Vormärz in: Bulletin des Leo Baeck Instituts. 8 (1965), S. 65–82.

Toury, Jacob
Der Eintritt der Juden ins deutsche Bürgertum. Eine Dokumentation.
Tel Aviv 1972.
(Veröffentlichungen des Diaspora Research Institute. 2.)

Toury, Jacob
Der Eintritt der Juden ins deutsche Bürgertum in: Das Judentum in der deutschen Umwelt 1800–1850. Studien zur Frühgeschichte der Emanzipation hrsg. von Hans Liebeschütz und Arnold Paucker. Tübingen 1977. (Schriftenreihe wissenschaftlicher Abhandlungen des Leo Baeck Instituts. 35.) S. 139–242.

Toury, Jacob
    Probleme jüdischer Gleichberechtigung auf lokalbürgerlicher Ebene. (Dargest. am
    Bsp. einer thüringischen Gemeinde.) in: Jahrbuch des Instituts für Deutsche
    Geschichte. 2 (1973), S. 267–286.

Toury, Jacob
    Die Revolution von 1848 als innerjüdischer Wendepunkt in: Das Judentum in der
    deutschen Umwelt 1800–1850. Studien zur Frühgeschichte der Emanzipation hrsg.
    von Hans Liebeschütz und Arnold Paucker. Tübingen 1977. (Schriftenreihe wissen-
    schaftlicher Abhandlungen des Leo Baeck Instituts. 35.) S. 359–376.

Toury, Jacob
    Soziale und politische Geschichte der Juden in Deutschland 1847–1871. Zwischen
    Revolution, Reaktion und Emanzipation.
    Düsseldorf 1977.
    (Veröffentlichungen des Diaspora Research Institute. 20.)
    (Schriftenreihe des Instituts für Deutsche Geschichte, Universität Tel Aviv. 2.)

Toury, Jacob
    Die politischen Orientierungen der Juden in Deutschland. Von Jena bis Weimar.
    Tübingen 1966.
    (Schriftenreihe wissenschaftlicher Abhandlungen des Leo Baeck Instituts. 15.)

Toury, Jacob
    Die Sprache als Problem der Einordnung in den deutschen Kulturraum in: Gegensei
    tige Einflüsse deutscher und jüdischer Kultur. Tel Aviv 1982. (Jahrbuch des Insti-
    tuts für Deutsche Geschichte. Beih. 4.) S. 75–96.

Toury, Jacob
    Types of Jewish Municipal Rights in German Townships. The Problem of Local
    Emancipation in: Yearbook Leo Baeck Institute. 22 (1977), S. 55–80.

Trepp, Leo
    Das Judentum.
    Reinbek 1970.

Trepp, Leo
    Die Landesgemeinde der Juden in Oldenburg (1827–1938).
    Oldenburg 1965.
    (Kleine Oldenburger Hefte. 25–28.)

Trepp, Leo
    Die Oldenburger Judenschaft. Bild und Vorbild jüdischen Seins und Werdens in
    Deutschland.
    Oldenburg 1973.
    (Oldenburger Studien. 8.)

Trömel-Plötz, Senta
    Gewalt durch Sprache in: Gewalt durch Sprache. Hrsg. von Senta Trömel-Plötz.
    Frankfurt a. M. 1984. (Die Frau in der Gesellschaft) S. 50–67.

Viest, Agnes
    Identität und Integration. Dargest. am Beispiel mitteleuropäischer Einwanderer in
    Israel.
    Frankfurt a. M., Bern 1977.

Vishniac, Roman
    Verschwundene Welt.
    München, Wien 1983.

Vitzthum, Karl-Heinz
Die Wahlen zur Hamburger Konstituante 1848 im Amt Ritzebüttel. Eine Wähleranalyse in: Jahrbuch. Männer vom Morgenstern. 50 (1969), S. 179–194.

Vogel, Rolf
Ein Stempel hat gefehlt. Dokumente zur Emigration deutscher Juden.
München, Zürich 1977.

Von der Kultur der Leute.
Ein Lesebuch. Hermann Glaser (Hrsg.).
Frankfurt a. M., Berlin, Wien 1983.

Vorurteile gegen Minderheiten.
Die Anfänge des modernen Antisemitismus am Beispiel Deutschlands. Hrsg. von Hans-Gert Oomen und Hans-Dieter Schmid.
Stuttgart 1978.
(Arbeitstexte für den Unterricht.)

Was jeder vom Judentum wissen muß.
Hrsg. von Arnulf H. Baumann im Auftr. des Arbeitskreises ›Kirche und Judentum‹ der Vereinigten Ev.-lutherischen Kirche Deutschlands u. des Nationalkomitees d. Lutherischen Weltbundes.
Gütersloh 1982.

Wassermann, Henry
The Fliegende Blätter as a Source for the Social History of German Jewry in: Yearbook Leo Baeck Institute. 28 (1983), S. 93–138.

Weber-Kellermann, Ingeborg
Die deutsche Familie. Versuch einer Sozialgeschichte.
Frankfurt a. M. 1982.

Weber-Kellermann, Ingeborg
Das Weihnachtsfest. Eine Kultur- und Sozialgeschichte der Weihnachtszeit.
Luzern und Frankfurt a. M. 1978.

Winter, David Alexander
Geschichte der jüdischen Gemeinde in Moisling/Lübeck.
Lübeck 1968.
(Veröffentlichungen zur Geschichte der Hansestadt Lübeck. 20.)

Wippermann, Wolfgang
Jüdisches Leben im Raum Bremerhaven. Eine Fallstudie zur Alltagsgeschichte der Juden im 18. Jahrhundert bis zur NS-Zeit.
Bremerhaven 1985.
(Veröffentlichungen des Stadtarchivs Bremerhaven. 5.)

Wischnitzer, Mark
To Dwell in Safety. The Story of Jewish Migration since 1800.
Philadelphia 1948.

Wolf, Manfred
Der Rhein als Heirats- und Wandergrenze in: Homo. 7 (1956), S. 2–13.

Yearbook Leo Baeck Institute.
London [usw.]
1. 1956 ff.

Zedler, Johann Heinrich
Grosses vollständiges Universal Lexicon. Bd. 14,1 und Bd. 19.
Halle und Leipzig 1735 und 1739.

Zimmermann, Mosche
Hamburgischer Patriotismus und deutscher Nationalismus. Die Emanzipation der
Juden in Hamburg 1830–1865.
Hamburg 1979.
(Hamburger Beiträge zur Geschichte der deutschen Juden. 6.)